함부로 자유롭게! 디자이너들의

디자인 창업 이야기

디자인 스튜디오 창업 노트

EDUWAY
에듀웨이

함부로 자유롭게!
디자이너들의 디자인 창업 이야기

디자인 스튜디오 창업 노트

2017년 06월 15일 1판 1쇄 인쇄
2017년 06월 20일 1판 1쇄 발행

지 은 이 | 김도영, 심준우, 박영우

펴 낸 곳 | (주)에듀웨이
주 소 | 경기도 부천시 원미구 송내대로 265번길 59, 6층 603호(상동, 한솔프라자)
대표전화 | 032) 329-8703
팩 스 | 032) 329-8704
등 록 | 제387-2013-000026호
홈페이지 | www.eduway.net

북디자인 | 앤미디어(master@nmediabook.com)
인 쇄 | (주)상지사
제 본 | (주)상지사

책값은 뒤표지에 있습니다.

ISBN 979-11-86179-18-5

이 도서의 국립중앙도서관 출판예정도서목록(CIP)은 서지정보유통지원시스템 홈페이지(http://seoji.nl.go.kr)와 국가자료공동목록시스템(http://www.nl.go.kr/kolisnet)에서 이용하실 수 있습니다. (CIP제어번호: CIP2017011228)

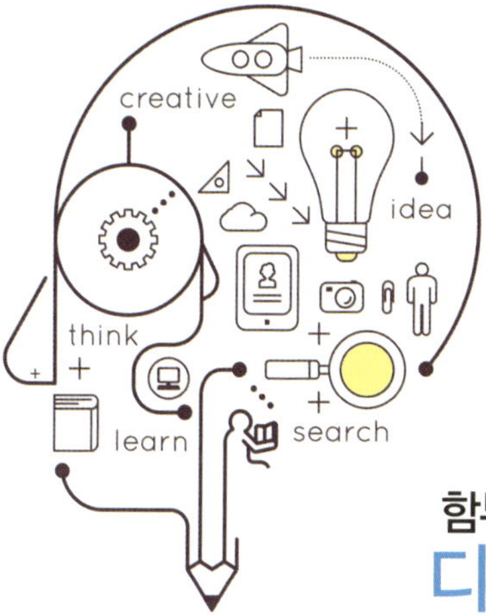

함부로 자유롭게! 디자이너들의

디자인 창업 이야기

디자인 스튜디오 창업 노트

김도영, 심준우, 박영우 지음

EDUWAY 에듀웨이

머리말
PREFACE

환경 적응을 위한
학습과 창의적 디자인 솔루션

기업 소속 디자이너로 시작하여 준비 과정을 거치면서 디자인 창업에 도전하였다. 그 결과물인 디자인소리는 대한민국에서 가장 유명한 디자인 미디어 중 한 곳이 되었고, 세컨드 브랜드인 'K-디자인 어워드'는 아시아 3대 디자인상으로 불릴 정도로 높은 브랜드 가치를 키울 수 있었다. 진행해온 모든 일련의 과정들을 매일같이 힘든 시간을 쏟아 관리했고, 가치를 만들어 갔다.

요즘 취업에만 매달리는 대학생들을 보면서 취업만을 위한 스펙 포트폴리오가 아니라 창업을 위한 '리소스 포트폴리오'를 만들고 관리해야 한다고 생각한다. 내가 가지고 있는 자원의 포트폴리오를 구성해서 밸런스 있게 잘 활용하면 누구나 성공할 수 있다.

이제 4차 산업 혁명시대에 살아남기 위해 빠르게 움직여야 한다. 기존의 학습 체계로는 도저히 미래를 준비할 수 없다. 빅데이터, 사물 인터넷, 인공지능, 클라우드 컴퓨팅 등의 초연결 시대를 대비하기 위해서는 새로운 도전이 필요하다. 앞으로 무슨 능력이 필요한지도 예측할 수 없는 상황을 대비하기 위해 '빠른 학습 능력'을 키워야 한다. 언제 어디서나 쉽게 자신이 필요한 것을 배울 수 있는 마이크로 컬리지 등의 플랫폼을 활용해 쉽게 그때그때 필요한 것을 학습할 수 있을 것 같지만, 현실은 쉽지가 않다.

남보다 빨리 많은 경험을 하고, 발생하는 문제를 다양한 방법으로 해결해 본 경험을 쌓은 것이 학습 능력을 키우는데 가장 빠른 길이다. 그것이 곧 창업이다. 디자인은 창의적이여야 한다. 지난 10년 동안 사업을 전개하면서 경험한 실패와 성공에서 깨달은 다양한 이야기를 이 책에 담으려 노력했다.

김도영

창업 여행의 시작과 과정에서 오는 설렘, 다양한 경험 쌓기

디자인 스튜디오를 운영하면서 창업가에서 사업가로 변모해가며 성장통을 겪고 있는 듯하다. 새로움에 설렘과 두려움을 느낀다. 월매출과 월고정비용이 눈에 띄게 올라가던 기간에는 건강 관리도 제대로 관리하지 못하지만 힘든 시간은 지나가면 잊혀진다. 앞으로 올 새로운 내일에 대한 기대가 더 크기 때문일지도 모른다. 내가 능력 있는 사업가인지 아직 더 지켜봐야겠지만, 창업을 하며 사업이 적성에 맞다는 확신에 그동안 느껴왔던 감정과 경험을 공유하기 위해 원고를 집필하였다.

"제가 창업을 해도 될까요?" 가끔 이런 질문을 받는다. 전문 창업 컨설턴트도 아니거니와 대답을 해드리기에는 질문이 너무 짧다. 보통 이런 경우는 본인 자신과의 진정한 대화가 우선일 것이다. 창업이라는 여행을 떠나야 할지, 말아야 할지, 간다면 누구와 어느 방향으로 갈 것인지에 대한 선택을 하고 있는지 깊게 생각해 보자.

처음 창업을 하고 나서 주위로 부터 가장 많이 듣는 말이 '1년만 버텨라' 였다. 그만큼 창업을 시작하는 것도 쉽지 않지만, 1년을 유지하는 것도 관건일 정도로 창업 초기는 중요한 시기이다. 여행을 떠나기 전 느끼는 설렘과 실제 여행 과정에서 다양한 경험을 하는 것처럼, 창업 1년 동안은 정신없는 나날을 보내게 될 것이다. 디자인 스튜디오 창업을 준비하는 분들에게 이 책이 창업 여행에 대한 가이드북 같은 역할이 되길 바란다.

심준우

성공과 실패, 현실적인 운영을 위한 창업 준비하기

디자인으로 창업을 준비하는 사람들을 위해 실질적인 도움을 주기 위한 자료에 매달리면서, 무엇이 필요한지 경험에 의지했던 영역을 자료를 통한 객관적 지식을 통해 스스로도 정리를 할 수 있는 기회가 되었다.

국가 지원 사업이나 각 관공서에서 진행하는 사업들은 사라지기도 하고, 새로 생기기도 하는 등 하루가 다르게 변화하고 있다. 사업을 진행하는 사람들이라면 이런 변화를 예민하게 받아들이고 정보를 얻는 일을 게을리해서는 안 된다는 말을 가장 첫 번째로 이야기하고 싶다. 또한 글을 쓰면서 가장 힘들었던 부분은 부끄럽게도 실패에 대한 기억이 매달리는 것이었다. 글을 쓰는 순간에서 글이 끝나는 시점까지 언제나 불쑥 튀어나오는 기억을 이겨내기 위해 열심히 자료를 찾고 대입하는 노력에 집중하였다. 사업을 하면서 실패했었던 경험을, 사업을 하는 사람의 입장에서 말하지 못했던 안타까운 순간들을 끄집어내어 '어떻게 해야 실패하지 않는 완벽한 방안을 찾기보다, 실패의 순간을 만회하기 위한 노력을 담을 수 있을까?'를 고민하였다.

창업을 준비하는 사람의 입장에서 창업 준비에 희망을 주기에도 모자라지만 실패에 대한 위험 관리는 사업을 하는 사람에게 필수적인 역량이라고 판단하였다. 이런 경험과 자료를 통해 스스로를 돌아볼 수 있는 체크리스트의 역할을 이 책이 같이 하길 바란다. 이번 책은 본인에게도 큰 도전이기도 하다. 디자이너로 평생을 공부한 디자인 영역을 가지고 창업을 한다는 것은 자신을 걸고 세상에 나서는 한 걸음일 것이다. 그 걸음의 기반을 마련하고 힘든 순간에 꺼내볼 수 있는 서적으로 남길 바란다.

박영우

차례
CONTENTS

01 PART

디자인 스튜디오 창업, 시작과 끝은 언제나 '사람'

02 PART

디자인 스튜디오 창업, 어떻게 해야 할까?

03 PART

디자인 스튜디오 창업, 서류 작성부터 지원 프로그램까지

04 PART

디자인 스튜디오에도 전략이 필요하다

Check List

나는 창업을 할 수 있는 사람일까?

창업 성향은 사람마다 다르다. 자신의 창업 스타일을 알아가는 취지의 간단한 테스트를 발췌하였다. Yes/No의 간단한 선택 문항이고 솔직한 판단일수록 자신의 스타일을 명확하게 할 수 있으니 스스로 돌아보는 시간을 가진다는 마음가짐으로 체크해 보자.

자, 그럼 시작해 볼까요?

창업 성향
Yes or No

❶ 나의 관심분야와 관련해서 새로운 것을 해보고 싶다. □ Yes / □ No

❷ 나는 새로운 기술을 익히기 위해 노력하는 편이다. □ Yes / □ No

❸ 나의 생활, 일에서 가장 필요한 정보가 무엇인지 알고 있다.
□ Yes / □ No

❹ 내가 관심 있어 하는 것들과 관련된 구체적인 정보를 가지고 있다.
□ Yes / □ No

❺ 내가 창업하고 싶은 분야를 선도하는 서비스, 기술, 제품을 알고 있다. □ Yes / □ No

❻ 새로운 것을 배우기 위해 돈을 아끼지 않는다. □ Yes / □ No

❼ 문제 발생 시 대처할 수 있는 다양한 방법을 가지고 있다.
□ Yes / □ No

❽ 진행 중인 일에 뜻하지 않는 어려움이 있어도 중단하지 않는다.
□ Yes / □ No

❾ 나는 어려운 문제를 접해도 비교적 정확한 결정을 내린다.
□ Yes / □ No

❿ 하나의 목표를 달성하면 더 높은 목표를 세운다. □ Yes / □ No

⓫ 문제가 생기면, 그것을 해결할 나만의 해결 방법이 있다.
□ Yes / □ No

⓬ 어려운 문제도 조금만 노력하면 난 해결할 수 있다. □ Yes / □ No

⑬ 나는 장사가 잘 되는 가게의 비결을 알고 있다. □ Yes / □ No

⑭ 나는 사업아이템에 따라 장사가 잘 되는 곳을 알고 있다.
□ Yes / □ No

⑮ 나는 일을 효율적으로 한다. □ Yes / □ No

⑯ 일을 할 때 발생할 수 있는 문제에 대한 대비책을 같이 준비한다.
□ Yes / □ No

⑰ 내가 하고 있는 일에서 가장 효과적인 결과를 얻을 수 있는 방법을 알고 있다. □ Yes / □ No

⑱ 나는 복잡한 내용을 쉽게 전달할 수 있다. □ Yes / □ No

⑲ 토의 주제의 결론을 잘 이끌어 내는 편이다. □ Yes / □ No

⑳ 나는 매우 활동적이며, 주변인으로 머물기보다 리더로 활동하는 것을 좋아한다. □ Yes / □ No

㉑ 회의에서 사회나 서기를 맡는다면 사회 쪽이 맞을 것이다.
□ Yes / □ No

㉒ 나는 말을 조리 있게 할 수 있다. □ Yes / □ No

㉓ 나는 주도적이다. □ Yes / □ No

㉔ 실패와 성공은 나 자신에게 달려 있다. □ Yes / □ No

㉕ 내 사업이 실패한다면 그것은 나의 책임이다. □ Yes / □ No

㉖ 내가 못할 것이라고 남들이 말해도 나는 그 일을 해낼 수 있다.
□ Yes / □ No

㉗ 나는 모임을 잘 리드한다. □ Yes / □ No

㉘ 내가 내린 결정들에 대해 거의 후회하지 않는다. □ Yes / □ No

㉙ 나는 처음 만나는 사람 앞에서도 자신감이 있다. □ Yes / □ No

㉚ 나는 자신 있게 나를 표현할 수 있다. □ Yes / □ No

㉛ 나는 나의 장래에 대한 구체적인 목표가 있다. □ Yes / □ No

㉜ 나는 일을 할 때 먼저 우선 순위를 정한다. □ Yes / □ No

㉝ 나는 내 인생의 이루고자 하는 목표가 뚜렷하다. □ Yes / □ No

㉞ 나는 요즘 자기 개발을 위해 하는 것이 있다. □ Yes / □ No

㉟ 내 자신의 일에 대해 높은 기준을 세우고, 그것을 달성하려고 노력한다. □ Yes / □ No

㊱ 현재의 나의 상황을 파악하고 앞으로의 계획을 세운다. □ Yes / □ No

㊲ 나는 다른 사람들이 내 의견에 동의하게 하는 재능이 있다. □ Yes / □ No

㊳ 나는 나와 다른 의견을 가진 사람도 내 의견에 따라오게 할 수 있다. □ Yes / □ No

㊴ 설득 당하는 것 보다는 설득하는 편이다. □ Yes / □ No

㊵ 나는 주어진 목표에 동참하도록 타인을 잘 설득할 수 있다. □ Yes / □ No

㊶ 다른 사람에게 일의 목표에 대해서 설명하고 그 목표에 신념을 갖도록 설득하는 것은 어렵지 않다. □ Yes / □ No

㊷ 나는 내가 필요한 것을 얻기 위해 다른 사람을 잘 설득할 수 있다. □ Yes / □ No

㊸ 나는 내가 창업했을 때 단골손님이 될 사람을 많이 알고 있다. □ Yes / □ No

㊹ 나는 유머감각이 좋아서 남들을 잘 웃기곤 한다. □ Yes / □ No

㊺ 나는 문제 해결을 위해 융통성을 발휘한다. □ Yes / □ No

㊻ 처음 사람을 만나는 자리에서 사람들이 나에 대해 더 잘 알도록 애쓴다.
□ Yes / □ No

㊼ 남 앞에서 스스럼없이 자기소개를 한다. □ Yes / □ No

㊽ 다양한 사람을 만나는 일이 좋다. □ Yes / □ No

㊾ 나는 시간 관리를 잘 한다는 말을 듣는 편이다. □ Yes / □ No

㊿ 나는 창업을 하여 성공할 수 있다. □ Yes / □ No

51 나는 일을 시작할 때 정보 수집을 많이 한다. □ Yes / □ No

52 나는 비교적 어려운 문제도 해결할 자신이 있다. □ Yes / □ No

53 나에게 필요한 지식, 정보들은 체계적으로 정리한다. □ Yes / □ No

54 사업과 관련해서 더 공부할 계획이 있다. □ Yes / □ No

55 일을 할 때 다른 사람들은 일을 어떻게 할 것인지 나에게 묻는다.
□ Yes / □ No

56 한 번 시작한 일이면 끝까지 최선을 다해 마무리한다. □ Yes / □ No

57 한 가지 일을 끝까지 해 내는 편이다. □ Yes / □ No

58 개인의 성공과 실패는 운보다는 개인의 노력 여하에 달려있다.
□ Yes / □ No

59 나는 한 번 시작한 일은 결말을 본다. □ Yes / □ No

60 달성하기 힘든 목표라도 필요하다고 판단되면 밀고 나간다.
□ Yes / □ No

* 본 내용은 워크넷(http://www.work.go.kr/seekWantedMain.do)에서 제공하는 창업 적성검사의 내용을 발췌, 각색한 것이며 정확한 판단 기준이 될 수 없음을 알려드립니다. 정확한 판단을 위한다면 각 인력지원 사이트를 통해 무료로 체험할 수 있습니다.

- **타고난 창업형 사업가 | YES 개수 45개 이상**

다양한 정보와 지식을 습득하려 노력함 이윤, 비용을 항상 의식하고 새로운 사업 기회를 끊임없이 추구한다. 새로운 체계와 절차를 개발하는 데에도 매우 능동적으로 참여. 기회를 포착하는데 재주가 있으며, 그 기회를 발판으로 일을 추진하고, 적극적으로 리드하는 경우가 많다.

타인과 자신의 시간을 효율적으로 조직화가 가능, 우선 순위를 확실하게 정하고 목표를 이루기 위한 구체적인 활동과 진행 과정의 감독이 가능하다.

- **노력파 창업형 사업가 | YES 개수 35개 이상**

자신의 주도로 이루어지는 일은 성공할 것이라는 생각과 반대에 직면해서도 자신의 입장을 견지해 나가려 한다. 독립적이고 자신에 의지하는 경향도 있다. 다른 사람들을 자기편으로 만들거나 혹은 그 사람의 의견을 수정해서 결국 자신의 의견에 동조할 수 있도록 노력하기도 한다. 앞서서 계획을 세우는 것이 아니라 상황이 발생할 때마다 그에 맞추어서 그때그때 적응해 나가는 스타일이다.

- **자유 방임형 사업가 | YES 개수 25개 이하**

수동적이거나 모험을 감수하지 않으므로 위험에 빠질 경우가 적다. 이런 사람은 의사 결정의 책임을 다른 사람에게 넘기는 경우가 많으므로, 일이 잘못되어 버리는 경우에도 책임을 지게 되는 경우가 별로 없다. 타인을 자극하려 하지 않으며, 이런 점 때문에 종종 겸손하며, 점잖은 사람으로 칭송받기도 한다. 문제의 접근 방식이 지나치게 논리적이지 않고 유용한 직관을 사용한다. 주위의 많은 정보를 해석하는 것에 시간을 과도하게 쓰지 않고 분석에 매달리지 않는다.

INTERVIEW

박정민

뮤페즈 대표

현재 어떤 일을 하나요?

제품 디자이너 박정민입니다. 2014년부터 SUPER3DM 제품 디자인 및 모형회사를 운영하고 있습니다. 현재는 기존 작업을 병행하며 Mupez 제품 브랜드를 런칭하여 생활, 주방용품을 제작하여 판매하고 있습니다.

창업 준비 과정에 대해 알려 주세요.

가장 먼저 준비한 것은 아이템에 대한 정보 수집이었습니다. 여러 아이템 중 가장 가능성이 높은 아이템을 고른 후 전문가들의 강연이나 의견을 많이 들었습니다. 가장 중요하게 생각한 부분은 나 자신에게 흥미를 줄 수 있는 것과 잘하는 것 두 가지 요소가 공통으로 포함되는 아이템을 찾는 것이었습니다.

창업 아이디어는 어디에서 얻었나요?

나 자신에 대해 가장 먼저 생각했답니다. 새로운 창업 아이디어보다는 지금껏 가장 좋아한 것과 가장 잘한다고 생각한 일들을 중심으로 아이디어를 선정했습니다. 손으로 만드는 것을 가장 좋아했기 때문에 모형 일을 선택했고, 오랜 학업 기간과 함께 실무 또한 제품 디자인에 종사한 만큼 제품 디자인 작업까지 두 가지 일을 선택하게 되었답니다. 현재는 자체 제품 브랜드를 만드는 과정까지 진행합니다.

창업할 때 가장 어려운 점은 무엇일까요?

창업은 누구나 할 수 있지만 생존은 어려운 문제라고 생각합니다. 목돈 없이 창업을 하는 것과 수입이 생길 수 있는 구조가 느린 창업의 경우는 돈을 쫓는 사업 구조를 피하기가 어렵다고 봅니다. 돈을 쫓는 사업 구조가 옳고 그름은 아니지만 자신이 하고 싶은 일을 위해서는 시간이 필요할 수밖에 없습니다. 창업자들의 환경은 다양하지만 제가 겪은 상황은 앞서 말한 구조이며 벗어나기 위해 긴 시간을 보내온 결과입니다.

창업을 할 때 창업 자금은 어떻게 준비하였나요?

창업 지원 사업은 모두 다 지원하였습니다. 처음에는 서울청년창업지원이었고, 임대비용은 물론이고 창업가들과의 정보 교류로 많은 도움이 되었답니다. 이후에도 다양한 창업 지원 사업에 도전했지만 수많은 낙방 끝에 최근 맞춤형창업지원을 통해 제품 브랜드 구축에 큰 도움이 되었답니다.

운영하면서 가장 힘든 점은?

회사 생존을 위해 지속적인 수입 구조를 만드는 것이 가장 어려웠습니다. 회사의 성장을 원하고 있고 이루기 위해선 지속적인 수입 구조의 증가가 필요하다고 생각합니다.

포트폴리오는 어떻게 준비하거나 업그레이드를 하나요?

제품 디자인 회사 포트폴리오는 홈페이지와 블로그를 통해 자료를 정리하였습니다. 클라이언트와의 미팅에서는 주요 작업물로 선정한 자료를 따로 보여줍니다.

디자인 스튜디오에서 직원을 뽑을 때 기준은?

디자인 작업뿐 아니라 좋은 분위기를 만드는 사람을 뽑는답니다. 디자인 작업도 중요하지만 소수의 사람들과 일하는 만큼 화합도 중요하기 때문입니다.

직원과의 작업 시선과 방향이 맞지 않을 때 해결 방법은?

계속해서 의견을 나누는 편입니다. 다양한 리서치와 많은 사람들에게 의견을 공유하고 도움을 청하는 방법도 마다하지 않습니다.

프로젝트 작업 시 디자인 스튜디오의 작업 패턴은?

각자의 디자인 작업 스타일을 존중합니다. 디자인 작업은 감성 작업이기에 작업자의 컨디션이 가장 좋게 유지될 수 있는 방향으로 작업을 진행합니다.

새로운 시장과 클라이언트 확장을 위한 방법은?

새로운 시장을 위해선 다양한 작업에 과감하게 도전해야 한다고 생각하며, 확장을 위해선 위험을 감수하는 방법을 선택합니다.

디자인 스튜디오 운영 철학이 있다면?

완벽함보다는 효율성과 정확함을 추구합니다. 클라이언트는 최종 결정자입니다. 작업자는 클라이언트가 원하는 완벽한 답을 제시하는 것은 불가능하다고 봅니다. 완벽한 작업은 없지만 정확한 작업은 있다고 봅니다. 클라이언트가 원하는 바를 효율적으로 제시하고 정확한 작업으로 완성시킵니다.

지속적인 발전을 위한 자신만의 노하우가 있다면?

스트레스를 줄이고 싶을 때 그리고 새로운 아이디어를 얻고자 할 때는 주로 영화와 다큐멘터리를 장르 불문하고 꾸준히 보는 편입니다.

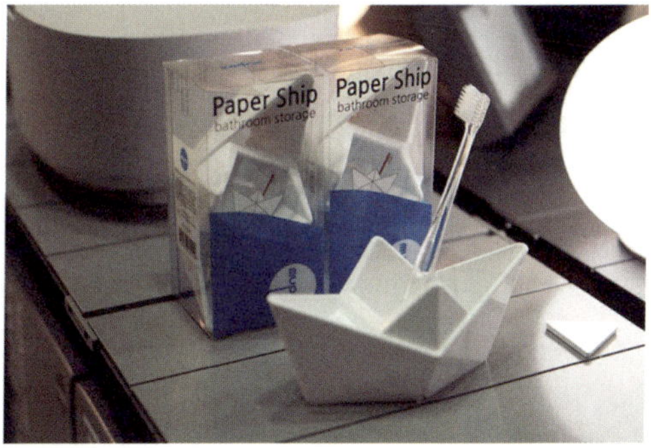

INTERVIEW

이민주

돌롭 대표

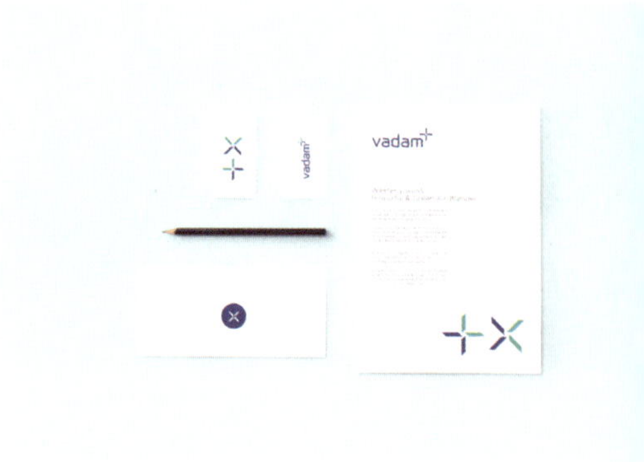

현재 어떤 일을 하나요?

현재 디자인을 중심으로 디자인 융합 컨설팅을 하고 있습니다. 창업 1년차로서 디자인 기획, 디자인 전략, 디자인 IP 컨설팅, 디자인 개발, 브랜드 개발을 주요 업무로 하고 있습니다.

돌롭(Dollop)은 Creative Destruction Office로, 디자인 중심의 파괴적 혁신을 주요 모티브로 삼고 있습니다. 기업 및 제품의 혁신을 위해 최고 파괴자로서, 파괴적 혁신을 통한 새로운 아이디어를 통해 신규 상품 및 기업의 가치를 창출합니다.

파괴적 혁신의 대상은 디자인 중심으로 융합적 사고, 기업의 핵심 가치 규명, 일관성 유지를 통해 최종 결과물로 산출되어 집니다. 이것에 대한 대상은 브랜드, 디자인, 특허, 프로세스, 유통, 경영 등에 포괄적으로 적용되며, 특정한 형태를 고집하지는 않습니다.

창업 준비 과정에 대해 알려 주세요.

저는 디자인 석사 학위를 이탈리아 DOMUS Academy에서 취득하였습니다. 그때 경험했던 융합적 사고를 바탕으로 국내에서 디자인 기획으로 처음 일을 시작하였습니다.

디자인 기획을 바탕으로 디자인 전략의 중요성을 인식하였으며, 당시 디자인 기획자로, 타 분야에 디자인을 확장시키는 아이디어를 연구하였습니다. 이런 와중에 디자인

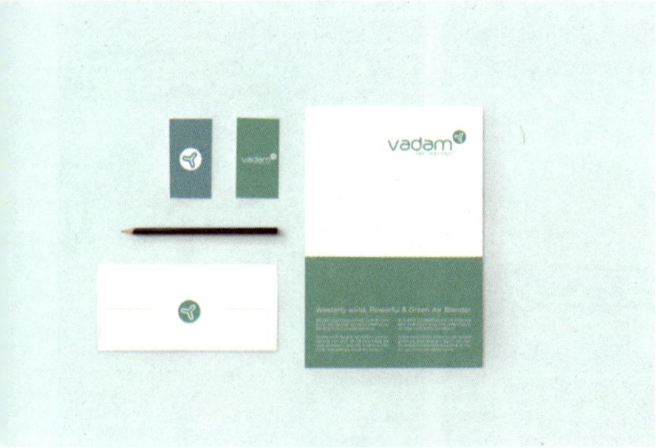

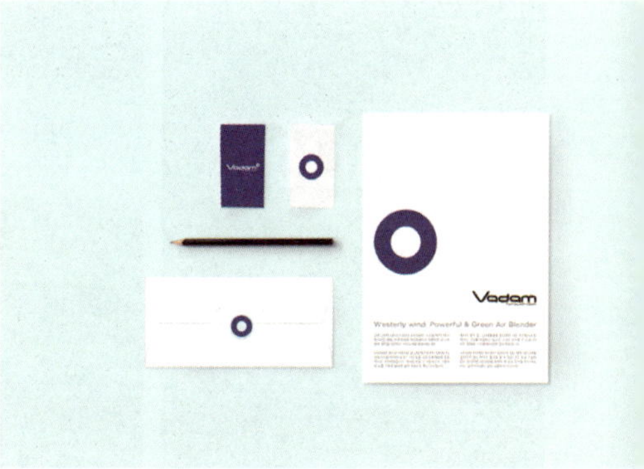

IP(지식재산권)에 대한 회사로 이직을 하게 되었고, 디자인 지식재산권, 특허, 상표를 접하며 디자인과 지식재산권의 융합적 분석을 주 업무로 진행하였습니다. 또한, 상표권과 더불어 브랜드 사업을 구축하는 일을 담당하였고, 그 후 특허 법인으로 이직하여, 국내 최초로 특허법인 최초 디자인 전문회사를 구축하였습니다.

이러한 경험을 바탕으로 디자인 융합을 기초로 하는 디자인 전문회사를 창업하게 되었습니다.

창업을 준비하면서 다년간 망설임도 많았습니다. 비용적인 문제와 불확실성에서 망설인 부분도 많았지만, 타 분야에 대한 관심과 사람과의 신뢰로 문제되는 부분을 감안하고 창업을 시작하게 되었습니다.

창업 아이디어는 어디에서 얻었나요?

창업 아이디어는 제가 경험했던 업무인 디자인맵 사업을 통해 '디자인권 중심 지식재산권 융합 프로세스연구'를 주제로 박사 학위를 취득하였습니다. 이 연구를 기반으로 다양한 사업 모델을 실무에 적용하는 경험을 쌓게 되었고, 박사학위 취득 시점에 애플과 삼성의 지식재산권 분쟁이 이슈가 되어 해당 사업에 대한 아이디어를 얻게 되었습니다. 디자인을 지식재산권에 융합하는 시도를 하고, 특허업계에서 디자인 사업을 진행하다 보니 자연스럽게 디자이너의

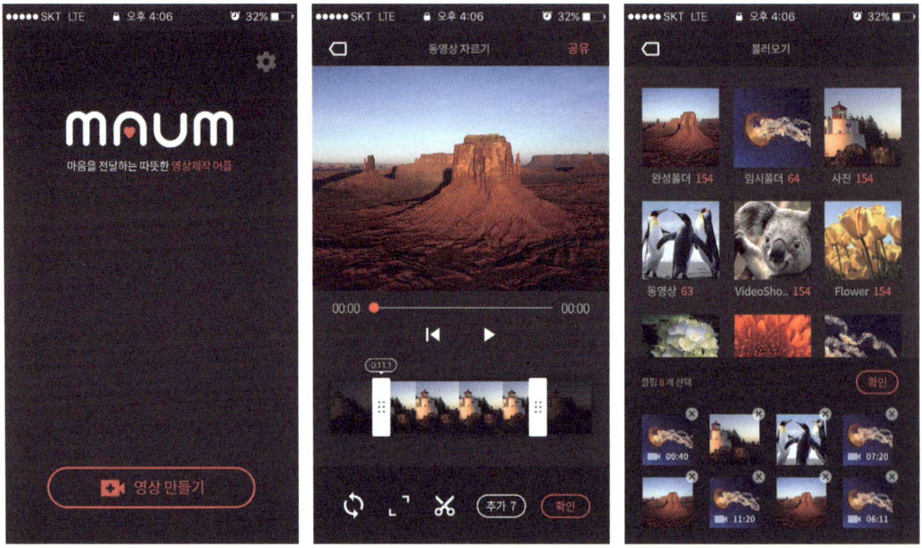

관점에서 지식재산권을 컨설팅하는 형태가 되었습니다. 이를 기반으로 디자이너로서 지식재산권을 컨설팅할 수 있는 사업의 아이디어를 발굴하게 되었습니다.

창업할 때 가장 어려운 점은 무엇일까요?

창업할 때 가장 어려운 점은 창업 자금이었습니다. 디자인 스튜디오는 제조업에 비해 상대적으로 적은 창업 자금이 들어가는 부분이지만, 사업장 운영 및 특히 구성원에 대한 인건비가 가장 큰 부담으로 다가옵니다. 그 다음으로는 사업 영위를 위한 클라이언트의 유무라고 생각합니다. 거래가 성사되기 위한 클라이언트를 얼마나 보유하고 있느냐가 중요합니다.

운영하면서 가장 힘든 점은?

가장 힘든 점은 매월 고정비에 대한 부분이며, 그중에서도 직원들의 급여가 가장 부담이 되는 부분입니다. 이런 부분은 재정적인 문제로, 향후 사업이 점점 늘어남에 따라 안정화되는 요소입니다. 사업의 안정화를 위해 가장 고민되는 부분은 항상 새로워야 한다는 것입니다.

사업은 안정화라는 개념으로만 접근하면 안 됩니다. 직장생활은 팀의 안정화, 수익의 안정화를 추구하는 측면이 많지만, 사업은 안정화가 사회 트렌드에 맞추어 발 빠르게 변해가는 것이라고 생각합니다. 새로운 환경을 항상 고민하고 그에 따라 저희의 영역을 끊임없이 변화시키는 것이라 생각하며, 그러기 위해 항상 연구하고 신규 아이템을 개발하는 자세가 필요하다고 생각합니다.

포트폴리오는 어떻게 준비하거나 업그레이드를 하나요?

Dollop은 사업의 결과물이 제품이나 브랜드의 결과물만 존재하지 않아 디자인 융합 방법론 개발로 포트폴리오를 준비합니다. 매년 새로운 방법론을 개발하고 업그레이드하며, 포트폴리오와 사업 영역을 확장해 나가고 있습니다. 현재는 Design TRIZ 방법론과 디자인IP가치평가 방법론을 개발 중에 있습니다.

디자인 스튜디오에서 직원을 뽑을 때 기준은?

저희는 융합적 사고가 있는 인재 발굴에 기준을 두고 있습니다. 디자인적 사고와 더불어 타 분야의 이해와 이를 활용한 디자인 융합을 시도할 수 있는 사고를 가진 인재를 원합니다. 그러기 위해서는 도전적이고 주도적인 성향을 가진 인력을 선호합니다. 이와 더불어 책임감 있는 태도도 중요하게 생각합니다.

직원과의 작업 시선과 방향이 맞지 않을 때 해결 방법은?

방향성의 오류가 있을 시에는 상시적으로 토론을 진행합니다. 대표의 성향이나 작업자의 성향에 고정되어 있지 않고, 기획 단계에서 설정하였던 Core와 Concept 부합성에 초점을 맞추어 방향을 조율합니다. 코어(Core)와 콘셉트(Concept)는 프로젝트 참여자(클라이언트 포함) 모두가 약속한 결정으로, 작업자와 클라이언트 모두 약속한 기준에 부합 여부를 판단하여 토론을 진행합니다.

프로젝트 작업 시 디자인 스튜디오의 작업 패턴은?

전체적으로 프로젝트 기획의 공유입니다. 어떤 프로젝트이던지 프로젝트의 대상이 되는 핵심 요소를 결정합니다. 핵심 요소를 기반으로 제거 요소와 부각 요소를 구분하고, 그에 따라 분석과 콘셉트를 설정하게 됩니다. 여기까지의 프로세스는 팀 전체의 공통 작업으로 이뤄지며, 그 후 세부 작업은 분배하고 작업 종료 후 최종 취합을 진행합니다. 최종 취합 과정에서 세부 작업에 대한 결과를 전체적으로 공유하는 시스템입니다.

새로운 시장과 클라이언트 확장을 위한 방법은?

새로운 시장과 클라이언트 확장은 저희가 새로운 서비스를 개발하는 것부터 시작합니다. 우선적으로 트렌드에 부합하는 서비스를 연구 생산하고 그에 따른 소비자의 니즈에 적합한 비즈니스 모델을 구축해서 제안합니다. 이를 통해 신규 시장을 창출하고 그에 맞는 새로운 클라이언트를 확장합니다.

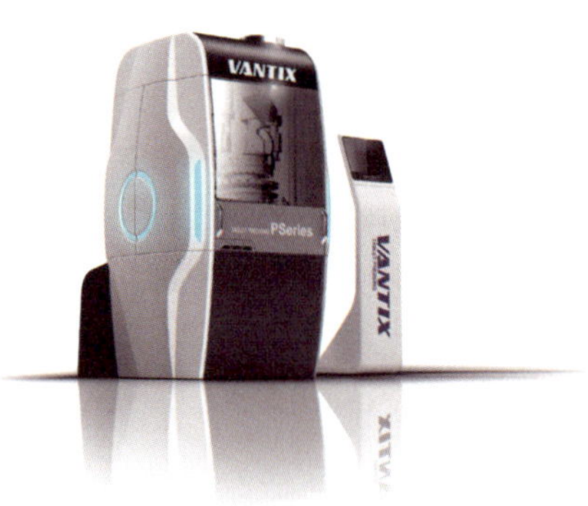
VANTIX
PSeries
VANTIX
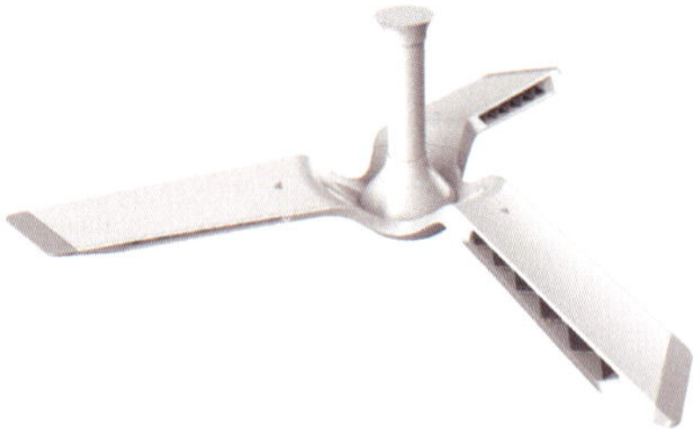
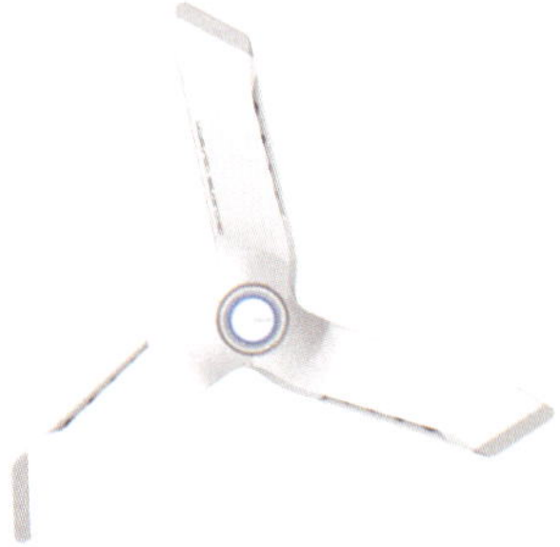
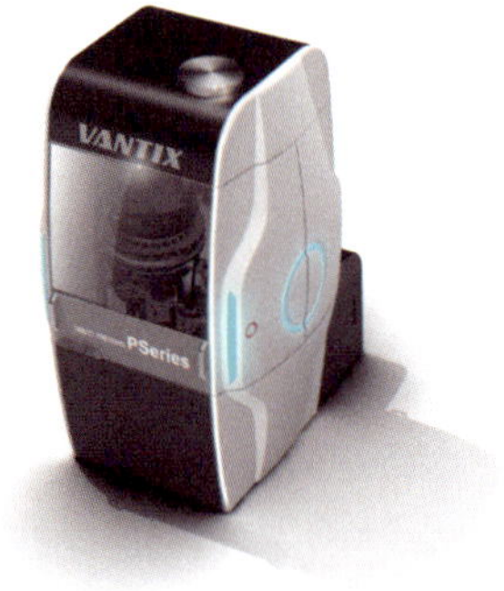
VANTIX
PSeries
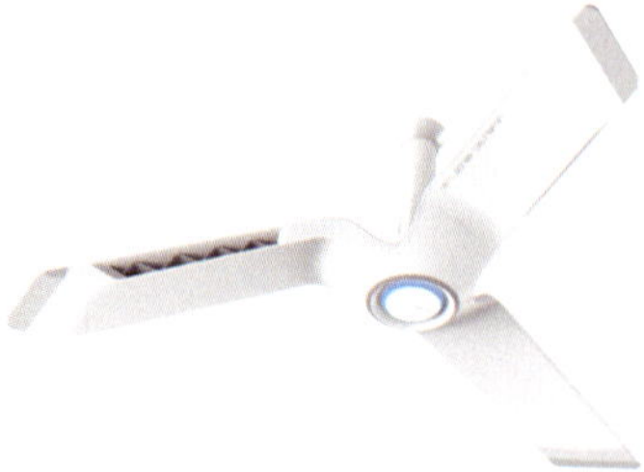

디자인 스튜디오 운영 철학이 있다면?

디자인 중심의 파괴적 혁신입니다. Dollop은 브랜드의 의미가 여러 가지가 본연의 형태를 변화시켜 두 가지 이상이 결합된 계량이 불가능한 덩어리의 단위입니다. 사전적 의미로는 아이스크림과 같이 과일과 우유가 믹스되어 새로운 형태의 덩어리가 되어 그 덩어리를 계측하는 단위로 Dollop을 사용합니다. 즉, 다 무너트리고 새로운 조합으로 재구성하여, 그 핵심적인 요소(Core)로 구성되는 것으로, 파괴적 혁신을 통해 새로운 융합의 핵심 요소를 발견하는 의미를 가지고 있습니다. 융합된 결과의 핵심이라고 저는 규명하고 있습니다. 이는 저희 회사의 근본적인 철학이고 이를 기반으로 모든 사업을 구상하고 있습니다.

창업 파트너가 있었다면 어떤 방식으로 협업을 하였나요?

창업 파트너는 디자인 영역에서 벗어나있는 파트너와 협업을 하였으며, 주로 유통과 마케팅 전문과와 창업 파트너를 맺었습니다. 협업 방식은 지분투자 방식을 택했으며, 사업 운영 및 자금 운영과 유통은 파트너가 담당하고, 디자인 회사의 운영 전반은 제가 담당하는 방식으로 구성하였습니다. 각자의 전문 분야를 유지하여, 협업을 통한 향후 시너지 창출을 목표로 하고 있습니다.

발전 정체 시기나 슬럼프 기간의 극복 방법은?

창업 초기여서 발전의 정체 시기나 슬럼프 기간이 발생되지는 않았습니다. 다만, 프로젝트의 업무와는 별개로 발생되는 다양한 외부적 요인(자금, 성향 등)이 발전의 정체나 슬럼프가 오는 시기라고 봅니다. 저 나름의 극복 방법은 솔직한 생각의 공유가 가장 좋은 방법이라고 생각합니다.

지속적인 발전을 위한 자신만의 노하우가 있다면?

디자인 중심의 연구라고 생각합니다. 디자인 프로세스를 중심으로 타 영역과의 융합을 시도하는 방법입니다. 디자인의 소스와 타 영역의 소스를 융합하기 위해 공통적인 요소를 접목하는 부분입니다. 모든 영역을 소화하기보다, 디자인과 공통적인 핵심 요소를 규명하고 이를 기반으로 프로세스에 확장하는 방법입니다. 자신만의 노하우라고 하기에는 아직 부족하지만, 핵심 요소의 규명과 이를 통한 각 영역에 대입하는 방법에 대한 연구가 사업의 지속성을 유지하는 저만의 노하우입니다.

INTERVIEW

이원찬

미니멀리스트 대표

현재 어떤 일을 하나요?

2013년 3월에 미니멀리스트라는 디자인 스튜디오를 창업하고, 계원예술대학교에 출강하고 있습니다. 미니멀리스트는 초기 브랜딩과 패키징, 에디토리얼 디자인을 전문으로 하는 스튜디오로 출발했지만 현재는 제품과 인테리어, 전시 디자인 등 다양한 분야의 디자인 프로젝트를 진행하고 있습니다.

창업 준비 과정에 대해 알려 주세요.

호주에서 10년 넘게 공부를 하고 졸업 후 개인 작업, 여러 프로젝트에 참여하는 프리랜서 형식으로 일을 하고 있었습니다. 디자이너로 활동을 하면서도 예전부터 '내가 하고 싶은 디자인'을 하고 싶었던 욕구가 컸기에 브랜딩에 대한 고민은 꾸준히 하고 있었던 중이었습니다. 호주에서 모든 것을 정리하고 일주일 정도 여행을 다니며 여러 가지 막연하게 했던 고민들을 구체화하는 시간을 가졌던 것 같습니다.

귀국해서는 먼저 스튜디오 공간을 준비하는데 많은 시간을 할애했어요. 스튜디오 위치는 면적, 편의시설, 주변 상권 등 고민할 것이 많았으나 무엇보다도 지역 선택을 가장 크게 생각했습니다. 스튜디오의 위치는 앞으로 일해 나갈 클라이언트와의 물리적인 소통을 위해서도 매우 중요한 부분이기 때문이죠.

창업 아이디어는 어디에서 얻었나요?

'내가 하고 싶은 디자인'에 대한 답은 내 스튜디오를 운영하는 것이라고 생각했습니다. 프리랜서의 경우는 확장성과 규모면에서 맡을 수 있는 프로젝트에 한계가 있습니다.

창업할 때 가장 어려운 점은 무엇일까요?

초기 셋업 과정이 끝나고 처음 클라이언트와 만나게 되는 지점이 언제가 될지 모른다는 불확실함이었습니다. 우리는 전부 준비가 되어 있는데 클라이언트는 우리의 존재를 모르는 거죠.

잘할 수 있는데 그 첫 기회가 오기를 기다리는 시간이 매우 힘들었습니다. 컨디션을 최고로 올린 육상선수가 출발선에 서서 하염없이 기다리고 있는 그런 느낌이었어요.

창업을 할 때 창업 자금은 어떻게 준비하였나요?

예전부터 모아두었던 자금과 서울시에서 지원 받은 자금으로 시작했습니다. 그 과정이 꽤 복잡했던 것은 사실이고, 무형의 디자인에 대한 지원 자금의 측정과 산출 자체가 쉽지 않았던 것이라 애를 먹었는데요. 사무실 보증금의 일부를 지원받을 수 있었습니다.

운영하면서 가장 힘든 점은?

업무량의 비일정함, 그리고 사람과의 커뮤니케이션입니다. 디자인 스튜디오의 경우 매우 많은 부분이 운영에 영향을 미칩니다. 경기의 흐름은 물론이고 담당자의 이직, 클라이언트 사내의 분위기 등 일이 많이 몰릴

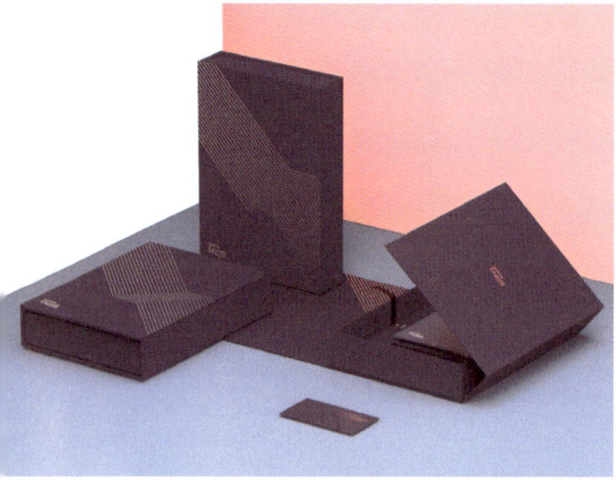

때는 일주일에 3, 4일은 집에 들어가지 못하는 경우도 허다한데, 거짓말처럼 프로젝트가 끝나고 2주 동안 아무런 일도 없었던 경우도 있습니다. 일정이라는 것은 기본적으로 클라이언트의 스케줄에 따라 움직이기 때문에 내부에서 컨트롤할 수 있는 부분이 많지 않기 때문에 천국과 지옥을 드나드는 일이 많아요. 건강에 무리가 갈 정도로 일이 많은 것도 문제이지만, 직원들이 스튜디오에서 아무 할 일도 없이 멀뚱히 있게 되는 상황이 오는 것도 큰 문제입니다.

일은 사람이 합니다. 디자인 스튜디오는 결과물이 모든 것을 설명하지만 그 결과물을 만드는 것도, 보여주는 것도, 수정, 보완하는 것도 사람입니다. 작게는 내부 커뮤니케이션의 이슈에서, 크게는 클라이언트와의 커뮤니케이션. 회사에 따라 분위기가 다른 것은 물론이고 같은 부서 내에서도 담당자에 따라 일이 어떻게 진행되느냐가 다릅니다. 같은 프로젝트도 같은 부서 내 A라는 담당자와 매끄럽게 잘 처리되는 일도, B라는 담당자와는 킥오프도 못하고 의견 조율에만 시간을 허비한 경우도 있어요.

포트폴리오는 어떻게 준비하거나 업그레이드를 하나요?

미니멀리스트는 창업자인 제가 한국에 연고가 없고, 외부 영업을 따로 하지 않기 때문에 포트폴리오 관리가 핵심입니다. 프로젝트가 끝나면 적절한 시기에 릴리즈하는 것을 최우선으로 합니다. 포트폴리오를 관리하는 부분은 많은 노력을 합니다. 저희는 모든 프로젝트를 업데이트하지는 않습니다. 스튜디오가 나아가고자 하는 방향과 다른 결과물일 경우는 그것이 비록 국내 굴지의 대기업과 진행한 프로젝트라고 해도 과감히 묻어 놓습니다.

홈페이지 업데이트와는 별개로 Behance, Facebook 페이지 등의 바이럴 홍보도 병행하는 편이고, 서면으로 보낼 회사소개서와 포트폴리오도 꾸준히 관리하고 업데이트하는 편입니다.

디자인 스튜디오에서 직원을 뽑을 때 기준은?

실력도 물론 중요하지만 더 중요한 것은 직원의 인성이 우리와 얼마나 잘 맞는가를 봅니다. 주니어 디자이너들의 실력은 냉정하게 말해 개개인의 역량이 크게 차이나지는 않습니다. 실력은 필드 경험, 내부 생활을 통해서 얼마든지 키울 수가 있습니다. 하지만 인성을 쉽게 바꾸기는 쉽지 않습니다. 이 인성이라는 것이 거창한 것이 아니라, 사람이 조직생활을 하면서 필요한 최소한의 예의입니다. 자신이 기분 나쁘다고 출근하면서 인상 찌푸리고 인사 없이 하루를 근무한다거나 아무리 자유로운 분위기라도 회의 중에 거슬리는 비속어를 쓰는 등 다른 직원들의 분위기까지 나쁘게 하죠.

이런 기본이 안 된 사람은 조직 내에 보탬이 되는 것은 커녕 전체 사기와 역량을 떨어뜨립니다. 실력이 아무리 뛰어나다고 할지라도요.

또한 우리 디자이너가 클라이언트와 직접적으로 효과적인 커뮤니케이션을 할 수 있는가는 디자이너로서 요구되는 중요한 역량입니다. 이런 사람에게 거래처에 커뮤니케이션을 맡기면 폐업이 기업의 목표가 아닌 이상 절대 안됩니다.

학점 역시 실력의 척도와는 별개로 선발의 기준이 됩니다. 학점이 높은 사람은 주어진 일을 완료하기 위해 타인보다 일정량 이상의 노력을 했다는 것을 의미합니다. 그런 사람들은 쉽게 포기하거나 책임감 없이 나 몰라라 일을 미루지 않습니다. 과 대표 등의 경험도 같은 의미입니다.

직원과의 작업 시선과 방향이 맞지 않을 때 해결 방법은?

애초 선발 자체를 꼼꼼하게 하기 때문에 작업 방향이 크게 틀어진 적은 없지만 프로젝트 시작은 치밀한 계획과 기획에 따라 이루어지기 때문에 중간에 틈틈이 체크해주는 것으로 방향이 벗어나지 않도록 방지합니다. 내부 커뮤니케이션이 원활하고 디렉션만 정확하다면 결과물에 대한 믿음은 있는 편입니다.

프로젝트 작업 시 디자인 스튜디오의 작업 패턴은?

의뢰가 들어오면 이니셜 미팅을 합니다. 서면으로 주고받는 것보다 직접 보고 이야기하는 것이 훨씬 효과적입니다. 미팅 후 스케줄과 견적 등 세부사항을 조정하여 클라이언트에게 전달하고 서로 합의가 되면 계약서 작성 후 프로젝트를 시작합니다. 가장 중요한 부분은 계약서 작성이라고 할 수 있습니다. 기업의 규모, 친분 관계를 떠나 계약서를 작성하지 않고 프로젝트를 진행한다는 것은 '나는 이 수고를 하고도 그에 대한 대가를 받지 않아도 상관없다'라고 공표하는 것과 같습니다.

새로운 시장과 클라이언트 확장을 위한 방법은?

첫 번째로 탄탄한 포트폴리오를 쌓는 것이 가장 중요합니다. 인맥과 영업에 의지한 확장은 담당자가 바뀔 경우 큰 리스크를 떠안기 쉽습니다. 두 번째로는 효과적인 커뮤니케이션입니다. 일단 프로젝트가 킥오프했을 경우 계약서 내 명시된 상황 안에서는 최대한 클라이언트의 요구를 들어주려고 합니다.

프로젝트가 잘 마무리되고 나면 결과물에 만족한 프로젝트나 클라이언트는 다음 프로젝트와 다음 클라이언트로 자연스럽게 연결되어 확장됩니다.

클라이언트 담당자가 모 스튜디오와 프로젝트를 진행하였을 때 피드백에 대한 불만을 이야기한 적이 있습니다. 결과물 수정에 대한 요구를 제대로 들어주지 않는 것은 물론 자신들이 제시한 방향 외에는 대안책을 잘 주지 않는다는 것입니다. 좋게 말하자면 디자인에 대한 자부심이 있다는 것이지만, 반대로 클라이언트의 입장에서는 같이 일하기 불편한 스튜디오입니다. 결과물이 나오는 데에는 내외부적으로 많은 변수가 있습니다. 모두 다 최선이 아님을 알면서도 의사결정권에 따라서 수렴해야 하는 부분도 있습니다. 그런 상황까지도 잘 관리해 줄 수 있는 스튜디오가 좋은 스튜디오가 아닐까라는 생각을 합니다.

디자인 스튜디오 운영 철학이 있다면?

'대체될 수 없는 디자인을 하자는 것. 유행에 이끌리지 않는 우리만의 색이 있는 디자인을 한다' 입니다.

발전 정체 시기나 슬럼프 기간의 극복 방법은?

그동안 미비했던 포트폴리오를 다시 정리하여 업데이트하기도 하고, 그래도 나아지지 않는다면 속편하게 여행을 다녀오는 편입니다. 디자인은 기계가 하는 것이 아니기 때문에 좋은 Output이 나오려면 그만큼 좋은 Input이 꼭 필요합니다. 여러 나라의 도시에 가서 아무 생각 없이 마음을 비우고 나면, 한결 속이 편해지고 다시 돌아왔을 때 자연스럽게 좋은 결과물이 나오게 되는 것 같습니다. 여행을 갈 여유가 되지 않는다면 최대한 비슷한 분야의 사람들과 만나 이런저런 이야기를 나누려고 합니다. 누군가는 똑같은 길을 걸어왔던 사람이고, 똑같은 고민을 했을 테니까요. 그렇게 서로 이야기하다 보면 위로도 되고 좋은 방법들도 공유할 수 있습니다.

지속적인 발전을 위한 자신만의 노하우가 있다면?

흔히 강의 시간에도 학생들에게 '디자인은 사랑하지 않으면 안 된다.'라고 말하는데요. 이 일에 대해서 늘 관심이 있어야 하고 사랑하는 마음을 가진다면 자연스럽게 발전할 수밖에 없는 것 같습니다.

요즘은 일과 쉬는 시간 분리의 필요성에 대해 많이 이야기하는데, 디자인은 조금 다른 것 같아요. 일을 하지 않고 돌아다녀도 주변에는 디자이너의 손이 닿지 않은 곳이 없습니다. 디자인 작업을 하지 않을 때에도 디자인에 대한 자연스러운 관심이 있다면 그 사람이 발전하지 않는 것이 더 이상한 것 아닐까요?

INTERVIEW

이호영

250디자인 대표

현재 어떤 일을 하나요?

현재 창업 4년차 제조업을 하고 있습니다. 단순 제조가 아닌 브랜드를 유지하며 자체 상품을 개발해 국내외 판매를 하는 기업을 운영하고 있습니다. 처음 제품 기획부터 디자인, 개발까지 담당하고 OEM으로 생산하고 있습니다. 250디자인의 제품은 제품의 미적 가치뿐만 아니라 제품의 새로운 방식, 사용 방법을 제시합니다. 그리고 브랜드를 유지하고 제품의 아이덴티티를 유지해서 250디자인만의 문화를 만들어 가고 있습니다.

창업 준비 과정에 대해 알려 주세요.

창업자는 직업이 많아야 된다고 생각합니다. 자신이 개발 또는 하고자 하는 사업이 안정화될 때까지 어느 정도 수입이 발생해야 합니다. 한마디로 버틸 수 있어야 제품을 출시할 수 있습니다. 저는 직업은 4개입니다. 제조업 대표와 후배들을 위해 저녁에는 디자인을 가르치며 학원을 운영하고, 대학교에서 시간강사 일도 하고 있습니다. 그리고 자신의 경력을 위해 대학원에서 공부도 하고 있습니다.

창업자는 회사 내에 있는 모든 일을 할 수 있어야 하고, 다른 일도 할 수 있는 역량이 갖춰져야 합니다. 모든 일을 할 수 있지만 시간이 없어 못하는 일들을 외부로 아웃소싱을 주거나 직원을 채용해 자신이 하는 일을 분배하는 과정이라고 생각합니다.

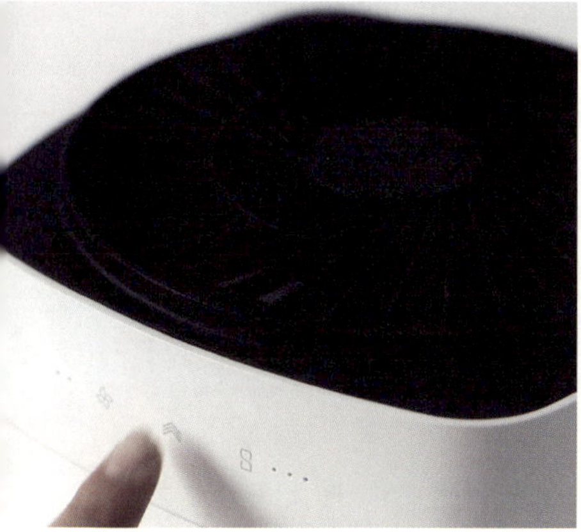

창업 아이디어는 어디에서 얻었나요?

저는 창업 아이디어라기보다 신제품의 아이디어를 주로 생각합니다. 신제품을 기획할 때 중점적으로 생각하는 것은 충분히 시장이 만들어져 있는지를 검토합니다. 시장이 없는 제품들은 그 시장을 만들어야 하기 때문에 처음 진입장벽이 높습니다. 하지만 시장이 만들어져 있는 제품은 진입 장벽이 낮아 안정적으로 판매를 할 수 있는 장점이 있습니다. 저는 세계 최초의 제품을 만들지 않습니다. 하지만 시장에서 새로운 제품을 만듭니다.

그리고 그 시장의 제품들이 가치를 받고 있는 없는지를 판단합니다. 제조업을 하다 보면 무조건 싼 제품을 만드는 시장이 있고 제조단가와 상관없이 가치를 따지는 시장이 있습니다. 그래서 초저가 시장이 아닌 중저가, 중고가 시장을 주로 고민합니다.

창업할 때 가장 어려운 점은 무엇일까요?

제조업은 만드는 것이 가장 중요합니다. 직접 생산하지 않고 OEM으로 하다 보니 협력업체와 커뮤니케이션이 가장 중요하고 작은 실수가 곧 제품의 문제로 발생되기 때문에 제품을 개발할 때는 하나부터 열까지 챙겨야 합니다. 하나라도 빠지게 되면 그 부분에 항상 문제가 발생합니다. 제품 출시를 하고 난 후 자기 제품의 포지션이 어떻게 되는지 정확하게 파악해야 합니다. 그래야 마케팅과 유통, 판매를 할 수 있는 고객층이 만들어집니다. 항상 제조업을 하는 사람들은 어떻게 판매할지를 고민합니다.

제품이 고객을 상대하는 제품인지, 기업을 상대하는 제품인지 파악한다면 많은 도움이 됩니다. 예를 들면, 저희 제품 중 옷장용 제습기는 처음 기획은 B to C로 고객에게 직접 판매하는 방식으로 생각했습니다. 하지만 이 제품은 B to C 보다 B to B 기업 사은품, 판촉으로 저희 회사의 이윤 창출을 하고 있습니다.

창업을 할 때 창업 자금은 어떻게 준비하였나요?

창업 시 가장 고민되는 부분이고 계속 고민되는 부분이 기업의 자금입니다. 누가 자신의 아이디어만 듣고 투자해준다면 좋겠지만 그런 일은 이 세상에 없다고 봐야 합니다. 가족 이외에 자신이 사업하기 전에 투자해주는 사람은 없습니다. 그래서 생각한 것이 정부 지원 자금입니다.

저는 LG전자를 퇴사하고 퇴직금 700만 원으로 처음 시작했습니다. 그리고 MBC 퀸에서 방영한 K디자인 서바이벌에서 준우승해 3000만 원 상금을 받았고, 창업 맞춤형 사업으로 5,000만 원을 지원받았습니다. 여유자금을 합쳐 총 1억 원을 만들어 제품 4개를 만들어 출시했습니다.

운영하면서 가장 힘든 점은?

제조업은 자금이 가장 큰 문제입니다. 금형을 제작하는 비용이 적게는 1000만 원부터 많게는 1억이 들어가기 때문에 항상 제조업에서 이윤을 창출하면 R&D와 개발 비용을 축적해야 합니다. 신제품을 꾸준하게 출시하지 않는다면 시장에서 브랜드는 잊히기 때문에 꾸준하게 개발하는 것이 가장 재미있고 힘듭니다.

포트폴리오는 어떻게 준비하거나 업그레이드를 하나요?

기업의 포트폴리오는 아이덴티티입니다. 이 기업에서 어떠한 물건을 만들고 서비스하는지가 명확해야 사람들은 신뢰합니다. 1년 전 조명 겸 아로마 디퓨저를 개발한 적이 있습니다. 결과는 처참했습니다. 손익분기점도 못 넘기고 손해만 남긴 제품입니다. 곰곰이 생각해보면 그 제품은 저희 회사와 어울리지 않는 제품이었습니다. 저희 회사의 제품은 공기, 습기, 생활용품, 헬스케어 제품 등의 제품을 만드는 회사이기 때문에 조명은 사람들에게 신뢰를 줄 수 없는 제품이었습니다. 그래서 저희는 앞으로 생활용품을 꾸준하게 만들려고 합니다.

디자인 스튜디오에서 직원을 뽑을 때 기준은?

저희는 자신의 일에 대한 열정과 욕심이 있는지를 봅니다. 자신의 일에 대한 욕심이 없는 친구들은 항상 주어진 일에만 최선을 다하고 자신에게 최선을 다하지 않습니다.

직원과의 작업 시선과 방향이 맞지 않을 때 해결 방법은?

부정적 이야기보다 더 좋은 방향으로 이야기하려고 노력합니다. 저희는 디자인 작업이 많다 보니 백 마디 말보다 행동과 이미지 결과물로 이야기합니다.

프로젝트 작업 시 디자인 스튜디오의 작업 패턴은?

저희는 신제품의 기획부터 합니다. 어떤 제품을 개발할지 정해졌다면 그 제품의 새로운 사용성이 무엇인지 고민하고 아이디어를 생각합니다. 그리고 아이디어가 결정되면 1차 디자인 시안을 뽑고, 개발 방법을 검토합니다. 그리고 개발 프로세스가 정리되면 다시 디자인을 하고 Working Mock-up을 만들어 제품 테스트를 합니다. 성능과 사용성에 문제가 없다면 금형 개발이 시작됩니다. 그리고 패키지 디자인, 마케팅, 영업이 이루어집니다.

새로운 시장과 클라이언트 확장을 위한 방법은?

저희에게 새로운 시장은 새로운 제품이거나 해외 수출입니다. 먼저 정부에서 지원하는 해외 박람회 참가 지원을 통해 참가합니다. 그리고 거기서 만나는 해외 바이어들의 반응을 보고 그 지역에 다시 박람회를 나가거나 그 지역에 SNS 마케팅을 합니다.

디자인 스튜디오 운영 철학이 있다면?

'Not new the world. But new to the market.' 이라는 말을 좋아합니다. 혁신은 세계 최초의 제품이 아니라 시장과 사람들에게 새로운 제품이 혁신이라고 생각합니다.

창업 파트너가 있었다면 어떤 방식으로 협업을 하였나요?

저는 앉아서 디자인하고 개발하고 테스트하는 것을 좋아합니다. 그래서 영업이나 마케팅 등에 많이 취약합니다. 저의 사업 파트너나 주로 만나는 사람들은 디자이너나 개발자가 아닌 영업이나 마케팅을 하는 사람들을 많이 만납니다. 그리고 그들이 주는 아이디어나 이야기는 저에게 아주 신선합니다. 왜냐하면 그들이 겪는 스토리는 소비자에게 가장 밀접하게 다가가 있는 사람들이기 때문에 그들의 말에 귀담아들어야 합니다.

지속적인 발전을 위한 자신만의 노하우가 있다면?

인내합니다. 제품은 인내가 중요합니다. 조급하게 마음먹으면 망합니다. 항상 대박을 꿈꾸지 않고 자신의 맡은 일을 꾸준하게 한다면 언젠가 빛을 발하는 날이 온다고 믿습니다.

INTERVIEW

김철휘

VBstudio 대표

현재 어떤 일을 하나요?

VBstudio는 2016년 6월에 창업하여 아직 1년이 안된 스튜디오입니다. 저희 스튜디오는 그래픽 디자인을 기반으로 브랜딩, 음악, 인터렉티브, 모션, 공간 디자인 등 분야 및 미디어에 제한 없이 비쥬얼적으로 필요한 부분을 진행해 왔습니다. 다양한 분야의 경험을 바탕으로 보다 효과적인 비주얼커뮤니케이션을 표방합니다.

창업 준비 과정에 대해 알려 주세요.

스튜디오 창업은 처음 디자인을 입문하여 시작할 때부터 꿈이었습니다. 하지만 막상 스튜디오를 차릴 엄두도 못 낼 정도로 자신감이나 여건이 되지 못하였었습니다. 여러 회사를 다니며 실무적인 업무 방식을 많이 배웠고, 여러 경험을 통해 내가 원하는 방향의 스튜디오를 만들기 위해 장시간 동안 준비하여 창업을 결정하였습니다.

창업 아이디어는 어디에서 얻었나요?

실무를 9년간 하면서 자연스럽게 회사에 대한 방향성이 잡혔던 것 같습니다. 그리고 가까운 지인의 의견을 많이 물었습니다. 창업을 일찍 시작한 회사 선배나 주변 동료 동종 업계 선배님들의 창업 스토리를 들으며 노하우를 많이 들었습니다. 좀 더 구체적인 창업 시 필요한 자료들을 위해 관련 디자인 스튜디오 창업 도서를 찾아보기도 하였습니다.

창업할 때 가장 어려운 점은 무엇일까요?

디자인 스튜디오의 방향성을 찾는 게 가장 어려웠습니다. 자신이 가장 자신 있는 분야를 찾는 것과 좀 더 일을 재미있게 할 수 있는 일을 찾는 것이었습니다. 다음으로는 방향성에 맞는 일을 수주하는 것이 어려웠습니다.

창업을 할 때 창업 자금은 어떻게 준비하였나요?

창업 자금은 그리 넉넉히 준비를 하진 못하였습니다. 마지막 회사에서 받게 된 퇴직금과 조금 모아 두었던 여유 자금을 합하여 시작을 하였습니다. 초기 자금에 맞춰 지내야 하기 때문에 처음 사업자를 내고 살고 있는 집에서 프리랜서로 일을 시작하였습니다.

운영하면서 가장 힘든 점은?

회사에서 몸담고 일했을 때와 직접 스튜디오를 운영할 때 가장 큰 차이점은 혼자서 모든 일을 총괄해야 한다는 것입니다. 실질적인 디자인 업무도 물론 중요하지만 그 외에 세금 문제, 클라이언트 대응, 마케팅, 홍보 등 스튜디오를 운영함에 있어서 하나부터 열까지 모든 부분을 혼자서 다 처리를 해야 하는 것이 힘든 점이었습니다. 여기에 여러 프로젝트가 한꺼번에 진행이 될 때 제대로 대응을 못하는 경우가 생기게 될 경우에 아직 미흡한 부분이 많다는 걸 느꼈습니다.

포트폴리오는 어떻게 준비하거나 업그레이드를 하나요?

프로젝트가 끝나고 오픈했을 시 가장 먼저 하는 것이 SNS 홍보인 것 같습니다. 그 이후에 시간이 될 때 스튜디오 홈페이지에 프로젝트를 상세히 올리는 방식으로 하고 있습니다.

디자인 스튜디오에서 직원을 뽑을 때 기준은?

포트폴리오를 가장 먼저 보는 것 같습니다. 저희 스튜디오 실무 작업에 투입되었을 때 손발이 잘 맞는 직원 찾기를 원합니다. 그 다음 보는 것은 인성인 것 같습니다. 오랫동안 함께 했을 때 합이 잘 맞을 수 있는 직원인지를 판단하는 기준이 큰 것 같습니다.

직원과의 작업 시선과 방향이 맞지 않을 때 해결 방법은?

어떠한 프로젝트이든 최대한 직원들이 진행한 작업 방향과 의도를 물어봅니다. 그리고 직원들의 생각과 디자인을 존중하려고 합니다. 하지만 프로젝트의 방향성과 멀어질 경우에는 방향성을 잡아주는 역할을 합니다.

프로젝트 작업 시 디자인 스튜디오의 작업 패턴은?

다른 회사에서의 일반적인 업무 프로세스와 크게 다르지 않게 진행을 합니다. 저희 스튜디오에서 주요하게 생각하는 포인트는 클라이언트가 생각하는 접점을 빠르게 찾는 방향을 위해 아트웍 작업을 많이 사용하고 있습니다. 이 부분이 저희 스튜디오 만의 강점인 것 같습니다.

새로운 시장과 클라이언트 확장을 위한 방법은?

한가지 분야만 지향하는 것이 아니라서 매번 프로젝트마다 새로운 시도를 많이 하고 있습니다.

디자인 스튜디오 운영 철학이 있다면?

항상 즐겁게 일할 수 있는 여건을 만드는 것이 최우선입니다.

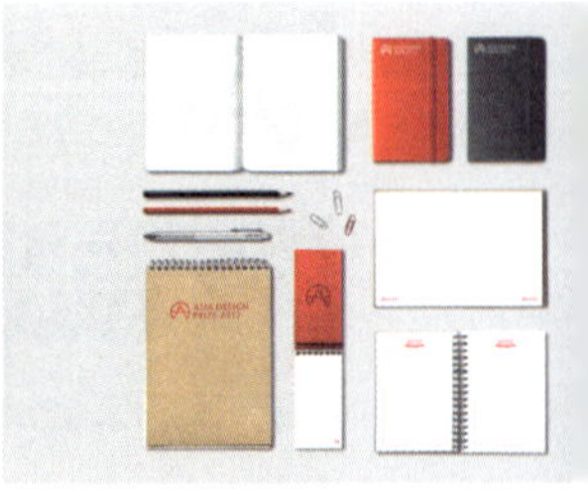

창업 파트너가 있었다면 어떤 방식으로 협업을 하였나요?

1인 스튜디오를 운영하다가 올해 4월부터 디자이너를 채용하여 함께 스튜디오를 꾸려가고 있습니다. 저는 스튜디오 운영과 아트디렉터 역할을 하고 있으며, 이번에 새로 합류한 디자이너 한 분은 브랜딩, 인쇄, 패키지 분야 그리고 다른 한 분은 아트웍 분야를 담당하여 업무를 진행하고 있습니다.

발전 정체 시기나 슬럼프 기간의 극복 방법은?

이번에 VB.lab 채널을 만들었습니다. 이 채널에서는 상업적인 프로젝트 외에 저희 스튜디오만의 색깔을 갖기 위한 인스퍼레이션 활동을 통한 실험적인 작업을 올리는 곳입니다. 디자이너로서 발전할 수 있는 방법을 모색하고, 저희뿐만 아니라 이 채널을 통해 많은 사람들이 영감을 받을 수 있는 곳으로 발전되길 기대하고 있습니다.

지속적인 발전을 위한 자신만의 노하우가 있다면?

디자이너는 실무 작업에서 손을 떼는 순간 생명력을 잃는다는 저만의 원칙을 갖고 있습니다. 스튜디오를 운영하는 것도 당연히 중요하지만 나이가 먹어도 저의 생각을 작업물로 표현할 수 있는 디자이너가 되길 바랍니다.

해군이 아닌 해적이 되라.

– 스티브 잡스

1

디자인 스튜디오 창업,

시작과 끝은 언제나 '사람'

사업은 돈이 오가는 상황에서 기업의 가치가 올라가거나 이득을 얻는 것을 말한다. 그러나 많은 서류와 시안, 작업물이 오고가도 주체는 사람임을 잊지 말아야 한다.

김도영

디자인 창업, 필요한 것은 '사람'과 '시간'

Design Studio

우리는 왜 창업을 하려고 하는가? 단지 경제적인 이익을 얻기 위해? 세상에 나만의 것을 만들기 위해? 서로 다른 시간을 살아왔기 때문에 창업에 대한 다른 생각이 존재하고, 그 누구도 같은 이유로 창업을 선택할 수는 없다. 창업을 선택한 여러 이유 중에 공통된 이유를 살펴보고 보편적인 이야기를 들어보자. 그 안에서 사람과 시간이 창업에 가지는 의미를 깨닫는다면 창업의 기초를 다지고 틀을 구성하는데 도움이 될 것이다.

'강남에 있는 대기업 디자인팀에 입사해서 멋있는 정장을 입고 출근하여 오전 근무를 마치고 브런치를 먹는다. 점심시간이 끝날 즈음 유명 커피 전문점에서 커피를 테이크아웃하고 사무실에 들어가 자리에 앉는다. 퇴근 시간이 되면 모임이나 약속을 잡고, 반짝이는 내 차가 기다리는 주차장으로 내려간다. '야근'이라는 단어는 이미 내 머릿속에 없다.'

여러분이 상상하는 디자이너는 이러한 모습일지도 모른다. 여러 방송 매체에서 디자이너를 이렇게 묘사하고 있기 때문이다. 하지만 디자이너는 상상만큼 멋있기만 한 직업이 아니다. 새로운 3D(기피) 업종(Digital, Design, DNA)의 하나로, 무궁무진한 잠재력과 가치가 있다는 것은 부정할 수 없으나 디자이너 개개인의 삶은 결코 녹록치 않다. 누구보다 창의적이어야 하고 고도의 감각을 필요로 하지만 연봉은 턱없이 낮은데다, 업무량은 일반 직업군에 비해 상당히 높고 고용이 안정적이지도 않기 때문이다. 같은 시기에 대기업 디자인팀에 입사한 열 명이 10년 뒤에도 같은 회사에 남아있을 확률은 10% 정도이다. 연봉은 올라가지만 감각은 떨어지고 시장에는 더 저렴한 인력들이 넘치기 때문이다. 그런데도 디자인의 사업적인 가치에 비중을 두는 사람은 많지 않다. 고작 한다는 얘기가 '나중에 퇴직하고 커피 전문점이나 하나 했으면…'이라니 말이다.

디자이너는 발명가가 아니며 기존에 있는 것을 아름답게 꾸미기만 하는 존재는 더더욱 아니다. '디자인'을 한글로 풀이했을 때 가장 본래의 뜻에 가까운 해석은 바로 '계획'이다. 디자이너란 단지 창조하는 역할이 아니라 무언가를 만들거나 어떤 틀을 정할 때, 최선의 결과를 위해 모든 구성 요소를 계획하고 맞추는 '계획자'이기 때문이다. 그렇다면 이런 계획자들이 가득한 세상에서 몇 년간 공부한 디자이너라면 어떤 일을 하더라도 잘할 수 있을 것 같지 않은가? 현장에서 일하는 다양한 계층의 디자이너들을 보고 있노라면 이런 믿음이 솟구쳐 오른다. 그러나 슬프게도, 현실은 그렇게 좋게 풀리지 않는다.

매년 2만4천여 명의 예비 디자이너들이 쏟아지고 있지만 그들이 갈 곳은 현실적으로 마땅치 않다. 예비 디자이너들의 숫자가 대한민국 디자인 인력의 50%에 육박하니 디자이너의 가치는 떨어질대로 떨어졌고, 그런 상황에서도 디자이너의 현실은 바뀌기는 커녕 더욱 악화되고 있다. 잔인하게 들릴지 모르겠지만, 고용주와 피고용인 사이에는 '3:1 법칙'이 작용하는데, 피고용인이 '3'의 노동력 또는 성과를 내야 고용주로부터 '1'의 대가를 받는다는 의미이다. 고용주 측면에서는 회사를 더 크게 키워야 하고, 더 많은 수익을 내는 것이 자유시장경제 원칙에 따른 미덕일 수밖에 없으니 비판의 여지가 없다.

대한민국에서 내로라하는 대형 디자인 에이전시 이야기이다. 수십 명에 달하는 직원들이 매일같이 자정이 넘도록 일을 하고, 심지어 주말까지 반납하면서 일하지만 지인을 통해 알아본 그들의 연봉은 경악할 수준이었다. 만약 그림을 잘 그리고, 상상력이 넘치고, 말도 청산유수인 디자이너 집단에 창업 교육이 충분히 선행되었다면 디자이너는 가장 힘이 있는 집단에 속해 있을지도 모른다. 그렇다면 우리는 무엇을 해야 하는가? 계속해서 하나의 제품만을 디자인할 것인가? 디자인을 공부한 사람들은 기본적으로 마음에 품고 있는 가치가 있다. 바로 '내 것을 만들고 싶은 욕망'이다. 이런 디자이너에게 창업은 하고 싶은 것과 만들고 싶은 것을 가능하게 하는 최고의 선택이라고 할 수 있다.

창업을 위한 태도

Design Studio

디자인 창업에서 가장 중요한 것은 첫째로, 사람을 대하는 태도이다. 사람을 위해 디자인이 생겨났고 발전하는 것처럼 '사람'이라는 단어를 빼면 디자인을 설명하기 어렵다. 마찬가지로 프리랜서로 활동하더라도 클라이언트인 사람이 필요하고, 회사 형태를 갖췄다면 각각의 역할에 맞는 다양한 사람들이 필요하다. 이런 사람과의 관계를 형성하는 것은 어렵고, 말로 설명하기도 힘들다. 운영자가 되면 관계 속에서 최상위에 있을 것 같지만 절대 그렇지 않다. 외부에서는 클라이언트의 말을 들어주어야 하고, 내부에서는 직원들의 말을 들어주어야 하기 때문이다.

외부와 내부에서 관계를 맺는 대표에게 가장 위험한 것은 바로 '미리 정답을 정하는 습관'이다. 정답을 미리 정한다는 것은 선입견과 비슷한 의미로, 자신만의 정답을 가지고 상황을 판단하고 관계를 형성하는 것은 위험하다. 관계를 시작할 때 정답을 정해놓으면, 설정한 목표에 대한 것 외의 다른 소통을 하지 않기 때문에 다른 방향으로의 발전 가능성을 차단할 수 있으며 정답을 정해둔 채로 회의를 진행하면 정답 그 이상의 결과를 얻기 힘들기 때문이다. 디자인 스튜디오를 운영하면서 가장 힘든 일 중 하나가 바로 내 안의 정답을 지우는 것이었다. 자신만의 정답을 만들지 않는다면 사람을 대하는 태도가 훨씬 좋아질 것이다.

창업 어드바이스 정답 지우기

1 의견이 명확해질 때까지 질문하라.

2 가능성을 최대한 열어두어라.

3 보이는 것을 쉽게 신뢰하지 마라.

4 눈과 귀의 정보가 일치할 때까지 파악하라.

둘째로, 시간을 대하는 태도 역시 중요하다. 세상에 절대적인 것은 없기 때문에 명확하게 보였던 사실이나 여러 사람이 생각하기에 훌륭했던 일도 시간이 지날수록 점점 변할 수 있다. 그러므로 자신이 알고 있는 정답이나 회사에서 여러 단계를 거쳐 얻어낸 정답에 대해서도 항상 틀릴 수 있다고 생각하는 것, 즉 '틀림의 인식'이 필요하다.

창업을 준비하는 순간부터 다양한 선택과 평가의 시간이 찾아오는데, 회사 이름을 짓는 것부터 어디에 사무실을 얻을 것인지, 어떤 사람들을 뽑을 것인지 등 쉽게 바꿀 수 없는 회사의 구성 요소를 대부분 창업 초기에 선택하게 된다. 창업 초기에는 생각보다 예상하지 못한 일들을 많이 경험하게 되고, 간혹 자신이 만족할 만한 품질의 결과물을 만들고자 하는 욕심이나 혼자만의 생각에 빠져 시간의 중요성을 망각하곤 하지만 운영자는 항상 '선택'하고 '집중'하는데 노력을 기울여야 한다.

바쁜 사회생활에서 시간은 타인과 공유하는 중요한 재산이고, 디자인은 사람들과의 관계 속에서 만들어진다. 주변 사람들이 얼마나 좋은 사람이 되고 얼마나 효율적인 시간을 가질 수 있을지는 운영자의 선택에 달렸다.

창업 어드바이스

효율적으로 관리하기

1 **한계를 가늠하기보다 한정된 자원을 보라.**

– 한계는 언젠가 돌파할 수 있지만 한정된 자원은 다르다. 창업 지금, 공간, 인력과 같은 요소는 스스로의 판난에 따라 다룰 수 있지만 시간, 감정, 성과에 대한 평가와 같은 요소는 신경을 쓸수록 사업의 한계를 규정짓기 쉽다. 한정 요소를 다루다 보면 한계 요소는 점차 넓어지기 때문에 한정 요소를 효율적으로 다룰 수 있어야 한다.

2 **선택과 집중은 근거를 토대로 결정하라.**

– 선택에 이유가 없다면 전반적인 사업의 방향성을 공유하기 어렵다. 어떤 선택이라도 그 근거를 명확하게 이해하고 전달할 수 있어야 업무에 집중할 수 있다.

3 **정답에 얽매이지 마라.**

– 정답을 정해두고 접근하면 해결 방법을 과거의 방식에서 찾아야 하고 결국 남들과 같은 답을 도출할 수밖에 없다. '차별성'이 마케팅의 큰 축이 된 이상, 남들과는 다르게 접근하려면 정답에 얽매이지 말아야 한다.

자신만의 철학을 가져라

Design Studio

창업자로서 갖추어야 할 철학에 대해 생각해 본 적이 있는가? 디자이너로서 자신만의 기준이 있는지, 어떻게 디자인할 것인지 생각해 본 적이 있는가?

마치 입사 면접에나 나올 것 같은 이 질문들은 창업하고 3개월 정도 지났을 때 스스로 되뇌던 질문이기도 하다. 프리랜서의 길을 정리하고 스스로 디자인 스튜디오 대표라고 생각하면서 일했지만 마음 깊은 곳에는 알 수 없는 공허함이 가득 차 있었다. 디자인 스튜디오를 함께 이끌어가는 멋진 사람들, 열심히 만든 사업 계획서…. 처음 영업 전략을 만들었을 때보다 수월하게 진행되고 있었지만 머릿속은 점점 복잡해졌다.

'나는 지금 잘 하고 있는가?'
'나는 지금 올바른 길을 가고 있는가?'

창업할 때 자신만의 철학이나 디자인 철학은 왜 필요할까? 비단 창업뿐만이 아니라 어떤 일을 하더라도 수없이 다양한 길을 만날 것이고, 수많은 판단과 선택의 갈림길에 설 것이다. 하고 싶은 일만 하겠다는 목표로 창업을 시작하더라도 '하고 싶은 일은 무엇인가?', '그 일들을 어디서부터 시작할 것인가?', '어떻게 할 것인가?' 등 자신에게 끊임없이 질문을 할 것이다. 꾸준히 한 우물을 파고 들어가면 언젠가는 목표에 다다르게 되지만, 목표에 다다르기 위한 정당성과 과정에 대한 고찰이 부족하다면 우물을 파는 내내 힘든 시간을 보내게 될 것이다.

디자인 창업은 단기 프로젝트가 아니다. 아이템과 형태에 따라 조금씩 다르지만, 한 가지 확실한 것은 시간과 노력이 필요하다는 것이다. 단기 목표와 장기 목표를 정하는 것도 중요하지만, 더 큰 관점에서 왜 이렇게 목표를 잡았는지, 그 목표가 인생에서 어떤 의미를 가지는지 생각하는 것이 자신만의 창업 철학을 가지는 첫 걸음이다.

창업 어드바이스

철학이란?

사전적 의미로 경험에서 얻은 인생관, 세계관, 신조 등을 뜻한다. 유명인만이 만들어내는 조언이나 명언이라고 생각하는 사람도 있지만, 어렵게 받아들이지 마라. 자신의 행동을 유추하고 다른 사람에게 신뢰를 줄 수 있는 인간으로의 잣대라고 생각하면 된다.

창업을 위해 생각을 바꿔라

Design Studio

창업을 위해 선행되어야 할 가장 중요한 항목은 '인식 교정'이다. 창업은 기업을 만드는 것이자, 이윤을 추구하는 것이다. 이는 누구나 인정하는 보편적 상식이지만 '인정'하는 것과 '인식'하는 것은 다르다. 인식이란 사물을 분별하고 판단하여 안다는 뜻으로, 인식하는 사람은 고찰할 수 있고 이는 곧 행동으로 이어지지만, 반대로 인정하는 사람은 자기 자신에 대한 판단이 너무 이르기 때문에 그럴 여지가 없다. 창업은 사회에 물든 자신의 DNA를 뜯어 고쳐야 하는 어려운 일이지만 생각을 고쳐야 몸이 바뀐다.

창업의 시작은 많은 사람이 '인정'하는 부분이 잘못되었다는 것을 '인식'하는 것이다. 200만 년 전, 아프리카 중북부에서 인류가 시작되었고 약 1만 년 전에 인류의 문명이 시작되었다. 야생에서 짐승을 잡아 주식으로 하던 수렵 시대에서 농경 시대로 넘어오면서 인류의 평등은 깨지기 시작했다. 함께 채집하고 똑같이 나누어 먹던 구석기 시대와 달리, 농경 시대에는 잉여 생산물로 인한 지배 계급이 출현했기 때문이다. 대부분의 사람들이 수렵을 절대 재원으로 여길 때 농경을 인식하고 고안한 최초 발언자는 지배 계급이 되었을 확률이 높다. 현재에 대입해 보면 과정의 복잡함과 법률

정의가 생겼을지는 몰라도 전반적인 결과의 양상은 같다.

예비 창업자의 가장 큰 고민은 아이디어의 부재이며, 좋은 아이디어는 대부분 시중에 출시되었기 때문에 더 이상 만들 것이 없다고 말한다. 그러나 디자이너라면 그 속에서 차별성을 두어야 한다. 미래 사회에는 더 많은 아이디어와 시장이 창출될 것이다. 시장을 선점하려면 냉철한 판단력과 끈기를 가지고 인식하고 행동해서 남들과 다른 시장 구조를 디자인해야 한다.

천재 소년으로 불린 송유근의 말이 필자의 마음에 와 닿은 적이 있다. 그와 인터뷰를 진행하던 기자가 50년 뒤 미래 사회는 어떻게 바뀔 것으로 예상하는지를 질문했고, 이에 그는 다음과 같이 대답했다.

"사회의 전반적인 것들은 크게 바뀌지 않을 것 같아요. 단지 사람들의 인식이 지금으로써는 상상할 수 없을 만큼 달라질 것 같습니다."

사회 제반 시스템보다 사람이 더 중요하다는 관점이 잘 드러나는 답변이다. 필자는 그동안 사람들의 인식을 매우 중요하게 생각해왔고, 그것이 어떤 방향에서 흘러와서 어떻게 흘러가는지 예측하는 데 많은 시간을 투자했다. 통계학을 동원하여 미래 시장과 수요를 적절하게 예측하고 현실에 반영하는 것은 차후의 일이다. 먼저 자신의 잘못된 인식부터 고쳐야 한다.

창업 초창기에 필자의 생각은 '전공의 목적화'였다. 10년 가까이 수천만 원이 투자된 기술을 목적으로 하는 것이 무엇이 잘못됐느냐고 반문할 수 있지만, 전공은 꼭 목적이 되지 않아도 된다. 좋아하는 일이 직업이 되는 순간, 그 일은 공부이자 전공이며, 대가를 받는 '일'이 된다. 인간은 기본적으로 행복과 즐거움을 찾아 발전해 왔고 대한민국 헌법에 '모든 국민은 인간으로서 존엄과 가치를 가지며, 행복을 추구할 권리를 가진다.'고 명시되어 있을 정도로 즐거움을 추구하는 인간의 욕구는 강하다. '즐거움'이 '일'이 되면서 처음 느꼈던 즐거움과 상반된 모습으로 사회 법도에 얽매인 자신을 바라보면 그 일이 싫어질 수 있다. 전공은 '목적'이 아니라 행복해지기 위한 '수단'이라는 것을 남들보다 빠르게 인지했던 것이 디자인 스튜디오 창업의 시작이었다.

좋은 고등학교에 가기 위해 열심히 공부한다.

↓

좋은 대학교에 가기 위해 열심히 공부한다.

↓

좋은 기업에 취업하기 위해 열심히 공부한다.

↓

좋은 사람과 결혼하기 위해 열심히 돈을 번다.

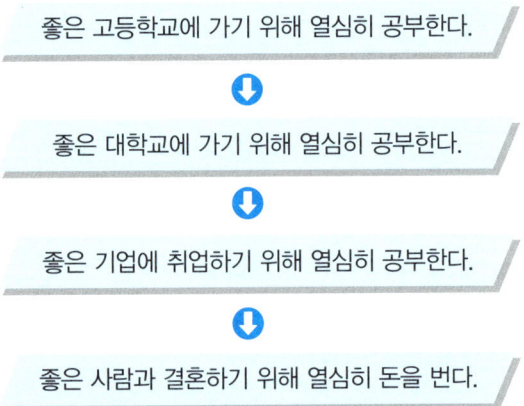

이것으로 끝이 아니다. 자식이 태어나면 좋은 학교에 보내기 위

해 또 다시 치열하고 처절한 경쟁을 시작한다. 시장 경제 체제는 경쟁을 기초로 하기 때문에 그 혜택은 당연히 불평등하게 돌아온다. 불평등하기 때문에 지배 계급이 등장하고 결국 그들은 기득권을 갖는다. 그런데 대부분의 사람들이 기득권을 갖는 것을 싫어하지 않으면서도 기득권을 쟁취할 생각은 하지 않고 '기득권 편승자의 오류'를 범하고 있다는 것이 문제이다. 기득권 편승자는 기득권을 가진 사람이나 체제, 가치에 편승하여 마치 자신이 기득권자인 것처럼 행동하는 사람을 말한다. 이제 더 이상 기업이 개인을 책임지지 않으므로 취업해서 장기적으로 퇴사 준비를 잘하는 사람만이 창업에 성공할 수 있다.

매년 금연을 결심하거나 다이어트를 시작하는 것처럼 생각을 바꾸는 것을 쉽게 생각하는 경우가 많지만 결국 쳇바퀴를 돌고 있을 뿐이다. 생각을 바꾸기 위한 가장 확실한 방법 두 가지를 소개하고자 한다.

첫째로, 변하지 않을 자신을 위해 자신에게 편하게 맞춰져 있는 상황을 불편하게 만드는 것이다. 앞에서 '사회 전반적인 것은 바뀌지 않지만 인식은 이해할 수 없는 영역까지 변화할 것'이라고 설명했다. 즉 인식은 변화할 수 있지만, 변화를 위해서는 시간이 걸리니 남보다 빠르게 무언가를 시도하고 싶다면 주변 환경부터 바꿔야 한다는 것이다. 편리하고 안정적인 환경은 휴식할 때나 필요한 것이다. 창업 시장은 생존을 위한 경쟁이 판치는 전쟁터에 가깝다. 휴식과는 거리가 먼 전투를 위해 지속해서 불편함을 느낄 수 있도록 하는 것이 좋다. 편리한 의자를 걷어치우고 밖으로 향하라. 예능 프로그램 대신 실시간으로 생생한 삶을 연속해서 전하는 뉴스와 신문으로 눈을 돌려라. 단 몇 분 만이라도 과학 서적이나 정치에 관심을 두는 것도 좋은 변화의 시작이다.

창업 이드바이스

효율적으로 관리하기

1 일할 수 있는, 일을 위한, 일에 의한 장소를 만들어라. 장소에 따라 사람은 바뀐다.

2 의자에 앉아만 있지 말고 밖에서 걸어라. 삶은 밖에 있는 것이다.

3 쇼핑에서 즐거움을 느껴라. 두 시간의 아이 쇼핑을 고통으로 생각한다면, 무언가를 판매할 생각이 없는 사람이다.

4 즐거움을 호기심으로 바꿔라. 즐거움을 느끼는 이유를 명확하게 안다면, 창업 아이템은 매우 가까이에 있는 것이다.

5 뉴스와 신문을 항상 가까이 해라. 세계의 터닝포인트를 읽는 통찰력을 기를 수 있다.

6 과학 서적을 가볍게, 자주 읽어라. 복잡한 세상을 이해하는 데 큰 도움이 된다.

7 정치에 관심을 가져라. 창업도 결국 법의 테두리 안에서 이루어진다.

8 사람을 자주 만나라. 대화는 모든 사업의 기초이자 기본이다. 매력적인 사람이 될 수 있어야 한다.

해군이 아니라 해적이 되라(It's better to be a pirate than join the navy).
– 스티브 잡스(Steve Jobs)

둘째로, 스스로의 자존감과 에너지를 확보하는 것이다. 생각을 바꾸는 것은 상상하는 것보다 엄청난 스트레스를 동반하는데, 근육을 단련하기 위해 운동을 하는 것과 비슷하다. 즉 생각을 바꾸는 것은 신체를 발달시키기 위해 근육을 다치게 하고, 운동량을 몸에 기억시키는 일을 꾸준히 반복하여 척박한 환경에서 살아남기 위한 몸으로 재구성하는 것과 같다.

여기서 핵심은 '재구성'이다. 어떠한 근육도 휴식이 없으면 만들어지지 않는다. 상처 난 근육이 재생하고 환경에 맞게 성장하는 순간은 음식을 통해 영양소를 섭취할 때도 아니며, 피로를 풀기 위해 사우나에서 땀을 빼는 순간도 아니다. 그것은 바로 잠을 잘 때이다. 일에서, 운동에서 벗어나 자신만을 위한 휴식을 취할 때 진정한 의미로 성장할 수 있다.

마찬가지로 변화를 위한 긍정적인 스트레스도 결과적으로는 몸과 정신에 부담을 주기 때문에 효과적인 휴식을 통해서 해소해야만 한다. 인간인 이상 기계가 되지 않도록, 기계가 누릴 수 없는 휴식을 온전하게 취하면 행복감과 존엄성을 지키면서 성공을 위한 자신감을 기를 수 있다.

휴식은 다음을 위한 에너지를 만들 수 있는 수단이기도 하다. 특히 취미 영역은 반드시 만들어 두기를 바란다. 올바른 취미생활은 삶과 일의 균형 속에서 즐거움을 찾는 방법이고 자신만을 위한 즐거움으로, 돈을 벌어야 하는 부담스러운 상황을 즐거움으로 바꿀 수 있는 가장 빠른 지름길이기도 하다.

빚을 지게 만드는 시스템

Design Studio

누군가에게 빚을 지고 사는 사람들의 표정에는 여유가 없다. 현재 대한민국은 전 세계 250개국 중 10위 안팎에 자리매김할 정도로 국력이 강해졌고 잘 사는 나라가 되었다. 국력이 강해졌다는 것은 유례 없을 정도로 빠르게 성장했고 노력했으며, 잘 먹고 잘 살 자격이 있다는 것을 의미한다.

그런데 현실은 어떠한가? 10년 전과 비교해 보면 과학 기술에 의한 문명은 발전했지만 국민 개개인의 삶은 만족스럽지 못하다. 나라는 부자이지만 국민은 가난하다는 말이 괜히 나온 말이 아니며, 실질적인 가계 부채는 2000년대 초부터 계속 상승하는 추세이다. 서울에서 84㎡ 전세 아파트를 얻기 위해 월급 전액을 5년 가까이 모아야 한다는 통계도 있다.

게다가 월급은 오르지 않는데 생필품 가격은 계속 오른다. 정말 이상한 일이다. 여러 가지 정황을 보아 일반적인 직장 생활로는 행복하게 살 수 없다는 결론이 나온다. 집을 사는데 인생의 반을 써야 하고, 자식을 키우는데 인생의 반을 써야 하기 때문이다.

많은 재산을 바탕으로 세계에 막강한 영향력을 끼치는 록펠러 가문의 역사를 통해 우리가 집단적이고 장기적인 세뇌를 당한 이유와 방법을 이해할 수 있다. 그들은 공교육을 통해 창의성과 용기를 말살한 노동자를 양성하며, 다음 요소를 통해 디자이너를 빚지게 한다.

01 학자금 대출

일정 기준의 소득이 발생하면 원금과 이자를 나누어 상환하는 대출은 겉보기에 그럴싸해 보이지만 대학 졸업생의 60%를 빚쟁이로 만든다. 국가에서 관리하는 장학재단에서 제공하는 대출일 경우 중도상환 이자가 붙지 않지만 이자가 아예 없는 것은 아니다.

02 국민연금

1988년 1월 1일 시행된 연금 제도로, 가입자가 소득원을 잃으면 일정한 소득을 보장하는 제도이다. 국가에서 투자해서 수익을 내는 구조이지만, 규정을 바꿔 수혜 나이가 늦춰지고 있다.

03 주택 구매 자금 대출

내 집 마련의 꿈으로 집을 구매했으나 부동산이 불안정해져서 가격이 내려가기라도 한다면 원금조차 회수하지 못할 가능성이 높다.

04 야근

물가 증가율에 따라 계속해서 야근 시간도 늘어난다. 디자이너에게 야근은 마치 필수 요소처럼 따라다니는 그림자다. 야근 비용은 법적으로 기본 급여보다 1.5% 인상되어야 하지만 이를 지키는 회사는 그리 많지 않다. 특히 디자인군은 더욱 그러한데, 근로노동법에 디자이너는 예술적 무형 가치에 따른 특수 직업군으로 규정되어 있고 무형 가치를 돈으로 환산할 수 있는 기준이 없어 야근 비용의 지급 기준을 마련할 수 없다는 것이 이유이다.

앞서 설명한 요소들은 사회 구성원으로서 지출해야 하는 기본적인 빚만 나열해 본 것이다. 물론 이 외에도 짊어질 빚은 매우 많지만 모두 무시하고 돌발 행동을 하는 것은 쉽지 않다. 대학을 안 다닐 수도 없고, 자기 개발에 투자하지 않을 수도 없다. 결혼하면 신혼집이 필요하며 상부상조도 당연한 일이다. 아무런 준비 없이 사회에 나오면 말 그대로 빚쟁이가 된다. 이자를 넘어 원금까지 까먹는 상태가 되면 창업은 물론이고 직장도 잃게 된다.

다시 한 번 근본적인 문제를 돌아봐야 한다. 사회는 왜 우리를 빚지게 하는가? 우리는 어째서 빚을 지면서까지 그것을 해야 하는가? 창업해서 하나의 기업을 이끌어갈 계획이라면 현 상황에 대한 명확한 판단이 필요하고 이를 위해 정부의 정책이나 앞으로의 방향성을 자세히 살펴봐야 한다.

빚을 지게 하는 시스템과 전반적인 상황을 견주어 볼 때 지금까지 우리나라는 국민을 일종의 잠재된 노동 가치로 바라보고 있다. 그렇다면 국가가 가장 두려운 것은 노동자들이 일하지 않는 경우가 되고, 일을 못 하는 것이 아니라 일을 안 하는 무기력한 상태가 되면 그 사회에 에너지를 불어 넣기 위해 더 큰 비용과 사회 제도를 도입해야 할 것이다.

현재 취업난의 경우, 노동 환경을 질적으로 보장하거나 최저 임금을 상향 조정해서 대기업에 몰리는 인력의 안정적인 유입을 돕거나, 창업 지원 제도를 통해 1인 기업으로서 기반을 다지게 하면 긍정적인 변화를 줄 수 있다. 국내에서는 제도적으로 현재 진행형에 속하고 있기 때문에 각종 기관에서 지원해 주는 창업 지원 제도를 충분히 활용할 수 있는 가장 좋은 시기이다. 지역별 고용노동부, 산업인력공단, 중소기업지원센터 등에서 시행하는 창업 관련 정책은 매년 지속적으로 만들어지고 있으며, 시제품 제작 지원에서 마케팅, 멘토링 지원, 특허 및 실용신안 신청 지원 등 다양한 분야에서 도움을 주고 있다.

경제는 끊임없이 변화하고 그 속에서 사람의 역할은 노동을 통해 현금을 얻고, 그것을 소비하여 경제 기반을 회전시키며, 간혹 대출을 통해 국가가 투자할 수 있는 자금을 확보하게 하는 것이다. 이것이 기본적인 국가의 경제 선순환이다. 그런데 현금이 한 곳에 집중되고 순환하지 않으면 국가를 유지하기 위해 현금을 만들고 이에 따라 물가가 상승하는 악순환의 고리에 빠지게 된다.

창업은 '삶', 디자이너에서 창업자로

Design Studio

회사에서 연봉은 공공연한 비밀이었고 직원의 사생활이었기 때문이었는지 도통 알 수가 없었다. 다른 업종의 사람들과 친분이 쌓이고 업계의 관련 소식들에 귀를 기울여서인지, 창업하고 3년이 지나서야 디자이너 연봉의 대략적인 수준을 알 수 있었다. 다른 업계보다 디자인 업계는 일하는 시간이나 수준보다 월급이 낮게 책정되어 있다고 생각한다. 우리나라 디자이너의 급여 수준이 낮은 이유는 산업 규모에 비해 디자이너의 수가 지나치게 많기 때문이라고 한다. 즉 지나치게 많은 디자이너들을 수용할 곳이 없다는 것이다.

졸업생 특강을 위해 관련 자료를 찾으면서 매년 2만 4천여 명의 디자인 전공자들이 사회로 쏟아져 나오고 있다는 사실에 깜짝 놀랐다. 일할 사람은 많지만 상대적으로 이를 받아 줄 수 있는 회사는 한정적이라 디자이너를 구하는 구인 광고보다 취업을 원하는 디자이너가 더 많은 것을 한눈에 알 수 있었다. 이렇게 디자이너가 많은데도 디자이너를 받아줄 회사가 상대적으로 적다는 것은 디자인을 활용하는 기업이나 관련 프로젝트가 적다는 것으로, 디자인 회사 차원에서도 어려운 문제이다.

디자인 시장은 경쟁이 치열하지만 내수 시장이 점점 정체되고 작아지고 있기 때문에 지속적인 연봉 상승이 매우 어렵고 그러다 보니 연봉과 복지 등 다양한 문제들로 인해 잦은 이직 현상을 만들게 된다.

창업자라면 이러한 현상에 대해 어떻게 대처할 것인지 생각해야 한다. 다양한 상황에 따른 선택 사항이 있지만, 훌륭한 인재와 오랫동안 함께 상생할 수 있는 방법을 고민해야 한다. 디자인 스튜디오에서 일하는 직원들은 단순 작업을 하는 사람들이 아니다. 스튜디오 구성원으로서 스튜디오의 성격을 대변하고 함께 다양한 프로젝트를 진행하면서 성장하는 동반자이기 때문이다.

이렇게 상생하는 길을 염두에 두면 당장은 연봉이나 복지와 같은 현실적인 벽에 부딪히지만 점차 단계별로 나아갈 방법을 모색할 수 있을 것이다. 또한 창업자는 스튜디오 포트폴리오의 질을 높이고 효율적인 프로세스를 개발해서 작업에 대한 누수를 최대한 방지해야 하며, 정부나 지자체 지원 프로그램을 적극적으로 활용해서 직원들의 자기계발 환경을 만들어야 한다.

창업 어드바이스

직원을 오랫동안 머물게 하는 방법

1 **합리적인 연봉 체계에는 인간미가 필요하다.**

– 당연하지만 매우 어려운 문제로 창업자는 항상 만족하지 못한다. 비용에 비해 결과가 부족하다고 느끼는 경우가 많고 반대로 직원은 비용에 비해 업무가 과도하다고 여기기 때문이다. 해결 방법은 연봉 체계가 아니라 사람을 대하는 방법에서 찾을 수 있다. 예의를 갖춰 상대를 존중하고 서로의 가치관을 인정하며 합리적인 대화로 합의점을 도출해야 한다.

2 **필요를 만들어라.**

– 자신이 하지 않이도 되는 일을 계속 함으로써 나타나는 '자괴감'은 회사를 떠나는 이유가 되기도 한다. 구성원의 능력에 따라 업무를 분담하는 것이 급선무이다. 때에 따라 자신이 없으면 안 된다는 자존감을 높여주는 것도 회사에 대한 자부심을 심어주는 방법이기도 하다.

3 **디자이너의 마음을 읽어라.**

– 함께 작업하려면 서로 이해해야 하고, 이해하고 있어야 믿고 맡길 수 있다. 믿음이 약해지면 의심이 생기고 의심은 단체를 무너뜨리는 가장 큰 균열이다.

창업과 일 그리고 디자이너

Design Studio

디자인으로 창업하기 위해 해야 할 일들은 많다. 그중 디자인의 특수성을 이해하고 함께할 디자이너들과 원활하게 소통하기 위해 간단한 실무 디자인 언어는 필수로 숙지해야 한다. 그러나 디자인 특수성이나 디자인 언어보다 중요한 것이 있는데 바로 '일을 어떻게 할 것인가?'라는 질문이다.

디자이너란 무엇인가? 수많은 학생들이 디자인을 공부하고 수없이 많은 디자이너가 배출된다. 사회로 진출하여 디자인에 대한 저마다의 기대를 가슴에 품고 디자인을 만들어 발전시키는 모든 사람들을 '디자이너'라고 부른다. 차원을 뛰어넘는 상상력과 감성으로 무장하고 예술가와 기술자 사이에서 디자인을 제시하고 부딪치는 것이 그들의 일상이다.

필자는 디자이너다. 좀 더 정확히 표현하자면 디자인을 배우기 전부터 디자인했고, 디자인을 배우고 난 후에는 그와 상관없는 영역에서 디자인하고 있다. 디자인의 사전적 의미는 '실체화를 위한 계획'인데 무언가를 객체화하여 실체로 만드는 것은 특정 계층의 전유물이 될 수 없다.

디자인 정신은 결국 '새로움의 추구'이며 디자이너는 미래의 불확실성에 끊임없이 도전하는 능동형 인간이다. 남들이 아니라고 할 때 된다고 생각할 수 있어야 하고, 그 긍정은 어떤 문제의 해결책이 되어야 한다. 많은 사람이 공유하는 해결책을 제시하는 특별한 몇 명만이 대중의 사랑을 받는 진정한 디자이너가 될 수 있으며 100명, 1,000명을 이끄는 특별한 디자이너는 누군가가 따르는 '규칙'을 만드는 사람이다. 여기서 규칙은 상품이 될 수 있고, 시스템이나 서비스가 될 수도 있다.

기업을 경영하면서 항상 가슴에 새기고 유념하는 것이 있다. 진짜 '위기'는 언제인가? 위기인데도 위기인 줄 모를 때와 위기임을 알면서도 아무것도 하지 않을 때가 가장 큰 위기라고 할 수 있는데, 미술대학의 디자인학과를 졸업한 취업자들 역시 이 함정에 빠져 있다. 낮은 연봉에 쉴 틈 없는 업무 환경은 디자이너 스스로가 기피 업종 종사자라고 부르는 것을 당연하게 만들었다. 디자이너 출신 경영자로서 디자인 전공자만큼 높은 생산성을 가진 직군은 없다고 생각한다. 현재 국내에서 디자인으로 먹고사는 것이 마냥 멋진 것만은 아니지만 규칙을 만드는 디자이너 1% 안에 들면 즐겁게 일할 수 있다.

디자이너의 자기 가치

Design Studio

국내에서도 어느 정도 변화의 바람이 불고 있지만, 아직까진 무형 가치에 대해 인정하는 모양새는 아니다. 예술의 가치는 그들만의 영역에서 발전하고 있으며, 국내의 문화를 좌우하는 일반인들의 세계에서는 현대 미술의 생성 과정에 대해 의문을 갖는 것이 대부분이다. 그럼 그 속에서 디자이너가, 그리고 창업자가 가져야 하는 의식은 무엇인가? 크게 살펴보면 두 가지가 있다.

사회에서 일하는 디자이너의 최고 가치는 '팔리는 디자인을 만드는 것'이다. 이는 세상에서 이미 팔리고 있는 디자인의 벤치마킹 버전으로 볼 수 있으며, 이 또한 디자이너가 가져야 하는 필수 항목으로 본다. 나쁘게 말하면 복사(Copy)라고 업신여길 수 있지만 필자는 그렇게 생각하지 않는다. 모방은 세상에 범람하는 수만 가지 디자인 영역에서 살아남기 위한 활동이며, 창작은 모방에서 얇은 종이 한 장을 뚫고 나오는 송곳과도 같기 때문이다. 물론 저작권에 의한 불협화음은 자주 발생하지만, 앞으로 다양한 디자인 활동에 뛰어들어야 하는 디자이너라면 독창성을 찾기 위한 훈련으로써 더 많은 디자인을 접해야 하고 더 많은 형태와 기능을 탐구해야 한다.

누구나 모방하고 싶은 디자인을 만들기 위해서는 왜 이것이 좋은 디자인인지, 어째서 사람들이 구매하는지에 대해 연구해야 한다. 벤치마킹의 미묘함은 생각보다 매우 어려운 작업이고 사소한 형태적 각도만으로 사람들의 질타를 받을 수 있는 외줄타기 작업이기 때문에 그 무게를 가볍게 생각해서는 안 되며 디자이너라면 모방 속에서의 차이점을 이용할 수 있어야 한다.

"유능한 예술가는 모방하고, 위대한 예술가는 훔친다."

피카소의 말이다. 훗날 스티브 잡스도 인용했을 만큼 널리 알려진 명언이며 디자인할 때도 반드시 염두에 두어야 한다. 필자는 이 말을 '생산성을 높여라!'라는 메시지로 이해하고 있다. 디자인에는 일종의 법칙이 있으며 단순히 상상력만으로는 안 된다. 간혹 트렌드를 무시하고 개인의 감각이나 상상력만으로 디자인 프로세스를 전개하는 사람이 있는데 결과물이 좋을 리 없다. 모든 기준을 자신에게 맞추고 개인의 감정만으로 선을 그리면 십중팔구 시장에서 실패하고 만다.

"A라는 디자이너가 있다. 디자인적 감각을 타고났고, 좋은 교육을 많이 받아 최고의 자리까지 올라갔다. 전 세계에는 그에 못지않은 최정상급 디자이너 친구들이 있어 서로 피드백을 받을 수 있고 긍정적인 영향을 주고 받는다. 그들의 디자인은 연일 세계의 매스컴에 노출된다. 그들은 서로 경쟁하지만 다른 분야에서 활동하는 트렌드 메이커이다."

트렌드는 전 세계의 수많은 디자인 분야에서 감각적인 디자이너가 추구하는 일종의 '스타일'이다. 대중의 소비로 트렌드가 좌우되는 것 같지만 실제로는 그 영향력이 미비하다. 처음부터 그들의 선택권은 그리 많지 않다는 점과 군중심리가 강하게 작용한다는 점이 결정적 증거이다. 트렌드는 복잡한 것과 단순한 것이 반복적으로 유행하는 특성이 있는데, 이 또한 정상급 트렌드 메이커에 의해 좌우된다. 그러므로 최신 트렌드를 철저하게 분석하고 많은 양의 리서치를 하는 것, 그리고 그 속에 숨겨진 원리를 깊게 이해하는 것이 디자이너가 나아가야 할 방향을 정할 수 있는 유일한 방법이다.

좋아 보이는 디자인이란 무엇일까? 사고 싶은 디자인일 수도 있고, 계속 보고 싶은 디자인이나 사용하고 싶은 디자인일 수도 있다. 디자인뿐만 아니라 이 세상 모든 것이 돌고 돈다. 예를 들어, 10년 전에는 주목받지 못했던 아이디어가 현재는 성공 아이템이 될 수도 있는데, 그 이유는 환경이 바뀌기 때문이다. 10년 전에는 이루어질 수 없었던 허무맹랑한 아이디어가 기술이 발전하고 대중성을 지니면 그 아이디어는 시장에 나올 적합성을 갖춘다. 좋아 보이는 디자인을 위해서는 대중의 인식과 구현 가능한 과학적 환경, 그리고 디자이너의 역량을 녹여낸 새로운 제안을 총체적으로 보는 통찰력을 갖추어야 한다. 이것이 바로 디자이너가 갖추어야 할 '눈'이다.

효과적으로 모방하라

Design Studio

'모방'은 새로운 시도를 위한 안전장치에 가깝다. 효과적인 모방으로 사람들에게 인정받으려면 시장에서 인정받은 영역을 철저하게 연구하여 더 나은 방향을 도모해야 한다. 물론 디자이너로서 저작권을 침해하는 행위는 용서받기 힘들지만 그보다 나은 것이 눈에 보인다면 과감하게 실행하여 미래를 제시하는 디자이너가 되길 바란다.

창업 어드바이스 **모방의 기본형**

1. **형태적 특이성 : 특이한 형태의 디자인이 있다면 그 속에서 차이를 나타낼 수 있는 포인트를 찾아 활용하라.**
   – 예) 기능의 추가 및 제거, 재질 변화, 색상 도입 등
2. **기능적 특이성 : 핵심 기능의 역할을 분산해서 모듈화하라.**
   – 예) 기능의 강약을 조절하고 특징적인 기능을 일반화한다.

모방의 핵심은 그대로 사용하는 것이 아니라 '활용'하는 것에 있다. 똑같이 만드는 것은 누구나 할 수 있는 복제(Copy)에 불과하며, 디자인은 등장만으로 모두에게 공개되어 다양한 경쟁자들을 불러 모으고 수많은 복제를 만들어 낸다. 이와 차별성을 두기 위해 복제가 아니라 활용하여 효과적인 모방을 이끌어 낼 수 있어

야 한다.

창업 시장만 살펴봐도 비슷한 업종이 우후죽순으로 생겨나는 것을 볼 수 있다. 디자인의 가치를 제대로 알고 있다면 따라한 것을 비난하기보다 더욱 좋은 시스템과 서비스를 도입하여 시장에서 우위를 선점하는 것이 좋다.

'다양한 가능성을 연구하여 현실화하는 디자이너'

대부분의 디자이너들이 이상적으로 생각하는 디자인의 모습은 다양한 가능성을 연구하여 현실화하는 디자이너로, 규칙을 만드는 사람에 가장 가까운 유형의 디자이너이다. 그러나 이러한 유형은 발명가와 디자이너 사이에서 많은 고민을 겪는다.

새로운 기능이나 기술이 적용된 상태는 디자인의 영향을 받아들이지 않았기 때문에 그대로 상품화하기에는 어렵기 때문이다. 예를 들자면 아두이노를 활용해서 만들어진 RepRap의 멘델형 3D 프린터와 비슷한 맥락이라 할 수 있다. 즉, 제작을 위한 기본 기술만을 이용한 기술 집약적 형태로, 수익을 얻는 용도로는 적합하지 않아 기술의 연구를 위한 단계 또는 연구의 수단으로 활용된다.

요즘에 들어서는 시제품 또는 'Working Mockup' 등의 이름으로 신기술과 디자인이 융합된 제품도 있지만 이러한 상품군은 극소수의 디자이너가 개발에 참여하므로 해당 유형과는 거리가 먼 편이며, 이를 대량 생산 과정으로 만들어 내려면 더 다양한 표준화 작업을 거치게 된다. 이런 전반적인 내용을 흔히 'R&D 산업'이라 부른다.

'R&D(Research and Development)'라고 하는 연구 개발은 기초 연구, 응용 연구, 개발 연구로 나뉜다. 기초 연구는 현실 응용을 노리지 않고 특정한 사업 목적 없이 과학 지식의 진보만을 목적으로 하는 연구 활동을 말한다. 응용 연구는 현실 응용을 직접 노리는 연구 활동 또는 제품과 공정에서 상업적인 목적을 가지고 행하는 연구 활동을, 개발 연구는 기존 지식과 기초 연구나 응용 연구에 의해 얻은 지식을 활용해서 새로운 재료나 장치, 제품, 시스템, 공정 등을 도입하거나 개량하는 것을 목적으로 하는 연구 활동을 말한다.

R&D와 같은 연구 방식에 디자인이 결합된 것은 그리 오래되지 않았다. 디자인은 R&D로 만들어진 다양한 기능의 빠른 양산화를 도와주는 기틀이 되었지만 현대에는 이와 같은 연구 방식의 효율성에 대해 의문을 갖는 것이 사실이다. 오래된 TV 리모컨처럼 많은 기능을 가지고 있지만 실제로 사용하는 기능은 한정적이라는 경험적 사실과 그럼에도 불구하고 기능 버튼이 빠지면 불편하게 느껴지는 심리적 사실이 상충하면서 만들어지는 불안에 가까운 연구 형태이기 때문이다. 또한 혁신적인 기술과 기능이 만들어져도 이미 편리함을 느끼고 있는 사람들에게는 잘 팔리지 않고, 소득 수준을 뛰어넘는 초기 시장 가격은 다른 제품이 출시되

어도 쉽게 낮아지지 않기 때문에 많은 사람들이 받아들이는데 시간이 더 걸리게 되어 결국 사업성이 떨어지고 만다.

R&D가 신제품을 개발하기 위해 유용하게 사용되는 것은 사실이다. 그러나 그저 신제품을 만들기 위해서라면 그보다 더 효율적인 연구 방식이 있는데 바로 C&D(Connect & Development)이다. C&D는 외부의 기술과 아이디어를 내부의 R&D 역량과 연결해서 신제품을 개발하는 기술 혁신 모델이다. 개발을 전적으로 외부 업체에 맡기지 않는다는 점에서 기술 아웃소싱과는 다르다. 기존 R&D가 한정된 연구 개발을 강조했다면 C&D는 연구 개발의 각 단계에서 외부 자원을 적극적으로 활용하고 연구 개발 성과를 외부에 적극적으로 전파하는 것을 강조한다.

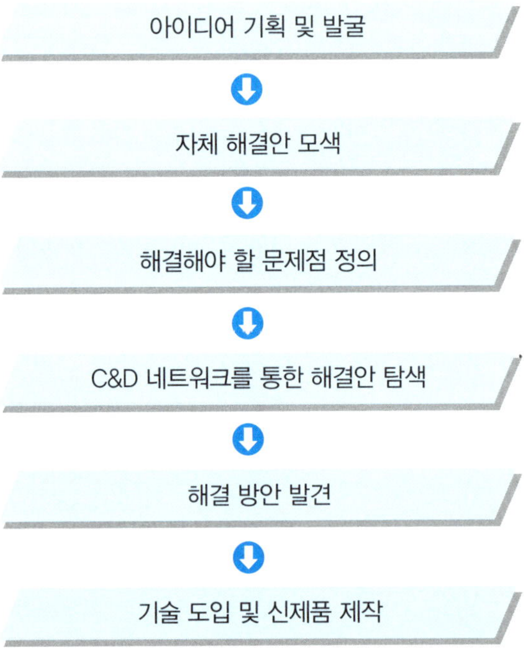

▲ C&D 개발 방식

C&D는 혁신 추구에 온 힘을 쏟지 않는다는 것이다. 역설적일지 모르지만 오히려 이것은 혁신에 가깝게 다가가는 방법이기도 하다. 모든 기업은 혁신을 추구하며, 혁신적인 신제품이 등장하면 사람들이 더 편리한 생활을 하게 되고 매출에 지속적인 영향을 미칠 것이라 여기지만 그런 일이 가속화되면 신제품 개발에 매달리게 되어 신제품 가격이 상승할 수밖에 없다. 새로운 기능에 대한 개발 비용이나 특허 비용처럼 소비된 비용에 대한 보상이 포함되기 때문이다.

C&D의 진정한 강점은 기존 기능과 사람들의 경험을 활용하여 적은 개발 비용으로 다양한 형식의 제품을 만들 수 있다는 것인데, 이는 새로운 규칙을 만들어 가는 것과 비슷한 역할을 한다. 만약 일반적인 것들을 섞어 새로운 것을 만들어낼 수 있다면 사람들의 기억과 경험으로 만들어진 규칙을 허물고 새로운 규칙을 만들어내는 혁신적인 창업자가 될 수 있을 것이다.

일례로, '샤오미(Xiaomi)'는 기존 제품의 기능과 제조 방식에서 크게 벗어나지 않은, 엄밀히 말하자면 복제 범죄자(CapyCat)라 불러도 좋을 정도로 같은 기능과 부품으로 소비자가 열광할 수밖에 없는 가격대의 제품을 출시하며 선풍적인 인기를 얻었다. 이들은 R&D에 많은 힘을 들이지 않는 대신 소비자의 이야기에 귀를 기울여 누구보다 빠른 서비스 변화를 통해 제품을 개발하는 것이 특징인데, '샤오미'라는 이름을 전 세계적으로 알린 것은 당혹스러울 정도로 저렴한 가격의 대용량 보조 배터리였다. 많은 사람들이 사용하면서 일반화된 정보(스마트폰의 내장 배터리에 의한 보조 배터리의 등장)가 기술과 기능을 만났을 때 만들어진 경험(대용량 배터리 = 비싼 가격/투박한 디자인)과 그 속에 남아있는 일말의 가능성(가격 절감, 디자인의 가치 상승)은 새로운 제품을 만들기에 충분한 에너지를 가지고 있다는 것을 보여준 셈이다.

C&D의 중요한 요점은 항상 다른 것을 찾기 위한 강박 관념보다 문제의 해결책이 생각보다 가까운 곳에 있음을 깨닫는 것에 있다.

창업 아이템을 선정하고 만들어가는 과정 또한 다르지 않다고 생각하길 바란다.

창업을 앞둔 디자이너는 특별하고 특이해야 한다는 생각에서 벗어났으면 하는 것이 필자의 생각이다. 일반적인 것에서 다름의 미학을 발견하는 것이야말로 앞으로 더 많은 디자인을 구상할 수 있는 원동력이 되기 때문이다. 디자이너는 '다름'을 아는 사람이고, 다름을 알아야 '다음'을 볼 수 있는 시각을 얻을 수 있다.

창업 어드바이스

다름을 알기 위한 자기 계발 방법

1 나만의 필살기를 연마하자.

– 디자이너들은 편집 디자인 실력 또한 기본으로 가지고 있는 경우가 많은데 편집은 어느 분야에서나 필요하기 때문이다. 편집 디자인이든 일러스트든 주 업무에 활용하는 디자인 영역을 선택해 자신 있는 나만의 필살기로 만들어 보자.

2 전시, 공연과 같은 엔터테인먼트 분야에 관심을 갖자.

– 문화 콘텐츠 사업이 주목받고 있는 요즈음 디자인이 가장 빛을 발하는 곳은 엔터테인먼트 분야이다. 반복되는 업무에 지친 심신을 동시에 회복시켜주는 분야에 꾸준히 관심을 가져보자.

3 커뮤니케이션 능력을 향상시키자.

– 디자인의 근본은 커뮤니케이션, 즉 소통이다. 가까운 동료부터 직장상사, 클라이언트까지 그들의 의중을 파악하고 본인의 생각이나 작업에 대해 논리적으로 설득할 수 있는 능력을 길러보자.

4 최신 기술과 새로운 정보에 항상 귀를 기울이자.

– 그래픽 프로그램은 버전이 바뀔 때마다 기존의 기능이 향상되거나 새로운 기술이 추가되는데 이전에 잘 사용하지 않았거나 필요가 없어서 관심을 갖지 않는 경우가 있다. 그러나 장기적으로 봤을 때 이것은 서서히 도태되어 가는 지름길이다. 디자인만큼 트렌드에 민감하고 영향을 받는 분야가 또 있을까? 국내외 유명 공모전이나 전시, 시장 동향 등에 항상 관심을 가져야 급변하는 시장에서 성장할 수 있다.

창업은 경영, 진정성을 활용하라

Design Studio

독립하기 전에 직장에 소속되어 업무를 맡는다고 가정해보자. 취업이 된 상태라면 우리는 과연 노력해야 하는 것인가? 노력에 대한 정당한 가치를 얻는다면 누구도 그 시간을 아까워하지 않지만, 디자인 업무는 기본적으로 무형 가치에서 출발하기 때문에 가치 척도를 명확하게 정하기 어렵다. 심지어 디자이너는 특수 전문 직업군에 속하며 예술 계통의 가치를 얻으므로 야근을 하더라도 명확한 업무량을 측정할 수 없다. 결국 디자이너는 세상을 깜짝 놀라게 할 베스트셀러를 꺼내야 회사에서 인정받을 수 있으며, 대부분의 디자인 작업은 팀별로 진행되기 때문에 아무리 노력을 쏟아도 자신만의 것이 아니게 된다. 노력을 해도 노력의 가치가 어디에 있는지 알 수 없다는 것이다.

그렇다면 디자인 창업에 진정성을 도입해야 하는 이유는 무엇일까? 바로 초심을 잃지 않은 채 창업 마인드를 유지하기 위해서이다. 창업은 아이디어의 승부라고 볼 수 있고, 아이디어가 가장 강력한 무기의 역할을 하는 것은 맞지만 그것을 이루고 융합하여 판매하는 일은 아이디어가 하지 않는다. 현실화되고 가치화되는 것은 모두 사람이 하는 것이며, 아이디어의 가치 판단 역시 사람이

한다는 것을 잊지 말아야 한다. 즉, 비즈니스는 사람과의 관계에서 만들어지기 때문에 어떤 아이디어의 대표가 되려면 진정성의 의미에 주목할 필요가 있다.

진정성은 감동을 주기 위한 노력이며, 디자인 관련 프로젝트에서 진정성 있는 서비스는 빼놓을 수 없게 되었다. 서비스가 감정 노동의 모습으로 많이 비춰졌기 때문에 부정적인 이미지가 된 것은 사실이다. 그러나 디자인 업계에서 서비스는 클라이언트나 디자인을 접하는 사람들에게 긍정적으로 표현하고 무형의 디자인에 가치를 싣기 위한 방법으로 가장 요긴하게 활용된다. 서비스에서 진정성이 사람을 감동시키고 사랑하는 방식으로 활용된다면 디자인을 계속해서 보고 싶게 만들 것임을 잊어서는 안 된다. 창업에서도 진정성의 도덕적 가치를 활용하고 사람에 대해 연구하는 자세가 필요하다.

01 지속적인 서비스보다 필요한 서비스를 제공하기 위한 연구

창업과 경영에서 진정성을 활용하는 것은 명확한 전략 속에서 이루어져야 한다. 예를 들어, 지속된 스케줄 속에서 자극적인 이벤트는 감동을 끌어내는 기초적인 전략이지만 지속적인 퍼주기 식 서비스는 처음에는 감동으로 다가올지 몰라도 익숙해지면 창업자의 가치를 갉아먹을 수 있다. 받는 사람의 입장을 세세하게 살펴 감동적인 서비스 전략을 만들자. 진정성을 위한 서비스의 시작은 소비자 별로 카테고리를 나누는 정보 관리 과정이 있어야 한다. 연령별, 성별 등 나눌 수 있는 세부적인 사항을 통해 각기 다른 서비스 샘플로 데이터를 축적하여 세부적인 서비스 제공의 틀을 정하는 것이 첫 번째 시작이다.

02 자발적 진정성이 필요하다.

창업 후, 지속적인 가치를 발굴하고 효율적인 업무를 위해 직원을 고용하는데, 회사 내 인원이 늘어날수록 창업자는 고민에 빠지게 된다. '업무 효율성을 위한 조율과 직원들의 시너지 효과는 어떻게 발휘시킬 것인가?', '내일 아침 회의에서는 어떤 주제로 가치를 만들어 낼 것인가?', '눈앞에 닥친 일은 넘쳐나는데 과연 직원의 역량을 신뢰할 수 있는가?'와 같이 경영에 관한 중요 안건들이 눈앞을 가리기 때문이다.

초창기 디자인 스튜디오의 경우, 창업자 본인이 영업과 업무를 같이 시작하지만 시간이 흐르면 창업자는 점점 업무에서 멀어지고 영업과 책임이라는 막중한 업무를 관장하게 된다. 처음부터 많은 인원으로 시작하기는 힘들기 때문에 업무를 처리하면서 시장에 진입하게 되고 서비스를 제공하면서, 서서히 소비자를 향한 도덕적 기준이 형성되는 것이 일반적인 모습의 회사 내 소비자 대응 시스템의 시초라고 볼 수 있다.

경영에 대한 고민, 직원에 대한 고민을 계속하게 되는 이유는 바로 자신이 해왔던 업무와 영업의 모습들이 고스란히 묻어나는지 확인하기가 어렵기 때문이다. 창업자의 도덕적 가치 기준은 함께 일해 온 직원들에게 영향을 끼치기 마련이지만 문제는 현재에 이르러 서비스가 발전함에 따라 많은 사람들이 서비스를 당연하게 생각하는 일이 늘어나기 시작했으며, 이러한 요구들이 창업자의 발목을 잡기 시작했다는 것이다. 예를 들어, '다른 곳에서는 이렇게 안하던데…'와 같은 맥락이라 볼 수 있다. 이를 두고 소비자 탓을 할 수는 없다. 지금까지의 사업 구조가 이런 모습을 만들어 냈을 뿐이다.

이제는 창업자의 모습에서 배우게 할 수는 없다. 영업과 업무는 완벽하게 다른 서비스로 분리되어야 하며, 회사 내의 기준을 만들고 이에 기반한 교육이 반드시 필요하다. 즉, 진정성을 활용하려면 본인 스스로가 그 모습에 일관적인 행동을 보여야 한다. 서비스의 총량은 같아야 하고 가격에 대한 절감이 이루어지면 수정 횟수가 줄어들거나 디자인의 질적 양상이 달라지는 것과 같이 직원이 납득할 만한 명확한 기준이 있어야 한다. 이를 기점으로 회사의 정체성을 마련하고 업무에 대한 진정성을 확인할 수 있는 잣대로 만드는 것이 중요하다.

디자인을 업으로 삼아야 하는 일에서 진정성은 다른 의미로 서비스의 개념이 되어 다양한 영역에서 활약한다. 디자인은 미(美)를 기점으로 만들어지는 예술과 기술의 경계에 있는 무형적 가치에 가깝기 때문에 가치 측정선 위에서 이리저리 흔들릴 수밖에 없고, 보이지 않는 서비스를 내세워 정당한 가치임을 주장하는 경우가 많다보니 진정성이 강력한 무기의 역할을 하게 된다. 예를 들어, 특정 디자인이 필요한 사람을 위해 지속적으로 질문해서 상대방이 원하는 것을 찾고, 더불어 원가 절감이나 양산을 위한 팁, 디자인 명칭과 마케팅 방식을 함께 고민하고 제시하는 것은 진정성이라는 이름으로 더할 수 있는 서비스이다. 사실 이러한 부분은 사업자 입장에서 바라보면 손해에 가깝지만 단골을 만드는 가장 유용한 방법이기도 하다. 진정성은 누군가를 위할 때 진정한 힘을 보여줄 수 있음을 잊지 말아야 한다.

창업 어드바이스

진정성 유지하기

1 **철학을 가져라.**

– 정신을 유지하려면 정신을 만들어 내는 뼈대가 필요하다. 뼈대는 소위 말하는 '철학'이라는 이름으로 정의할 수 있는데, 철학은 디자이너로서 그리고 창업자로서의 창업 마인드와 디자인 스튜디오에 대한 정체성을 확립하는데 중요한 역할을 한다. 자신만의 철학을 만들어 진정성에 생명을 담자.

2 **서비스는 비즈니스이다.**

– 서비스 정신은 무조건 퍼주는 것이 아니라 사람을 대하는 예의에 있다. 누군가에게 예의를 갖추는 만큼 본인 또한 예의를 갖춰서 대할 가치가 있는 사람이라는 것을 알아야 한다.

3 **납득할 수 있는 사내 철칙을 정하라.**

– 창업자가 진정성을 발휘하더라도 1인 창조 기업이 아닌 이상 직원 또한 클라이언트를 상대하게 될 것이다. 자신의 진정성이 직원에게도 전달될 수 있도록 행동해야 하며, 이를 사내 철칙과 같은 행동 원칙을 만들어두는 것이 좋다. 누군가에게 이야기를 전달하는 순간 감정은 지식이 되어 가장 오랫동안 유지된다.

창업(創業)

: 나라나 왕조 따위를 처음으로 세움.

2

디자인 스튜디오 창업,
어떻게 해야 할까?

디자인 창업을 생각하는 사람들은 저마다 다른 상황에 처해있을 것이다. 경력 20년 이상의 베테랑 디자이너일 수 있고, 이제 막 사회생활을 시작한 초년생 디자이너일 수도 있다. 그 중에서 이 책을 통해 도움을 받을 수 있는 사람은 아마도 대학생이나 30대 초반의 창업 초년생들일 것이다. 그럼, 어떻게 디자인 스튜디오를 시작할까?

심준우

디자인 스튜디오를 준비하라

Design Studio

디자인 계열로 취업하는 것이 힘들어지고 회사의 고용 불안정이 심화되면서 창업 열풍이 불고 있다. 사회적인 배경이 크게 한몫하고 있지만, 예비 창업자들이 창업에 대해 너무 쉽게 또는 너무 어렵게 생각하고 있는 것은 아닌지 생각해 볼 필요가 있다. 흔히 알고 있는 '창업'의 정의는 '자신만의 사업을 처음으로 시작하는 것'이지만 또 다른 정의가 있으니, 사전을 찾아보면 다음과 같다.

'창업(創業) : 나라나 왕조 따위를 처음으로 세움'

나라나 왕조 따위라니? 나라나 왕조를 세우는 일에 비한다면 '회사 정도야'하는 생각이 들지만 창업에 나라를 세운다는 뜻이 포함된 만큼 사전에 철저하게 준비해야 하고 사명감 또한 갖추어야 한다. 최근 디자인 전공으로 졸업하는 학생이 26만 명이다. 각자 전공을 살린 직업을 가지기 위해 전력을 기울이지만, 좋은 직장에 취업하는 것이란 여간 어려운 일이 아니며, 50%에 불과한 졸업생이 취업을 했다고 보고되었다.

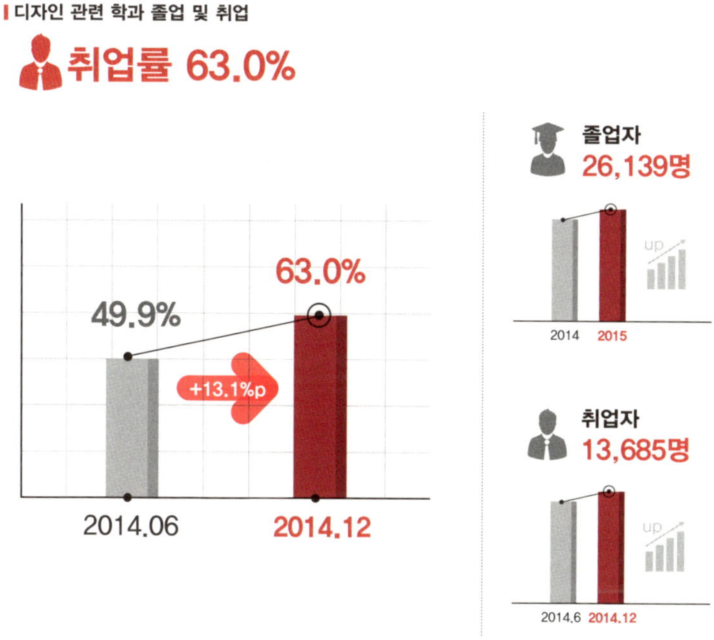

▲ 디자인 관련 학과 졸업 및 취업 자료 (출처 : 2015 산업디자인 통계조사 보고서)

시장 창출에서 반드시 새로운 아이템 또는 새로운 세상을 개척할 필요는 없다. 같은 사업 아이템이라도 아이디어나 유통 관계, 가치 창출 방식에 따라서 모두 다른 시장이 창출된다. 사실 시장 창출이라는 의미보다 가치 창출에서 오는 즐거움이 더욱 크다. 노동의 즐거움은 그 뒤에 따르는 노력의 가치가 충족될 때 오는 성취감이므로 가치 창출이라는 단어를 사용해도 되지만 시장 창출을 굳이 사용한 이유도 바로 여기에 있다.

예전에 있었던 시장의 경우 내부적으로 만들어지는 임의의 가격표가 있었다. 암암리에 정해진 가격에서 제공되는 서비스의 양, 부가되는 위험도, 노동력의 질과 같이 무형 가치를 통해 가격이 오르거나 내리곤 했다. 일단 시장에 진입한 이상 높은 가격과 주목을 얻기 위해서는 정해진 서비스보다 더 많은 것을 제공해야 되는 입장에 처한다. 시장 창출의 영역은 창업한 사람이 시장의 기준이 되므로 그 가치를 본인이 생각하기에 합리적인 방향으로 이끌어낼 수 있는 장점이 있다.

가치 창출과 시장 창출

가치 창출	시장 창출
기존의 시장에서 정당한 대가를 받는다.	아이디어 및 아이템의 가치를 자신이 정한다.
가치를 주는 사람이 일정하다.	가치를 주는 사람을 선택하거나 모집할 수 있다.
가치를 만들어내는 과정에 예시가 많다.	가치를 만들어내는 것에 자유롭다.
시장 방식의 틀을 깨기 어렵다.	시장 방식을 나누어 가치 척도를 만든다.

창업과 더불어 많이 사용하는 단어 중에 '스타트업'이 있다. 엄밀히 따져보면 창업과 스타트업, 두 단어의 정의는 다르다. 사전적 의미와 대표 사례를 통해 스타트업의 정의를 알아보겠다.

디자인 창업노트

스타트업의 사전적 정의

1 미국 실리콘밸리에서 생겨난 용어로 설립한 지 오래되지 않은 신생 벤처 기업.

2 혁신적인 기술과 아이디어를 보유하고 설립된 지 얼마 되지 않은 창업 기업.

3 1990년대 후반 닷컴 버블로 창업 붐이 일었을 때 생겨난 용어. 고위험, 고성장, 고수익 가능성을 지닌 기술, 인터넷 기반의 회사를 지칭.

스타트업의 대표 사례

페이스북

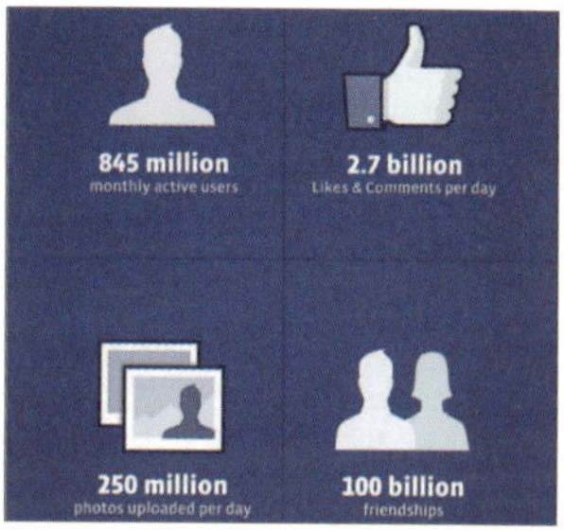

하버드 대학교 학생이었던 마크 저커버그는 2003년 10월 28일, 페이스매시(Facemash)라는 이름으로 서비스를 시작했다. 2015년 2분기 기준, 페이스북(Facebook)은 전 세계 14억9천만 명 이상의 사용자가 활동 중인 세계 최대의 소셜 네트워크 서비스가 되었다.

에어비앤비

휴일에 여행자에게 자신의 집을 제공하는 서비스이다. 사생활을 중요하게 여기는 미국인들의 기존 정서를 완전히 뒤집는 서비스 모델이며 혁신적이라고 평가받는다.

배달의 민족

플랫폼 스타트업, 배달 음식을 검색하고 주문하는 서비스로, 다양한 프로모션을 진행한다.

사전적 정의를 살펴보면 스타트업은 창업에 포함되지만 창업한다고 해서 모두가 스타트업인 것은 아니라는 것을 알 수 있다. 이렇듯 창업과 스타트업을 같은 뜻으로 사용하는 것은 옳지 않지만 점점 두 영역의 경계가 모호해지고 있다. 가령 청년들이 시장에서 새로운 치킨 브랜드 사업을 시작한다면 '청년 창업'이 맞는 말 같지만 그들이 모바일과 웹에서 사용자 중심의 디자인을 지향하고 SNS에서 그들만의 새로운 영역을 구축한다면 외식과 IT의 통합 비즈니스 모델이 되므로 '청년 스타트업'이라는 말도 틀리지 않기 때문이다.

그렇다면 디자인 스튜디오는 스타트업인가, 창업인가?

창업 어드바이스

정부가 정의하는 '창업'과 '창업자'

- **창업 : 중소기업을 새로 설립하여 사업을 개시하는 것(개인은 사업자 등록, 법인은 법인 등록)으로, 아래 사항은 제외한다.**
  - 타인으로부터 사업을 승계하여 동종 사업을 계속하는 경우(기존 기업의 임직원이 분사하는 경우는 제외)
  - 개인 사업자가 법인으로 전환하여 동종 사업을 계속하는 경우
  - 법인이 기업 형태(주식, 유한, 합자, 합병)를 변경하여 동종 사업을 계속하는 경우
  - 폐업 후 동종 사업을 다시 시작하는 경우
- **창업자 : 다음의 업종을 영위하지 않는 자 중에서 창업 후 7년 이내인 자**
  - 숙박 · 요식업(호텔업, 휴양 콘도 및 상시 근로자 20명 이상 법인인 요식업 제외), 금융 · 보험업, 부동산업, 무도장 운영업, 골프장 · 스키장 운영업, 기타 도박 · 베팅업, 기타 개인 서비스업(산업용 세탁업은 제외)

디자인 스튜디오와 디자인

Design Studio

디자인 스튜디오 창업에 앞서 우리는 디자인에 대해 얼마나 알고 있는가?

디자인의 정의와 역할은 시대에 따라 변한다. 사전에서 찾아볼 수 있는 '의상, 공업 제품, 건축 등 실용적인 목적을 가진 조형 작품의 설계나 도안'의 의미로는 디자인을 충분히 정의할 수도, 설명할 수도 없다.

전공과 직종을 불문하고 디자인 스튜디오 창업자라면 디자인에 대한 이해와 디자이너로서의 태도에 대한 고찰이 필요하다. 예비 창업자로서 알아두면 좋은 몇 가지를 소개한다.

디자인 창업노트

명사들이 말하는 디자인의 정의

- 디자인은 사람이 보고, 만지고, 들을 수 있는 무언가를 만들어 내는 것을 기획하는 것이다. – 피터 고브
- 제대로 된 디자인은 우리 삶의 질을 높이고, 직업을 만들며 사람들을 행복하게 만든다. – 폴 스미스
- 디자이너라는 직업은 예술가가 아니다. 그들은 의미적 기호들을 파악하는 전문가이다. – 필립 스탁
- 디자인은 필요를 만족시키기 위한 도구로 개념화되고 전환되는 환경에 의한 프로세스이다. – 알란 토팔

- 바람직한 제품을 디자인한다는 것은 총체적인 사용자 경험을 디자인하는 것을 뜻한다. – 도널드 노먼
- 디자인은 기술의 혁신적인 변화에서 중심 요소이자 문화, 경제적 변화의 중요한 요소라 할 수 있다. – 국제산업디자인단체협의회(ICSID)
- 디자인은 제품이나 서비스의 연속적인 외층에 표현되는 인간 창조물의 기본적인 영혼이다. 디자인은 단지 보이는 것, 느껴지는 것뿐만이 아니다. 디자인은 어떻게 가능하냐의 문제이다. – 스티브 잡스

필자는 '스튜디오'를 어떤 기술에 대해 전문적이거나 특정한 학문에 뛰어난 사람들로 구성되어 필요에 따라 유연성을 가질 수 있는 집단, 즉 전문가들이 모여 있는 전문화된 집단이라고 생각한다. 사전적 의미와 대표 사례를 통해 스튜디오의 정의를 알아보겠다.

스튜디오의 사전적 정의

1 사진사, 미술가, 공예가, 음악가 등의 작업실. '녹음실', '제작실'로 순화.

2 영화 촬영소. '촬영실'로 순화.

3 방송국에서 방송 설비를 갖추고 방송을 하는 방. '녹음실', '방송실', '연주실'로 순화.

스튜디오의 대표 사례

유니버설 스튜디오

유니버설 스튜디오(Universal Studios Inc.)는 미국의 영화 전문 업체로, 미국 컴캐스트의 자회사이며, NBC 유니버설의 소유주이

기도 하다. 미국영화협회의 가입된 유니버설 스튜디오는 1912년에 설립되었고 세계에서 4번째로 오래된 스튜디오 중 하나이다.

스튜디오 지브리

주식회사 스튜디오 지브리는 애니메이션 위주의 영상 작품을 기획하고 제작하는 것을 주요 사업으로 하는 일본 기업이다. 장편 애니메이션 영화 제작을 주력 사업으로 하고 있으며, 1990년대 중반 이후 단편 작품의 제작과 실사판 작품의 기획에도 관여하고 있다. 출판 사업이나 음악 사업 또한 수행하고 있다.

월트 디즈니 애니메이션 스튜디오

월트 디즈니 애니메이션 스튜디오(Walt Disney Animation Studios)는 월트 디즈니 회사의 핵심 요소로, 세계에서 가장 오래된 애니메이션 스튜디오이다. 월트 디즈니 회사의 기업 구조조정 동안 1937년 영화 《백설 공주와 일곱 난쟁이》를 제작한 월트 디즈니 프로덕션의 일관 부서로 만들어졌으며, 월트 디즈니 피처 애니메이션(Walt Disney Feature Animation)이라는 이름으로 월트 디즈니 회사의 공식 자회사가 되었다.

사전적 의미와 대표 사례를 통해 알아본 스튜디오의 정의는 전문적인 작업실과 같다. 특정 기업이나 단체에 속하지 않고 창의성을 최대한 유지한 전문가 집단 정도로 정의할 수 있다.

디자인 스튜디오를 정의하기 위해 규모를 빼놓을 수는 없다. 일정 규모 이상이 되면 기본적인 운영비 측면에서 상업적으로 치우

칠 수 있기 때문이다. 물론 디자인 스튜디오에서 상업적인 활동을 전혀 안 할 수는 없지만 디자이너의 작업 성격과 스튜디오의 방향성을 최대한 유지하면서 상업적인 성격을 최소화할 수는 있다. 또한 소규모일수록 다양한 상황에 대해 유기적으로 대처할 수 있는 장점이 있다.

디자인 산업의 구조상 디자인 용역이 수익의 대부분을 구성하면 디자인의 창의성과 완성도에 장애가 될 수 있다. 국내 디자인 전문 회사에서 평균 매출의 64.3%가 디자인 개발 용역에 이른다는 사실은 시사하는 점이 크다.

디자인 스튜디오는 프리랜서 디자이너나 작가 디자이너와 같이 소규모이면서 독립적으로 활동하는 이들보다 더 체계적이고 사업 형태와 목적이 구체적이며, 상업성과 비상업성 사이에서 저울질하며 긴장감을 유지하는 것이 특징이다. 우리나라 디자인 산업의 규모 변화를 살펴보면 디자인 스튜디오를 비롯하여 전문 기업, 프리랜서 등 관련 종사자들이 매년 꾸준하게 늘어나고 있는 것을 알 수 있다. 이처럼 디자인 산업의 규모가 커지는 것은 사회적으로 다양한 디자인 영역에 대해 인정하고 있음을 단적으로 보여주는 예시이다.

그러나 매년 디자인 전공 졸업자 수는 늘어나지만 디자이너가 취업하거나 회사 생활을 안정적으로 이어가기 힘들어지고 있으며 대부분의 회사 구조상 디자이너의 업무량을 현실적인 영역에서 측정하기가 어렵기 때문에 투자된 시간과 업무에 비해 정당한 대가를 받는다고 느끼는 디자이너가 거의 없다. 이는 소규모 디자인 스튜디오들이 생겨나는 이유일지도 모른다.

디자인 전공자에게 디자인 스튜디오 창업은 다른 사업 영역보다 접근성이 높다. 제조 시설을 갖추어야 하는 제조업이나 카페, 음식점을 비롯한 가맹점(프랜차이즈)보다 초기 창업 비용이 적게 드는데다 굳이 직원이 있어야 하는 것도 아니고 컴퓨터와 그래픽 프로그램만 있으면 최소 업무를 수행할 수 있기 때문이다. 그러나 디자인을 중심으로 하는 철학과 기술의 전문적인 집합체가 바로 디자인 스튜디오이고 보이지는 않지만 내부에 다양한 요소들이 있기 때문에 디자인 스튜디오의 구조는 생각만큼 단순하지 않다.

디자인 창업노트

빅터 파파넥이 말하는 디자이너가 해야 하는 질문

1 디자인은 진정으로 환경의 지속 가능성에 도움을 주는가?

2 디자인은 사회에서 소외된 소수 집단의 삶을 좀 더 편안하게 해줄 수 있는가?

3 디자인이 고통을 완화시킬 수 있는가?

4 디자인이 가난하고 고통 받는 사람들에게 도움을 줄 수 있는가?

5 디자인이 에너지를 절약하거나 재생 가능한 에너지를 얻는데 도움이 될 것인가?

6 디자인은 대체 불가능한 자원을 절약할 수 있을까?

디자인 스튜디오의 시작

Design Studio

누군가 필자에게 직업을 물어보면, '디자인 스튜디오를 운영하고 있다'라고 말한다. 디자인에 대한 배경 지식이 없는 사람들은 디자인 회사라고 이해하며 필자 입장에서는 크게 다를 것이 없어서 되물어보지 않는 한 그 차이를 굳이 설명하지 않는다. 간혹 디자인 스튜디오와 디자인 에이전시의 차이에 대한 질문을 받곤 하는데, 기본적으로 큰 차이가 없다고 대답한다. 규모나 업무에 따라 구분한다고 생각할 수 있지만 5인 이하의 직원이 일을 하면 스튜디오, 5인 이상이 일을 하면 에이전시라고 말하기도 애매하다. 디자인 에이전시 A사가 경영이 힘들어서 20명이었던 직원을 5명으로 줄였다고 해서 스튜디오로 강등되는 것은 아니니 말이다.

그렇다고 1억 이상의 대규모 프로젝트를 진행할 때 디자인 스튜디오에서는 진행하기 부담스러우니 디자인 에이전시를 찾아봐야 한다는 것도 아니다. 시장의 변화에 따라 두 단어를 구분하는 것은 힘들겠지만, 한 가지 분명한 것은 창업자나 최고 경영자가 회사를 명명하기 나름인 것 같다.

창업자가 디자인 관련 업무를 수행할 수 있다면 직원이 있어야 하는 것도 아니고, 점포나 사무실이 꼭 있어야 하는 것도 아니기 때문에 사업자 등록증을 낼 수 있는 조건이라면 당장이라도 창업할 수 있다. 창업을 결심했거나 관심이 있다면 먼저, 왜 그런 생각을 하게 되었는지 자신에게 그 이유를 되물어보길 바란다. 또한 디자인 스튜디오 창업에 대해 얼마나 잘 알고 있는지, 현재 얼마나 준비했는지 충분한 시간을 갖고 체크해보길 바란다.

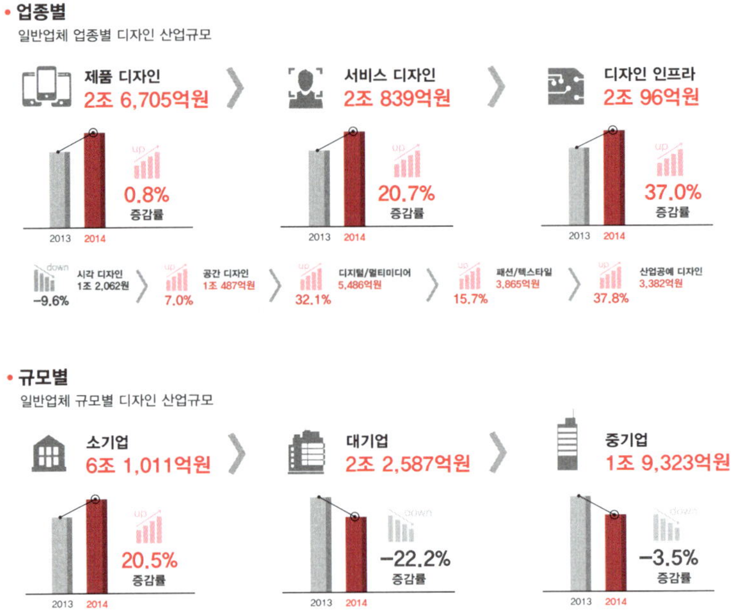

▲ 2015 산업디자인 통계조사 보고서

▎산업규모 변화 추이

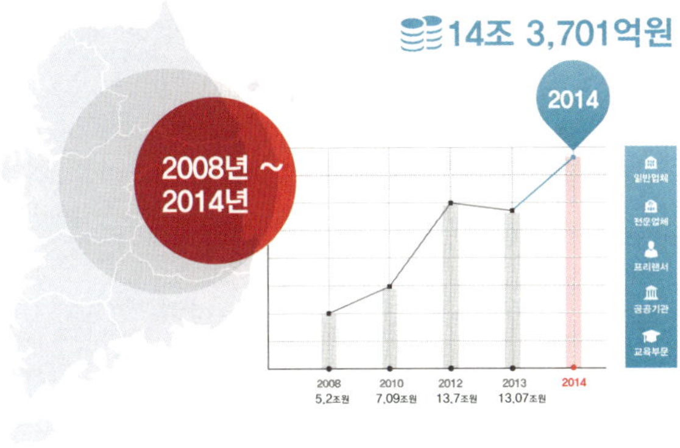

▲ 2015 산업디자인 통계조사 보고서

• 재무 및 디자인 투자 현황

(단위: 백만원)

구분	2012년	2013년	2014년	2013년 대비 GAP
매출액	627.63	600.40	659.35	▲58.95
인건비	135.88	152.76	123.25	▼29.51
연구 개발비	-	39.61	13.46	▼26.15
영업이익	68.75	49.48	78.33	▲28.85
디자인 투자비	214.26	159.87	131.6	▼28.27

• 업종별, 규모별 2014년 재무 및 디자인 투자 현황

(단위: 백만원)

구분		매출액 평균	인건비 평균	연구개발비 평균	영업이익 평균	디자인투자비 평균
전문디자인업체		659.35	123.25	13.46	78.33	131.60
업종별	제품 디자인	557.09	128.35	7.97	71.39	134.36
	시각 디자인	421.49	102.59	12.98	61.57	138.69
	인테리어 디자인	1,239.79	160.53	13.80	90.29	149.42
	기타 패션 /텍스타일 디자인	523.49	107.82	22.68	108.69	87.20
규모별	1인	147.28	45.24	2.19	33.40	58.83
	2-4인	367.60	67.23	9.28	42.49	84.57
	5-9인	1,011.43	191.66	22.30	155.14	216.93
	10-14인	1,133.57	199.70	33.61	156.48	236.68
	15인 이상	4,988.99	832.27	69.39	315.67	602.40

▲ 2015 산업디자인 통계조사 보고서

디자인 스튜디오 창업을 문의하는 디자이너들은 회사를 다녀야 할지, 독립해야 할지 고민하며, 회사에서의 미래가 안정적이지 않다고 토로한다. 대부분의 산업 인적 구조가 피라미드 형태이기 때문에 위로 올라갈수록 버텨내기 힘들고 특히 디자이너는 다른 직업보다 정년이 빠르다. 연차가 올라갈수록 디자인에 대한 이해와 능력도 함께 쌓이지만 어느 정도의 선에서 분별력을 가지기란 어렵기 때문에 고용주 입장에서는 고급 인력 한 명을 쓰는 것보다 중급 인력을 쓰는 게 나을지도 모른다고 생각하기 때문이다.

회사 안을 '전쟁터'로, 회사 밖을 '지옥'으로 비유했던 드라마 '미생'의 한 장면이 떠오른다. 디자인 스튜디오를 창업해서 안정적인 삶을 사는 것은 쉽지 않다. 여기서 말하는 안정적인 삶이란 '보장된 수익', '저녁이 있는 삶', '심리적 안정'인데 세 가지 요소를 모두 충족하기란 상당히 어렵다.

창업을 문의하는 사람들에게 그들이 기대하는 핑크빛 미래에 반대되는 이야기를 들려주는 대신, 현재 다니는 회사가 극단적으로 부정적이지 않다면 맡은 업무 외에 경영진이 어떤 행동을 하는지 관심을 가지고 적극적으로 임하라고 조언한다. 열에 아홉은 '지금 하는 업무도 넘치는데…', '그럴 거라면 진작 창업하지'라고 말한다. 틀린 말은 아니지만 확실한 건 창업을 하든, 연차가 쌓여 이직하든 지금보다 훨씬 더 바빠지기 때문에 업무가 가중되기 전에 현재 위치를 점검할 필요가 있다.

창업을 생각하거나 변화가 필요하다면 항상 대표처럼 행동해야 한다. 예를 들어, 과장이 대표처럼 행동하려면 당연히 과장으로서의 책무를 다한 다음 대표의 업무나 생각에 관심을 가져야 하고 그러기 위해서는 다른 사람보다 더 많이 노력해야 한다. 또한 보통 창업 경험이 없는 것이 일반적이기 때문에 처음 창업을 하게 되면 회사에 속해 있을 때보다 업무가 배로 늘어난다. 처음 하는 업무는 연습이 필요하지만 창업을 하면 바로 실전이다. 회사의 울타리가 아쉬워지는 순간이 한두 번이 아니라는 것을 명심해야 한다.

디자인 스튜디오, 창업해야 하는 이유

Design Studio

사람들은 저마다의 소명을 가지고 살아간다. 삶의 목적을 실현하고, 사회적으로 의미 있는 일을 행하는 것을 소명이라 하는데, 창업을 하려는 사람에게는 중요한 부분이므로 진지하게 생각해보길 바란다. 각자 사정이 있고 이루고자 하는 목표도 다를 것이며 질문에 대한 답 역시 수시로 변할지 모르지만 진지한 고민이 결국 창업을 성공으로 이끌 것이다.

- 나는 왜 디자인 스튜디오를 창업하려고 하는가?
- 나는 왜 디자인 스튜디오를 창업해야 하는가?
- 나는 디자인을 평생 업으로 살아갈 수 있을까?
- 나는 경영자가 되고 싶은가, 디자이너로 남고 싶은가?

재학 시절, 필자는 디자인 스튜디오를 낭만적이고 창의성이 가득한 곳이라 생각했고, 강의나 책을 통해 디자인 스튜디오를 접하면서 파티션으로 둘러싸인 보통의 회사와는 달리 자유로운 분위기의 재미있는 일만 골라서 할 수 있는 곳이라 생각했다.

대학 졸업과 동시에 직장생활을 시작했고 신입 디자이너로 지내면서 디자인 스튜디오에 대한 환상은 현실로 바뀌었다. 매일 야

근과 철야를 반복하는 생활에, 어쩌다 쉬는 휴일에는 불안해하는 자신을 돌아보며 이직하였지만, 우연인지 필연인지 두 번째 회사에서는 고용 불안까지 더해져 디자인 스튜디오 창업에 대해 다시 생각하는 계기가 되었다.

평소 말이 없고 항상 바빠 보였던 과장님은 어느 날 갑자기 해고되었고, 3년 이상 일한 선배 디자이너는 연봉이 동결되었으며 복지는 예고 없이 사라졌다. 필자 역시 1년을 버티지 못하고 아무런 준비 없이 무작정 그 회사를 나왔다. 퇴직 사유는 '창업'이었다.

회사를 나오고 한 달 동안은 무척 바빴다. 그동안 하지 못했던 디자인 공부를 하면서 창업을 위한 시장 조사도 착실하게 했다. 창업 지원 프로그램이나 디자인 공모전에 지원하면서 어느 때보다 규칙적이고 열정적으로 살았지만 퇴사 후 3개월쯤 지나니 점점 창업에 대한 회의감이 들고 두려워졌다.

1인 기업으로 지원했던 창업 지원 사업과 디자인 공모전에서 이렇다 할 성과를 내지 못해, 갖고 있던 포트폴리오를 최대한 정리해서 적극적으로 영업도 했지만 만만한 일이 아니었다. 당시 사회 초년생이었기 때문에 모아둔 자금도 없을뿐더러 도움을 받을 만한 인프라도 없었기 때문에 창업하기도 전에 당장 먹고 살 일이 걱정이었다.

점점 스스로를 의심하게 되었고 결국 창업을 뒤로 미룬 채 다시 취업의 길로 들어서 창업과 이직의 사이클을 몇 번이고 반복했다. 이러한 과정 속에서 내가 정말 창업을 원하는 건지, 나는 어떤 사람인지에 대한 의문을 가지기 시작했다.

결국 창업에 앞서 가장 우선시 되어야 하는 것은 나 자신을 좀 더 객관적으로 아는 것이 아닐까?

디자인 창업노트

시기별 목표 의식

1. 대학교 졸업반 : 멋있는 디자인 스튜디오를 만들고 싶은 목표 의식
2. 직장생활 3년 차 이하 : 휴일을 보장받고 고용 불안에서 벗어나고 싶은 목표 의식
3. 직장생활 5년 차 이상 : 반복되는 작업에서 벗어나 원하는 프로젝트를 하고 싶은 욕심과 미래에 대한 불안감 해소
4. 창업 후 1년 차 이하 : 최소한의 월급 보장과 스튜디오를 꾸려가기 위한 현실과의 타협
5. 창업 후 2년 차 이상 : 초심을 잃지 않은 채 가치 있고 차별화된 색을 드러낼 수 있는 디자인 스튜디오 운영에 대한 목표 의식

개인 성향을 파악하라

Design Studio

창업을 생각한다면 먼저 개인 성향을 파악하길 바란다. 이미 창업을 결심했다면 그 결정에 큰 영향을 끼칠 수 없지만 한 번도 가보지 못한 여행길에 앞서 자신과의 대화는 꼭 필요하다.

사회생활을 하고 다양한 경험을 겪으면서 사람은 변하기 나름이다. 한 사람이 가지고 있는 천성이 얼마나 변하겠냐고 반문할 수 있지만 한 가지 확실한 건 마음속 잣대는 계속 변한다는 것이다. 자리가 사람을 만든다는 말이 있듯이 처음부터 대표의 성향이나 직원의 성향을 가지고 있는 사람은 없다. 다만 자신과의 대화를 통해서 어려운 상황이나 풀기 힘든 문제의 해답에 대한 실마리를 찾을 수 있을 것이다.

디자인 창업노트

개인 성향을 파악할 수 있는 테스트

1 **직업 심리 검사(고용노동부: http://www.work.go.kr)**
한국고용정보원 직업 심리 검사는 청소년과 성인을 대상으로 21가지가 있으며, 각 검사의 설명을 참조하여 자신에게 필요한 검사를 받을 수 있다.

2 **한국적성연구소(www.juksungtest.co.kr)**
진로 흥미 검사, Big 5 성격 검사, 자아 개념 검사, 성격 특성(양육, 육성) 검사, 저지능 검사, 지능 검사 A/B형, 논리적 사고력 검사, 탐구 기능 검사, 수학 창의적 문제 해결력 검사, 과학 창의적 문제 해결력 검사, 창의성 사고력 검사

3 **한국 심리적성검사연구소(www.kipat.co.kr)**
성인 대상: 성격 요인 검사, 직업 적성 검사

4 **한국가이던스(www.guidance.co.kr)**
적성, 인성, 흥미, 지능 검사, MMPI383,5 66 다면적 인성 검사, 홀랜드 진로 발달, 탐색 검사, 웩슬러 성인용 지능 검사, 에니어그램 성격 유형 검사

5 **한국SHL(www.shlkorea.com)**
직업 성격 검사, 관리직, 영업직, 생산직 적성 검사, 직무 적성 검사, 직무 분석

훌륭한 멘토를 두어라

Design Studio

디자인 창업자로서 확고한 철학이 형성되려면 많은 경험과 시간이 필요하기 때문에 자신이 닮고 싶은 멘토를 정한 다음 그에 대해 깊이 연구하는 것도 좋은 방법이다.

대학교 재학 당시 교양 시간에 역사상 가장 위대한 디자이너 중에서 자신의 멘토를 정해 보고서를 제출하는 과제를 한 적이 있었다. 필자는 그래픽 디자이너인 '솔 바스(Saul Bass)'를 선택했고 이 과제를 통해 디자이너로서 살아갈 자세에 대해 생각하게 되었다.

현기증(VERTIGO, 1958), 살인의 해부(Anatomy of Murder,

1959) 등 영화 타이틀을 비롯해 Bell(1969), AT&T(1984) 등 기업의 로고 디자인까지 그야말로 영역 없이 작업하는 그에게 많은 영감을 받았고 디자인 영역에서 일단 부딪혀 보는 용기를 가지게 된 것도 솔 바스를 알아가면서부터였다.

현재 운영 중인 디자인 스튜디오가 여러 방면에서 관심을 얻게 되면서 인터뷰할 기회가 종종 생겼는데 진행했던 프로젝트를 설명하면서 가장 많이 한 이야기는 '인간을 위한 디자인', '사람이 중심인 스튜디오'였다. '디자인과 사람을 분리해서 설명할 수 있을까?'라는 의구심이 들 정도로 사람과 공공 디자인에 빠지게 된 것은 빅터 파파넥(Victor Papanek)의 영향이 매우 컸다. '디자인이란 인간이 행하는 거의 모든 행위이고, 의미 있는 질서를 창조하려는 의식적인 노력'이라는 그의 말에서 디자이너로 살아가야 하는 이유와 의미를 찾았고 사회와 환경 그리고 인간에 대한 책임을 지는 디자이너가 되고 싶다고 생각했다.

책을 비롯한 미디어에서 만날 수 있는 유명인을 멘토로 정하는 것이 가장 쉬운 방법일 수 있지만 더 좋은 방법은 주변에서 찾고 직접 만나 소통하는 것이라고 생각한다. 철학이나 사고방식처럼 보이지 않는 가치가 단시간에 형성될 수 없듯이 시간을 두고 오래 볼 수 있는 사람이면 좋다. 처음부터 멘토라는 특정한 목표를 정하기보다는 좋은 사람을 많이 만난다는 것에 집중하길 바란다.

대학을 졸업하고 광고 디자이너를 거쳐 프로모션 기획, 부동산

영업, 디자인 영업 등 디자인 창업에 필요하다고 생각하는 다양한 직종에서 근무했다. 다양한 사람들을 만나고 소통하면서 생각이 정리되지 않았던 때가 있었고 디자인 스튜디오를 차리고자 했던 초심이 희미해지면서 디자인에 대해 회의적인 생각이 많아졌다. 진지하게 카페 창업을 고민한 적도 있을 정도였다.

결국 디자인에 대해 더 공부해야겠다는 생각이 들어 창업을 잠시 미뤄두고 대학원에 진학했다. 막연하게 대학원에 가서 좋은 사람들을 만나고 디자인을 배우면 더 나아질 것이라는 기대에서였다. 다행히 기대 이상으로 좋은 사람들을 만날 수 있었고 디자이너가 지녀야 할 열정을 찾을 수 있었다. 디자이너로서 자존감과 디자인 가능성, 창업 의지를 포함한 다양한 동기를 끌어내주신 교수님은 디자인 스튜디오의 창업 선배로서 지금도 많은 영감을 주신다. 훌륭한 멘토의 중요성은 아무리 강조해도 부족하기 때문에 디자인 창업을 준비하는 여러분에게도 좋은 멘토가 있길 바라고, 아직 없다면 좋은 멘토를 만나기 위해 준비하라고 말하고 싶다.

주변 사람들이 나의 수준을 대변한다

Design Studio

친구들을 보면 그 사람이 어떤 사람인지 알 수 있고 부모님을 만나면 그 사람이 어떻게 컸는지 알 수 있다고 한다. 그다지 원만하지 못한 청소년 시기를 거친 사람으로서 이 말에 100% 공감할 수는 없지만 주변인들로부터 영향을 많이 받는다는 것은 확실하다.

'디자인 스튜디오 창업에 철학이 필요하다'라는 명제에 대해 부정했던 시기가 있었다. '디자이너가 야근과 철야를 하는 것은 당연하다'라고 생각한 적도 있었고 실제로 그렇게 일했었다. 사람은 자신이 아는 것을 맹신하는 실수를 범한다. 특히 추진력이 있는 사람들은 더욱 그러한데, 추진력이 있다는 것은 자신을 믿기 때문이고 스스로를 의심하지 않기 때문에 모든 힘을 다해 일을 추진할 수 있는 것이다. 그래서 한 번 머릿속에 자리 잡은 생각을 좋든 싫든 바꾸기 어렵다. 이런 단점을 극복하고 유연한 사고를 갖기 위한 가장 좋은 방법은 바로 좋은 사람들을 만나는 것이다.

디자이너들은 프로젝트 특성상 많은 사람을 만날 기회가 적고, 혼자 작업하는 시간이 많기 때문에 컴퓨터 앞에서 많은 시간을 보낸다. 그러나 대표가 되어 업무를 담당하고 조율하는 관리자가 되면 디자인 작업을 하는 시간은 서서히 줄어들고 믿음을 준 사람들을 대변하면서 클라이언트에게 작품을 보여주며 대화하고, 라이벌과 무한 경쟁 시대로 들어가게 된다.

처음 보는 사람을 디자인만으로 신뢰하기란 쉽지 않다. 디자인 업계는 생각보다 매우 협소해서 주변 사람에게 조금만 물어보아도 금방 그 사람에 관한 정보를 들을 수 있다. 디자인만이 디자이너를 대변하는 것은 아닌 것이다. 예비 창업자에게 인맥은 가장 큰 힘이며 간접 경험을 얻을 수 있는 경험의 책이다. 수준은 자신의 역량과 위치, 전문성에 대한 척도라고 할 수 있는데 자신의 수준을 높이기 위해 무작정 더 높은 사람을 만나고 주변 사람들의 수준을 따지라는 것만은 아니다. 만약 해당 계통에서 알아주는 전문가들과 친분이 있다 하더라도 당신을 판단하는 것은 그들에게 투영된 당신의 이미지이기 때문에 결국 자신을 신뢰하고 긍정적으로 판단할 수 있게 하는 것은 본인의 행동에 달려있다.

얼마나 많은 사람을 알아야 하느냐고 반문한다면, 적어도 자신이 필요할 때 아무리 다른 분야라도 연결될 수 있을 정도라고 말하고 싶다. 비즈니스는 사람과 사람의 필요에 의해서 만들어진다. 사람이 없다면 일도 없는 것과 같다. 주변사람을 통해 자신을 높이듯, 사람을 상대해라.

기본에 투자하라

Design Studio

대표가 되어 사람들과 관계를 맺으면서 가장 쉽게 실수하는 부분은 바로 사람들을 쉽게 판단하고 역할을 부여하는 것이다. 사람마다 가지고 있는 주머니가 있는데, 이 주머니에는 사람을 담을 수 있다고 한다. 어떤 사람은 주머니가 커서 많은 사람들을 담을 수 있는 반면 어떤 사람은 주머니가 작아서 적은 사람들을 담는다는 말이 있다. 내 주머니에 얼마나 많은 사람들이 있는지 생각해본 적이 있는가?

필자는 이 주머니에 대해 많은 생각을 하고 더 많은 사람들을 담기 위해 고민한 적이 있는데 현재는 이것에 대한 생각 자체가 달라졌다. 내 주머니에 사람을 담으면 담긴 사람이 내 재산인 것 같지만, 사람은 소유할 수 없다. 차라리 내가 여러 명의 주머니에 들어가는 편이 낫다.

마찬가지로 대표가 되어 직원을 고용한다고 해서 그 사람이 내 사람이라고 생각하는 것은 위험하다. 이것은 반대로 나라는 사람이 누군가의 소유였던 적이 있었나를 생각해보면 간단하고도 명확하게 알 수 있다. 직원이든 클라이언트이든 나에게 직간접적으로 영향을 미치는 사람은 평행선에 놓인, 함께 성장해야 하는 파트너하고 생각해야 한다. 물론 파트너에게 투자한 만큼 함께 성장할 수 있다는 사실도 잊어서는 안 된다.

01 내부 인력

1인 기업이라면 몰라도 디자인 스튜디오를 창업하면 반드시 파트너가 필요하다. 파트너는 동업자일 수 있고, 직원일 수도 있다. 만약 함께 창업을 시작한 동업자가 있다면 서로에 대한 신뢰가 깨지지 않도록 자주 소통하는 것이 중요하고 업무와 수익을 항상 명확하게 분담할 수는 없으므로 열심히 하고 배려하는 마음을 갖는 것이 좋다.

창업자가 직접 디자인 실무를 하느냐, 또는 그렇지 않느냐에 따라 구성 인원이 달라질 수도 있다. 뒤에서 좀 더 자세하게 다루겠지만, 디자인 스튜디오 창업 초창기에는 마케팅이나 영업이 필요한 경우도 있다. 주로 진행하는 프로젝트마다 구성 인원이 다르기도 하므로 어떤 구성이 좋은지는 쉽게 단정 지을 수 없다.

디자이너 외에도 디자인 스튜디오의 구성 인원은 다양하다. 영업 기획자, 재무 관리자, 제작 관리자, 전문 카피라이터 등 프로젝트 크기나 성격에 따라 조금씩 다르지만 스튜디오 내 · 외부의 일을 모두 소화하기 위해서는 많은 사람들이 필요하다. 처음부터 완벽하게 인력을 구성할 수는 없으므로 인력 충원에 대한 단계적인 계획이 필요하다.

창업 어드바이스

초창기 인력 충원의 계획

1 업무 우선

창업자는 운영을 우선하고 인력을 충원해 업무를 대신한다. 처음부터 창업자의 눈높이와 같은 업력을 가지고 있는 인원을 영입하는 것은 매우 어려우며 비슷한 업력을 가진 사람과 공동 창업자로 등록하거나 직원을 영입해서 키우는 방법이 일반적이다.

공동 창업		직원 영입	
장점	단점	장점	단점
업무 분담 원활 집중도 상승 전문화	수익 배분 50:50 업무 간섭 유사시 대체 인원 부족	수익 배분이 비교적 자유로움 업무 집중도 상승 유사시 대체 인원 영입 가능	업무 교육 필요 영입 비용 상승 복지 계획 필요

2 경영 우선

공동 창업이나 직원 영입과 비슷한 면이 많지만 창업 이후 회사 운영을 위한 다양한 업무를 대신할 사람을 영입하는 것에 차이점이 있다. 대표가 많은 일을 하게 될 경우 세금과 자금 관리, 스케줄 조정, 사업 계획서 관리 등 모든 서류 관리를 맡기는 어렵다. 사소해 보일지 몰라도 이러한 서류 작업이 전반적인 창업의 유지를 결정짓기 때문에 매우 중요하다.

1인 창업일 경우 창업 초창기에는 서류 작업을 도와줄 인원을 영입하는 것이 여러모로 마음이 편할 것이다. 서류 작업에서 문제가 생기면 업무 진행 자체가 막힐 때가 있기 때문이다. 업무를 아무리 잘 하더라도 비즈니스는 서류에서 만들어진 신뢰를 바탕으로 이루어진다는 것을 상기해야 한다.

내부 스케줄은 가득 차있는데 놓치기 아까운 프로젝트가 생길 수 있고, 외부 전문가의 도움이 필요한 경우도 있기 때문이다. 만약 내부 스케줄이 다른 프로젝트로 가득 찬 상태에서 새로운 프로젝트를 의뢰받는다면 신중하게 진행 여부를 판단해야 한다. 별다른 특색이 없어 다른 스튜디오에서도 충분히 작업할 수 있는 일이라고 생각하며, 거절하면 대부분의 클라이언트는 스튜디오를 다시 찾는 일이 없다. 그러나 스튜디오만의 성격과 그 정체성에 어울리는 특색 있는 프로젝트를 거절했을 때는 아이러니하게도 한 번 더 연결되는 경우가 많았다. 그러므로 프로젝트를 의뢰받을 때는 프로젝트의 성격과 내부의 진행 상태를 고려해 전략적으로 접근할 필요가 있다.

내부 인력으로 모든 일을 해결하는 것이 최선이지만 소규모 스튜디오이거나 창업 초기라면 쉽지 않은 것이 사실이다. 이럴 때 큰 도움이 되는 것은 프리랜서 또는 다른 스튜디오와의 협업이다. 프로젝트를 의뢰 받고 나서 협업할 파트너를 찾는 것은 여러모로 늦기 때문에 평소에 인력 네트워크를 잘 구축해야 한다.

또한 앞서 이야기한 멘토는 외부 조력자 중에서 가장 중요한 역할을 하는데, 멘토는 창업자를 심리적으로 안정시키고 앞으로의 방향성을 제시해주기 때문이다. 만약 멘토가 디자인 능력마저 뛰어나다면 디자인 스튜디오의 외부 평가자가 될 수도 있다. 바쁘게 프로젝트를 진행하다 보면 진행하는 프로젝트가 스튜디오의 방향성과 맞는지에 대한 객관적인 평가와 완료한 프로젝트에 대한 비평이 쉽지 않은데 이럴 때 외부 평가자와 소통하는 것도 좋은 방법이다.

창업 어드바이스

외부 조력자 영입

1 멘토 활용

– 멘토는 업무에 대해 깊게 이해하고 있고 비슷한 업무를 진행하는 인력 네트워크가 만들어져 있는 경우가 많다. 외부 조력자의 소개를 부탁하거나 의뢰하여 스케줄 관리에 여유를 찾자.

2 업무상 연결

– 프로젝트 진행을 위해 연결되었던 사람들을 활용하는 것도 좋다. 예를 들어, 인쇄업체나 소규모 제작업을 하는 사람들과 성공적인 비즈니스를 진행했고 신뢰가 쌓여있다면 외부 조력자를 소개받을 수 있다. 프로젝트를 함께하는 사람들을 갑을 관계로 대한다면, 더 많은 사업 파트너를 잃어버리므로 예의를 갖추고 함께하는 파트너로서의 자세를 갖춰야 한다.

3 직접 선정

– 대표가 인력 풀에서 직접 끌어올 수도 있다. 인터넷에서 비슷한 업무를 하는 사람을 찾거나 선후배와 같은 학연을 통해 필요한 인원을 영입할 수 있는데, 대표 본인의 업력에 따라 업무의 질적 양상이 달라지므로 다양한 사람들에게 조언을 얻고 영입하는 것이 좋다.

02 잠재 고객

클라이언트 입장에서는 금액이나 기간이 많이 소요되는 프로젝트일수록 수행 업체를 찾을 때 조심스럽기 마련인데, 드문 일이지만 프로젝트를 진행하는 도중에 수행 업체의 담당자가 바뀌거나 수행 업체 자체가 사라질 경우 프로젝트 진행에 큰 피해가 가기 때문이다.

그러므로 클라이언트는 좀 더 안정적인 파트너를 찾으려고 하며 웹사이트나 디자인 관련 미디어를 통해 업체를 선정하는 경우도 늘어나고 있지만 일반적으로는 거래 실적이 있는 업체, 다른 부서와 거래 실적이 있거나 진행 중인 업체를 선정하거나 지인에게 소개받기도 한다.

클라이언트가 기업이나 관공서일 경우, 디자인 발주 권한을 가진 사람들이 많고 이들 역시 클라이언트 입장에서 좋은 디자인 스튜디오를 찾는다. 이때 첫 거래의 시작이 매우 중요한데 규모나 금액적인 면을 따지기보단 프로젝트의 중요도를 우선시하여 진행하는 것이 좋다. 이러한 선순환이 계속될 수 있도록 노력한다면 고정 클라이언트를 만드는 일도 그리 어렵지 않을 것이다.

이렇듯 디자인 스튜디오는 그야말로 주변 사람들과 함께 성장한다는 말이 가장 어울리는 곳이다. 함께 성장하기 위한 네트워크를 구축하는 것은 쉬운 일은 아니지만 디자인 스튜디오를 운영하는 데 있어, 없어서는 안 될 항목이다.

디자인 스튜디오의 시작과 끝은 '사람'이다. 우리는 대학교, 학원, 모임, 회사 등 일상생활에서 자연스럽게 네트워크를 형성하고 소멸하는 행위를 반복한다. 어떤 모임에서든지 누군가는 적극적으로 네트워크를 형성하고 주도한다. 창업을 준비하는 사람이라면 이러한 네트워크에 대해서 간과할 수 없다.

사람과 관계를 형성하는 수많은 방법 중 가장 좋은 방법은 '사람을 통해 이어지는 것'이다.

'아는 사람 3명을 통하면 전 세계 누구라도 알 수 있다.'라는 기사를 접한 적이 있다. 직접 만나고, 편지를 쓰고, 통화하고, 채팅하고, SNS를 활용하는 등 다양한 방법이 공존하는 현재야말로 네트워크를 가장 쉽게 형성할 수 있는 시기라고 생각할 수 있으나 개인에 대한 정보에 접근하는 것이 수월해지면서 쉽게 접근할 수 없는 고급 정보는 오히려 더 귀중해지기도 한다.

창업 어드바이스

원활한 인맥 형성

1 상처받는 것을 두려워하지 마라.

– 사람을 만나고 헤어지는 과정에서 마음대로 되지 않는 부분이 많다. 필자 역시 다양한 사람들을 만나면서 상처를 받은 적도, 준 적도 있지만 이러한 과정이 두려워 아무것도 시작하지 않으면 당연히 아무 일도 일어나지 않는다.

2 자신의 부족한 부분을 인정해라.

– 창업 전후로 주목받을 만한 성과물이 없고 딱히 내세울 게 없을 수도 있다. 그러나 성과물은 단계별로 만들어 나가면 되는 것이다. 우선 자신에게 부족한 것과 필요한 것이 무엇인지 알아야 다음 단계로 넘어갈 수 있다. 모든 것을 완벽하게 갖추고 창업을 시작하는 사람이 과연 몇이나 될까? 부족하거나 변변치 않은 상황을 주변 사람들에게 이야기하는 것에 대해서 부끄러워할 필요도, 감출 필요도 없다. 오히려 부족한 상황에서 점차 성장하는 재미와 보람을 느낄 수 있을 것이다.

3 모든 사람에게 최대한 예의를 갖춰라.

– 창업을 하고 대표가 되면 창업 전보다 더 많은 관심을 받기 마련이다. 회사 대표로서 말과 행동이 중요한 것은 두말할 필요도 없고, 주변 사람들과 어떤 관계로 발전할지 또는 어떤 사람과 연결될지도 모르는 일이니 최대한 예의를 갖춰 사람을 대해야 한다. 매너가 곧 대표의 수준을 가늠하고 이것은 곧 회사 이미지로 이어질 테니 말이다.

4 서두르지 말고 충분한 시간을 가져라.

– 일방적으로 서두르는 사람은 부담스럽기 마련이다. 디자인 프로젝트는 대부분 컨설팅과 비슷하기 마련인데 사람들로부터 신뢰를 쌓지 못한다면 성공할 수 있을까? 상대방의 성격과 환경을 충분히 고려해 신뢰를 기반으로 인간 관계를 시작하는 것이 기본인데 이를 위해서는 상호 간에 충분한 시간이 필요하다.

타이밍이 중요하다

Design Studio

프리랜서의 길을 정리하고 본격적으로 디자인 스튜디오를 창업할 수 있었던 이유는 적절한 시기에 좋은 사람을 만났기 때문이다. 프리랜서는 불안전하고 힘든 길이긴 하지만 나가는 돈은 적고, 들어오는 돈은 전부 본인 소유라는 장점이 있다. 어느 정도 일거리를 받고 꾸준히 일하면 회사생활과는 다른 이익을 얻는데, 그렇게 수익이 꾸준하게 늘면 자연스럽게 사업자 등록을 하게 된다. 프리랜서의 길을 걸어본 사람은 겪어 보았겠지만 보통 큰 건을 진행하고 나면 후폭풍이 오고 일이 줄어들기 마련이다. 물론 아닌 경우도 분명히 있지만 프리랜서에게 의뢰하는 일들은 대부분 급하게 처리해야 하고 다른 작업자를 쉽게 구할 수 있는 일인데, 그 당시 나에게는 클라이언트를 기다리게 할 만큼의 매력이 없었기 때문에 새로 의뢰받은 일을 거절하면 그 일은 자연스럽게 다른 프리랜서나 업체로 넘어갔다. 그렇게 점점 프리랜서의 길에 의구심을 가질 때 취업과 창업이라는 갈림길에 서게 된다. 여기서 말하는 창업은 1인 창업보다는 사무실과 직원들이 있는, 흔히 생각하는 회사를 차리는 것을 말한다.

이렇게 고민하고 있을 때 예상외의 인물이 창업에 동참하였다.

몇 번 술자리를 같이한 것 말고는 그다지 친한 사이가 아니었던 대학교 후배가 찾아와서 함께 일하고 싶다고 말했다. 그렇게 별 말 없이 동업이 시작되었다. 그때 그렇게 쉽게 동업을 시작한 건 서로 가진 것이 너무 없었기 때문이다. 게다가 그 후배와는 생각보다 잘 맞았다. '매너 있게 일하고, 매너 있게 헤어지자!' 동업을 시작하면서 동료에게 처음 한 말이다.

'나중에 싸우더라도 큰 돈 가지고 싸우자.'
'서로 일하는 동안 서로에게 충실하고 서로를 믿자.'
'일이랑 돈 때문에 싸우되, 사람 때문에 싸우지 말자.'

첫날, 술 한 잔 기울이면서 가장 많이 했던 말이다. 가장 힘들다는 창업 초창기에 사업을 접지 않고 버틸 수 있었던 것은 곁에 믿음직스러운 사람이 있었기 때문이다. 인생은 타이밍이라는 말이 있듯이 인생을 결정짓는 창업에서 사람을 만나는 타이밍 역시 중요하다.

창업 어드바이스

동업자를 선택할 때의 기준

동업을 고려하는 예비 창업자들에게 동업자는 마치 배우자를 고르듯이 신중하게 선택하라고 말하고 싶다. 하지만 어디 그게 말처럼 쉬우랴. 배우자 역시 함께 살아가면서 서로를 알아가고 이해하는데 말이다. 사업과 사람의 성향에 따라 다르겠지만 지극히 주관적인 동업자의 조건을 제안한다.

- 소통이 원활한 사람이 좋다.
- 숨기는 것이 많은 사람보다는 솔직한 사람이 좋다.
- 주변 사람들의 평가가 좋은 사람이 좋다.
- 한 번이라도 비즈니스 프로젝트를 함께 해본 사람이 좋다.

매월 지출되는 고정 비용은 생각보다 많다

Design Studio

규모가 큰 광고 대행사나 디자인 에이전시라면 모를까, 소규모 디자인 스튜디오에서 지출되는 비용은 어림짐작할 수 있을 것 같지만 그렇지 않다. 창업하고 나면 현실적인 고정 지출과 부딪치게 되는데 필자의 경우 창업 이전에 예상했던 비용의 2배 가까이나 큰 차이가 발생했다. 직원이 많아질수록, 매출이 늘어날수록 지출 비용은 더하기가 아니라 곱하기처럼 불어난다.

필자는 창업 초기에 투자 비용 2,000만 원(임대 보증금 제외)을 2년 이내로 회수하는 것을 목표로 했고 한 달에 약 85만 원을 시설비용으로 정했다. 물론 당시 물가 상황이나 공임은 지금과 다를 수 있지만 중요한 것은 초기 투자 자금이 아니라 고정적으로 발생하게 될 비용을 시각화하여 체감할 수 있도록 정해야 한다는 것이다. 고정 비용 한계치를 정해 두고 2~3개월 정도의 비용을 미리 고려해야 하며, 유지비용 이상의 매출이 발생해야 사업장을 계속해서 운영할 수 있으므로 현재 인프라와 비교해서 부담되지 않는 선에서 정해야 한다.

대부분의 초기 창업자가 창업 후 바로 매출이 발생할 것이라 기대하지만 처음부터 투자를 받거나 서비스 판매가 이루어지는 경우는 없다고 생각하면 된다. 적어도 2~3개월간의 마케팅 홍보, 제품 개발, 서비스 설명, 경쟁 PT 등의 사업화 기간을 견뎌낼 방안이 없다면 창업 초기부터 난항을 겪게 될 것이다.

당연한 순서로 직원을 영입하거나 직원의 월급이 오르면 고정 비용도 덩달아 오른다. 처음부터 모든 인원을 껴안고 갈 수는 없기 때문에 영업과 경영을 한꺼번에 떠맡더라도 본인이 할 수 있는 일이라면 최대한 본인의 손에서 끝나게 할 필요가 있다. 다만 세금, 장부, 고객 관리와 같은 서류상의 업무는 예외로 하자. 서류 업무를 창업자 본인이 모두 하는 것은 생각보다 어려운 부분이 많으므로 되도록이면 관련 경험이 있는 사람을 옆에 두고 사업을 진행하는 것이 좋다.

회사 운영을 위해 대표로서, 또는 구성원으로서 과연 얼마를 벌어야 할까?

얼마를 벌어야 나의 할당량을 채울 수 있을까?

필자 역시 회사의 구성원으로서 반복되는 야근에 어디서 보람을 찾아야 할지 모르는 작업을 이어가며 너무 많은 일을 하고 있다는 불만을 가진 적이 있다. '과연 월급의 몇 배를 벌어다 주어야 회사에 당당할 수 있을까?',라는 생각의 꼬리에 꼬리를 물다 다음과 같은 오해를 한 적도 있었다.

'제조업처럼 자재비가 들어가는 것도 아니고, 컴퓨터와 사무실

임대료 정도면 되지 않을까? 나 말고도 다른 직원들이 있으니, 내 월급의 1.5~2배 정도가 적당하겠지.'

창업을 하고 회사를 운영하면 기본적인 투자 비용을 생각해야 한다. 기본적인 투자 비용이란 예를 들어, 디자이너가 일하기 좋은 환경으로 만들기 위한 인테리어를 할 때 드는 비용이나 작업 환경을 조성하기 위해 책상과 의자, 컴퓨터와 프린터 등을 구입하는 데 드는 비용을 말한다. 이러한 것은 한 번 투자한다고 해서 영구적인 것이 아니며 일정 시간이 지나면 다시 비용을 들여야 하고 여기서 지출되는 비용은 창업자 입장에서 회수되어야 한다.

또한 창업자가 가장 간과하기 쉬운 부분이 바로 프로그램 관련 비용인데, 대학이나 다른 회사에 다닐 때는 본인이 사용하고 있는 컴퓨터 한 대가 그저 컴퓨터 한 대의 가격으로 보일지 모르지만 운영자가 되면 이야기는 다르다. 보편적으로 가장 많이 사용하는 어도비 프로그램과 관련 서체만 하더라도 몇 백만 원에 이르고, 새로운 버전이 나올 때마다 업데이트해야 한다.

프로젝트를 진행할 때 필요한 이미지나 소스를 제공하는 사이트 역시 대부분 유료이고 이외에도 유료인 다양한 프로그램들이 있는데 프로젝트나 클라이언트와의 연계성을 고려하면 필요한 것들이 한두 가지가 아니다.

창업 어드바이스 폰트 비용을 절약할 수 있는 방법

• **무료 폰트**

무료 폰트라도 사용 용도나 목적에 따라 저작권 허용 여부가 다르기 때문에 개인용뿐만 아니라 상업용으로 사용해도 무료인지 확인해야 한다. 또한 수정, 변경, 재배포 시 정해진 허락 요건이 존재하므로 폰트별로 확인하고 사용해야 한다.

• **상업용 무료 폰트**

저작권 개념이 강화되면서 온라인상에 상업적 용도로 사용해도 무료인 폰트는 많지 않다. 만약 무료라고 하더라도 여러 가지 제약이 따를 수 있으므로 사전에 잘 확인해야 한다.

– 우아한 형제(http://www.woowahan.com)

'배달의 민족' 폰트는 완전히 무료로 오픈된 소스이다. 지적 재산권은 ㈜우아한 형제에게 있지만 이는 저작권 보호를 위한 최소한의 수단이고, 개인 및 기업 사용자를 포함한 모든 사용자에게 무료로 제공되며 수정, 재배포도 가능하기 때문에 사실상 사용에 제한이 없다.

– 네이버(hangeul.naver.com)

나눔글꼴은 2008년부터 매년 새로운 글꼴을 만들어 무료로 배포하며 오픈 라이선스이기 때문에 자유롭게 수정하고 재배포할 수 있다. 종류로는 '나눔고딕, 나눔명조, 나눔손글씨, 나눔글꼴에코, 나눔바른고딕, 가는 나눔바른고딕, 나눔바른펜, 나눔스퀘어'가 있으며 나눔글꼴의 지적 재산권은 네이버와 네이버 문화재단에 있다.

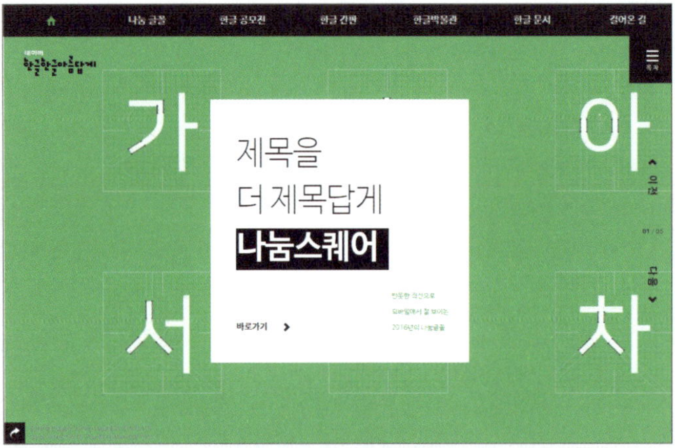

– **한국글꼴개발연구원(www.sejongkorea.org/sub/sub05_01.php)**
문화체육관광부가 개발하여 무료로 배포하는 폰트로, 종류로는 '바탕체 한글, 돋움체 한글, 궁체 흘림체, 훈민정음체, 제목 돋움체, 제목 바탕체, 쓰기 흘림체, 궁체 정자체, 쓰기 정체'가 있으며 해당 사이트에서 다운로드 받을 수 있다.

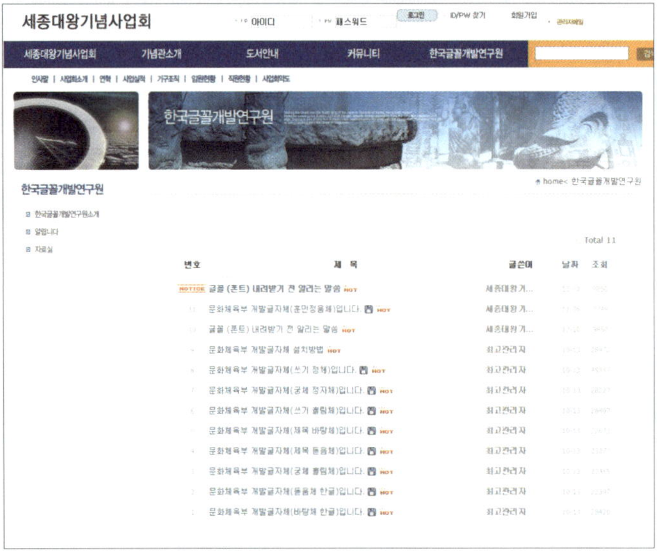

– 대한 인쇄문화협회(www.print.or.kr/bbs/board.php?bo_table=B52)
'바른 바탕체, 바른 돋움체'가 있으며 해당 사이트에서 무료로 다운로드 받을 수 있다.

• **협업 플랫폼 활용**

업무를 진행하면서 데이터나 스케줄을 공유할 때 협업 도구가 필요하다. 가장 큰 요소로 느껴질 부분은 데이터 백업과 공유인데, 프로젝트 진행 시 팀원 또는 외부와 데이터를 공유할 경우 매번 메일을 사용하기는 쉽지 않고, 대용량 데이터라면 전달조차 되지 않을 수 있다. 또한 프로젝트를 마감하더라도 나중에 수정이 필요하거나 사고가 날 수 있기 때문에 항상 백업과 공유 기능을 활용해야 하고 컴퓨터의 용량은 가득 차 버리고 만다.

이러한 사태를 방지하기 위해 대부분의 기업에서는 보편적으로 웹하드를 사용하고 있다. 웹하드는 사용하기 쉽고 편리하지만 매달 비용이 발생하며 데이터 공유가 목적인 특징을 갖고 있다.

웹하드뿐만 아니라 국내 · 외에서 무료로 클라우드 서비스를 제공하기도 하는데, 용량에 제한이 있다는 단점이 있다. 국내 플랫폼으로는 네이버 클라우드, 해외 플랫폼으로는 구글 드라이브와 에버노트가 있다. 또는 최근에는 네트워크 저장 장치를 내부에 세팅하여 사용하는 경우도 늘어나고 있다.

▲ 네이버 클라우드(cloud.naver.com/)

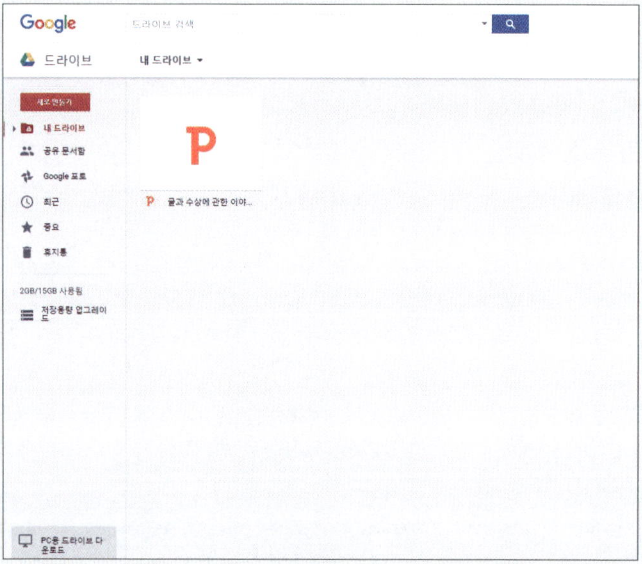

▲ 구글 드라이브(drive.google.com/drive)

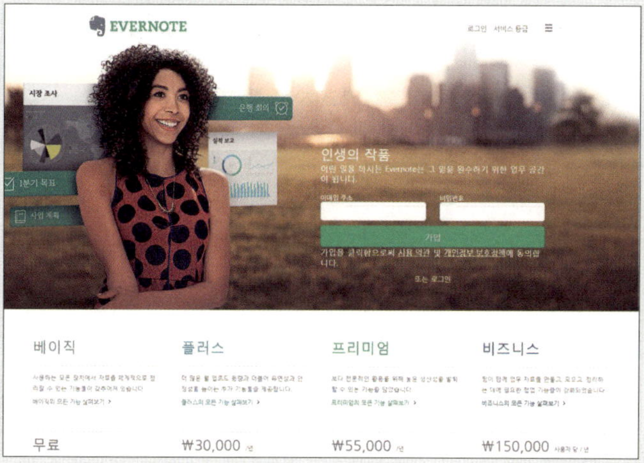

▲ 에버노트(evernote.com/intl/ko/)

• **업무 메일 활성화**

메일과 스케줄을 공유하기 위한 협업 도구로는 네이버의 웍스 모바일, 다음의 스마트 워크, 슬랙(Slack)이 있다. 클라우드와 연동하여 모바일이나 사내 네트워크를 통해 손쉽게 메일과 일정에 접근하여 확인할 수 있고 무료로 제공되는 프로그램이다.

▲ 네이버 웍스 모바일(www.worksmobile.com)

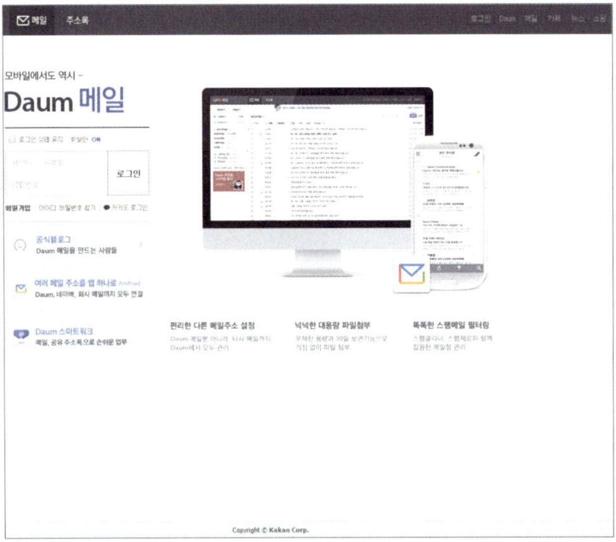

▲ 다음 스마트 워크(mail2.daum.net)

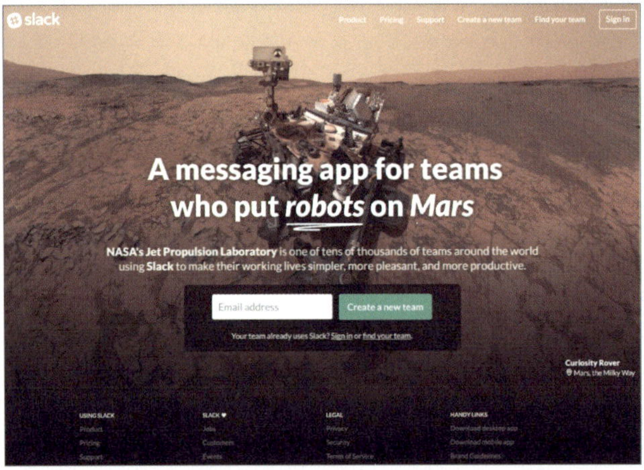

▲ 슬랙(slack.com)

미수금을 고려하라

Design Studio

물건을 구매하면 그 자리에서 현금이나 카드로 결제해야 하는 것이 보통이다. 그러나 기업과 일반 소비자 간의 거래(BtoC, B2C)라면 몰라도 기업과 기업 간의 거래(BtoB, B2B)는 다르다. 기업이나 프로젝트마다 결제 방식이나 결제일이 다르지만 짧게는 당월, 길게는 6개월 뒤에 결제가 이루어지곤 하기 때문이다. 실무 디자이너 입장에서 이번 달에 분명히 일을 많이 했음에도 불구하고 운영자가 앓는 소리를 한다면 십중팔구 결제일 문제일 것이다. 결제일이 늦을수록 '현금이 안돈다.' 라는 말을 하게 되는데, 약속된 기간 내에 금액이 온전히 들어오면 다행이지만 그렇지 않은 경우가 생기기 마련이다. 거래처가 파산하여 지급할 능력이 없거나 납품된 디자인이나 제품에서 하자가 발견되어 약속된 금액을 받지 못하는 경우이다. 이런 경우는 없어야 하지만 이런 위기 상황에 대처하기 위한 비용 역시 염두에 두어야 한다.

계약서에 지체상금률을 기재하라

Design Studio

계약서를 작성할 때 프로젝트에 대한 금액과 일정을 정확하게 명시하고 이에 따른 상호 간 소통의 오류가 없도록 하는 것이 중요하다. 대부분의 클라이언트는 계약서에 표기된 내용을 정확하게 지켜주지만, 간혹 프로젝트가 끝났음에도 불구하고 핑계를 대면서 대금 지급을 미루는 클라이언트도 있으므로 계약서에 대금 지급일을 정확하게 명시해야 하며 지체상금률을 기재해 두는 것이 좋다.

지체상금은 계약자가 정당한 사유 없이 계약 이행을 지체하면 지체상금률과 지체 일수에 따라 계산된 해당 금액을 내는 것을 말한다. 지체상금률은 대금 지급뿐만 아니라 정해진 일정에 프로젝트가 끝나지 않거나 납품되어야 할 상품이 납품되지 않았을 때도 적용할 수 있다. 이러한 지체상금은 같은 계약에서 계약자에게 지급될 대가, 대가 지급 지연에 대한 이자 또는 그 밖의 예치금 등과 상계할 수 있으며 계약 금액과 지체상금률, 지체일수율을 곱해서 구할 수 있다.

지체상금 = 계약 금액 × 지체상금률 × 지체 일수

계약서를 작성하고 협의한 다음 지체상금률을 표기했음에도 불구하고, 대금 지급을 무기한으로 연기하는 최악의 상황이 일어난다면 어떻게 해야 할까? 상호 간에 대화가 충분히 이루어졌다면, 법의 힘을 빌리는 것이 가장 좋은 방법일지도 모른다.

법률 상담은 생각보다 어렵지 않다. 물론 법에 그다지 경험이 없었던 사람이라면 두려움이 생기는 것이 당연하지만 생각보다 법은 가까이에 있다. 당장 포털 사이트에 검색해보기만 해도 법률 상담 사이트가 즐비하게 나온다. 상담의 경우 무료로 받을 수도 있으며 이후 직접적인 민사소송에 들어가면 비용이 발생하므로 필요하다면 충분한 상담 후에 향후 방침을 세우는 것이 좋다. 더 중요한 것은 법률 상담 전에 필요한 자료와 증거를 충분히 확보하는 것이다. 이러한 자료는 평소에 습관처럼 정리해 두길 바란다. 언제 무슨 일이 생길지 모르기 때문이다.

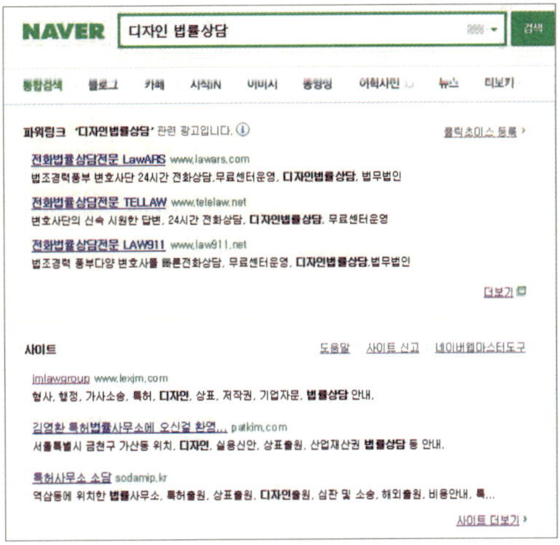

▲ 네이버 검색 화면

프로젝트에 관한 내용은 반드시 기록을 남겨라

Design Studio

프로젝트를 의뢰하고 진행하는 과정에서 통화나 회의를 하거나 직접 대면하는 등 다양한 형태의 커뮤니케이션이 이루어진다. 그러나 아무리 명료한 정보라도 소통하는 과정에서 서로 잘못 이해하는 일이 빈번하게 발생한다. 가령 유선으로 납품 주소를 받아 적었는데, 납품이 엉뚱한 곳으로 되었다면 누구의 잘못일까? 주소를 불러준 사람일까, 주소를 받아 적은 사람일까? 금전적인 손실은 물론이고, 업체 이미지가 하락하는 것은 피할 수 없는데다 납품이 해외 발송이거나 정해진 일정의 행사에 쓰일 중요한 것이었다면 더욱 큰일이다. 만약 유선 상으로 잘못 공유된 내용이 납품 주소가 아니라 제작 사양이었다면 두말할 나위 없는 큰 사고로 이어지게 된다.

장기 프로젝트일 경우 상호 간에 협의된 일정표와 회의록을 공유하지만, 그렇지 않다면 반드시 서류나 메일을 통해 주고받은 내용을 남겨야 한다. 확인할 수 있는 일정표나 회의록, 메일이나 메신저에 관련 문서를 남기는 것은 발신자와 수신자 사이에 오해 없이 내용을 이해하기 위한 가장 좋은 방법이고, 만약 변동 사항이나 특이사항이 발생하면서 일정이 매우 급하여 계약서를 비롯한 서류를 주고받을 수 없을 경우에도 도움이 된다.

창업 초기에는 일거리가 없는 시기가 온다. 이 시기에는 평소에 정해둔 프로젝트 견적이나 다양한 외부 환경을 고려하지 않고 급히 수주하게 되는데 이럴 때일수록 프로젝트 진행 여부를 더욱 신중하게 생각해야 한다. 유망 기업이나 관공서가 아닌, 개인 단체나 소규모 기업일수록 계약서는 반드시 작성해야 하며 꼼꼼하게 업체를 조사하고 지급 능력이 있는지, 선금 지급은 확실한지 한 번 더 살펴본 다음 프로젝트 선수금을 받고 일을 진행하는 것이 안전하다.

처음 거래하는 업체라면 신중을 기하는 것은 당연할지도 모른다. 그러나 첫 거래를 무사히 끝내고 두 번째, 세 번째 거래를 반복하다보면 처음보다는 느슨해질 수 있다. 창업 이후에 채권 추심 전문 업체를 통한 경험이 있는데 해당 업체는 세 번 이상 거래한 업체였지만 대금 지급을 미루고 또 미뤘었다. 그러므로 거래를 몇 번 했든 간에 계약서를 작성할 때 과업 범위나 일정, 대금 지급에 관해 명확하게 협의하는 것이 중요하다.

내용 증명과 법적 대응을 고려하라

Design Studio

드라마와 영화에서는 파산하면 주로 거리에 나앉는 모습을 보여준다. 그러나 현실은 그렇게 냉혹하지는 않다. 경제가 불안하거나 창업 초기일 때 파산은 생각보다 자주 일어나는 편이다. 창업자 본인이 파산하는 경우, 사무실이나 기자재 등을 처분하여 새로운 발판을 마련할 수 있고 다양한 기관들의 지원 정책이 있어 어느 정도 감당할 수 있는 부분이 있지만, 상대 사업체로부터 받아야 할 미수금이 있거나 비즈니스가 이루어지던 중에 상대편이 파산한다면 문제가 복잡해진다. 법적으로도 상대편이 파산을 선언하면 미수금을 전액 상환할 수 없게 되어 있으므로 사업을 진행하는 입장에서는 난감할 수밖에 없다. 그러므로 중요한 증언 자료인 내용 증명은 항상 잘 마련해두어야 한다.

내용 증명이 가능한 서류

- 사업계약서와 같은 계약 관련 서류
- 사업 내용이 담긴 메일 답신
- 사업 진척 상황 보고서
- 사업 진행 당시 사업과 관련된 소모품 관련 영수증
- 진행 결과물 및 결과물 제작에 참여한 인원 인건비 내역
- 회의록(상대편 담당자 또는 대표자 검증 사인 필요)

만약 상대 사업체가 파산과 관련된 내용 또는 회사 지급 사정으로 인한 결과물 제작 이후의 상환과 같은 내용을 인정한 서류를 요구하거나 사인을 부탁한다면 그러한 서류는 본인의 손해에 대해 어느 정도 인정한다는 내용이 되어 중도금 상환 결정에 매우 불리한 증거 자료가 될 수 있으므로 자제하거나 거부하는 것이 좋다.

다양한 기회 비용을 고려하라

Design Studio

디자인 스튜디오를 운영하면서 매달 들어가는 비용도 중요하지만 인력 운영 역시 중요하게 생각해야 한다. 디자인 업계만큼 이직률이 잦은 곳도 드물다. 다양한 이유가 있지만 회사생활을 하는 디자이너는 항상 이직에 대해 고민하고, 실제로 행동에 옮기기도 한다. 운영자 입장에서는 반드시 필요한 디자이너를 잃지 않는 것이 좋지만, 상호 간에 협의한 다음 이직 시기를 조절하여 인수인계가 잘 이루어질 수 있도록 해야 한다. 만약 이와 같은 상황이 빈번하다면 회사에 손해가 발생하기도 하는데, 인수인계를 하려면 시간이 소요되고 거래처에 대한 이미지도 깎이기 때문이다. 이처럼 실무자 입장에서는 창업을 하고 나서야 알 수 있는 운영에 대한 어려움이 있다. 운영자 입장에서 실무자에게 운영 관련 내용을 모두 알려줄 필요는 없지만 서로가 서로의 관점을 이해하기 위한 노력은 계속되어야 할 것이다.

회사 같은 회사를 만들어라

Design Studio

그동안 지인이나 주변의 소개를 받아 포트폴리오를 검토하고 인력을 충원했지만, 몇 해 전 처음으로 구인광고 페이지를 만들고 홍보용 이미지를 만들어 배포했다. 당시 구인광고에는 '가족 같은 회사 아님'이라 게재했고 면접 때도 이 부분을 강조했다. 필자는 '가족 같은 회사'라는 타이틀은 소리 없는 아우성처럼 사회적 문제를 다룰 것이 아니라면 피해야 한다고 생각한다. 각자 생각하는 가족의 정의나 이미지가 다를뿐더러 가족과 회사는 기본적으로 상반된 개념이기 때문이다. 물론 일과 중 가장 많은 시간을 회사에서 보내긴 하지만, 회사란 엄연히 자기 역할에 대한 분담과 책임이 존재하는 곳이기 때문에 '가족 같은 회사'에 대한 기대심리는 회사라는 본질을 흐리게 만들 것이다.

그러므로 창업을 준비한다면 '가족 같은 회사'보다는 '회사 같은 회사'를 만들기를 권한다. 물론 무작정 가족 같은 회사가 좋지 않다고 단정 짓는 것은 아니다. 다만 회사로서 구축해야 할 효율적인 프로세스를 만들어야 한다는 것을 간과해서는 안 된다는 말이다. 디자인 스튜디오는 변수가 많은데다, 스튜디오를 구성하는 개개인의 역량에 영향을 많이 받고 다른 업종보다 이직이 잦기 때문에 일반적인 회사의 프로세스를 그대로 가져다 붙일 수 없다. 그렇다면 '회사 같은 회사'는 어떻게 만들 수 있을까?

자신 있게 말할 수 있는 것은 경험과 시간 그리고 많은 시도가 필요하다는 것이다. 당연하게 들리겠지만, 특별한 답이 정해져 있는 질문이 아니다. 아직 회사에 다니고 있는 예비 창업자라면 회사에서 그 경험을 쌓을 수 있을 것이며 이미 창업을 했거나 취업을 준비한다면 본인이 생각하는 회사 같은 회사의 본질에 대해 고민해야 한다. 단순하게 디자인만 잘하는 디자인 스튜디오가 아니라 3년을 넘어 10년 동안 성장할 수 있는 회사가 되기 위해 효율적인 프로세스와 내부적으로 지속 가능한 발전 방안에 대해 고민하고 준비해야 할 것이다.

01 초창기 회사 발전 방안 ~ 3년 차 회사 발전 방안

현재 다니고 있는 회사의 프로세스를 모두 파악하고 있는지 자문할 필요가 있다. 여러 디자인 스튜디오 중에서 창업한 지 10년이 지난 곳은 이미 그들만의 프로세스를 구축하고 발전시키고 있을 것이다. 유기적인 관계를 맺고 함께 일하는 디자이너들은 군대에서 선임병과 후임병과의 관계와는 다르다. 디자인이라는 것이 시키면 시키는 대로 할 수 있는 업무가 아닐 뿐더러 사람이 하는 일이라 감정의 영향을 많이 받기 때문이다. 관계 형성 능력은 팀장이든 CEO든 직급에 관계없이 단시간에 해결되는 것이 아니다. 현재 다니고 있는 회사가 마지막 연습장일지도 모른다. 창업을 시도하기 전에 현재 몸을 담고 있는 회사에서 업무가 어떻게 진행되는지 눈 여겨 보고 스스로도 그 흐름을 알 수 있는 자리까지는 올라가 보길 권한다.

창업을 성공하기 위해서 사업자등록증을 내는 것이 전부가 아니다. 중요한 것은 다음을 위해 무엇을 해야 하는지를 파악하고 이를 벤치마킹하고 발전시켜야 한다. 만약 회사를 경험해 보지 못했다면? 되도록 시스템을 갖추고 있는 회사를 반드시 겪어보길 바란다. 그리고 적어도 창업 후 3년까지 아이템의 방향성과 발전 목표를 정해두는 것이 좋다. 물론 이 모든 것이 순조롭게 돌아갈 일은 거의 없다. 하지만 목적 없이 떠도는 것보다는 목적, 목표가 있는 것이 선택과 집중에 있어서 훨씬 수월하다.

02 창업 이후, 관점의 차이

대학을 졸업하기 전부터 창업이 목표였기 때문에 회사 생활과 인간관계에 굉장히 적극적이었고 창업에 대한 정보를 수집하고 분석하며, 항상 운영자 입장에서 생각하려고 노력했다. 창업을 하고 대표가 되어 여러 프로젝트를 진행하면서 다양한 사람들을 만났고, 많은 경험을 쌓으면서 창업 이전과는 전혀 다른 관점을 갖게 되었다.

대표라는 직함의 무게를 느껴라

Design Studio

처음에 '대표'라는 칭호를 들으면 어색하면서도 설레곤 했다. 그러나 시간이 흐르면 대표라는 직함에 익숙해지기보다 무게가 느껴지기 시작한다. '지금 잘하고 있나?'라는 의구심이 들기도 하고, 다른 업체의 대표들과 자신을 비교하기도 한다. 물론 특정 시기가 지나면 시야가 좀 더 넓어지지만, 그 무게에 익숙해지기까지는 시간이 꽤 걸린다.

좁아진 시야를 원래대로 돌아오게 하기 위한 방법은 자신을 불안하게 하고 압박을 주는 요소와 반대로 열정적이었던 초심을 떠올리게 하거나 동기부여를 할 수 있는 요소를 함께 메모하거나 그려보는 것이다. 자신이 생각하는 사업의 흐름을 파악하기 위해 꾸준히 공부하는 것도 좋고, 항상 객관적인 자세를 가질 수 있도록 노력해야 한다.

창업 어드바이스

기록해 보자!

• 나의 활동에 제약을 주는 것은 무엇일까?(예시 : 복잡한 서류 심사, 경쟁 PT)

• 나는 어떤 일에 압박을 느끼는가?(예시 : 직원 비용, 클라이언트의 무리한 수정 요구)

• 나는 무엇을 위해 창업을 했는가?(예시 : 자유 쟁취, 평생직장의 꿈)

• 내 사업의 끝은 어디인가?(예시 : 가족 사업화, 글로벌 기업)

운영자와 실무자가 느끼는 운영의 압박은 다르다

Design Studio

디자인 스튜디오처럼 인력이 중요한 사업체에서는 중간 관리자의 역할이 중요하다. 실무를 하면서 내부의 완성도를 높이는 동시에 일정을 관리하고 클라이언트를 상대하는 것까지 대부분의 업무를 동시에 행하기 때문이다. 대표는 본인이 회사에 대해 생각하는 만큼 직원들도 같이 생각해주길 바라며, 중간 관리자 역시 회사의 운영에 대한 고민을 어느 정도 해 주길 바란다. 이때 대표와 실무자의 관점에서 차이가 있기 때문에 서로 오해할 수 있는데 서로의 처지를 이해하려고 노력하는 수밖에 없다.

창업 어드바이스

운영자의 관점 이해하기

재직 시절, 중간 관리자가 되면서 운영자의 입장을 최대한 이해하려고 노력했다. 내 업무 범위가 아니더라도 관심을 가졌고 이러한 적극적인 회사 생활이 창업에 도움이 될 것이라고 생각했다. 그러나 창업을 하고 나서 느끼는 실무자와 운영자간의 관점은 달랐고, 시간이 지나면서 그 차이는 더욱 넓어졌다.

운영자와 실무자의 관점 차이

창업하기 전, 기업 사보를 제작하는 디자인 회사의 팀장으로 있을 때 일이다. 한창 열정으로 불타고 있었기 때문에 어떤 일이든지 적극적으로 임했고 회사에 애착을 가졌다. 그래서인지 이직

후 초반에는 직원뿐만 아니라 대표와도 좋은 관계를 유지했다. 그러나 그 관계는 오래가지 못했다.

디자인 실무를 맡고 있었을 때, 회사 물품을 내 것처럼 아끼고 대외 운영비를 꼼꼼하게 확인하면서 새는 돈이 없도록 노력했다. 작업의 완성도를 높이고 많은 일을 하기 위해 누가 시키지 않더라도 야근과 철야를 반복했으며, 함께 일하는 동료들을 독려하면서 힘들지만 값진 시간을 보냈다. 그러나 반복되는 야근과 업무량을 열정으로 버텨내기에는 심리적으로나 물리적으로 한계가 있었다. 일이 많은 디자인 회사를 다녀 본 사람이라면 누구나 이러한 생각을 한 적이 있을 것이다.

'인력을 더 뽑든지, 일을 줄여 달라!'

이런 생각이 싹트면 회사에 대한 불만 요소들이 구체적으로 생겨나기 시작한다. 회식이나 개인적인 시간을 통해 대표에게 고충을 털어내 보았지만 회사는 점점 힘들어지고 있다는 피드백만 돌아올 뿐이었다. 이쯤 되면 회사의 주축이 되는 중간 관리자는 선택의 갈림길 위에 선다.

'남을 것인가, 떠날 것인가.'

떠난다면 충분한 기간을 통해 인수인계를 잘할 수 있도록 상호 협의를 해야 할 것이며, 남는다면 회사의 구성원으로서 더 나은 방향으로 나아갈 수 있도록 노력해야 할 것이다. 회사에서의 역할을 운영자와 실무자로 나눈다면 마치 개발자와 디자이너처럼 이 둘의 관점은 일치할 수 없다. 매일 티격태격할 수밖에 없는 구조 속에서 서로의 틈을 좁혀가기 위해 노력할 뿐이다.

원활한 소통을 위한 방법

관심과 잔소리는 한 장 차이다.

지나친 관심은 잔소리가 된다. 창업자는 부모님이 아니라 대표이며 직원을 올바르게 키워야 한다는 생각은 버려야 한다. 회사의 규칙은 직원이 올바르게 성장하기 위한 장치가 아니라 일을 정시에 끝내기 위한 최소 단위일 뿐이라는 것을 명심해야 한다.

호기심과 책임을 나누지 마라.

대표의 호기심 어린 입김은 프로젝트의 방향을 완전히 바꾸기에 충분하다. 만약 이에 따른 책임을 지지 않는다면 대표의 입을 떠난 말은 무시될 것이다.

회식이 항상 즐거운 것은 아니다.

회식은 이벤트와 같다. 만약 여자 친구에게 하루걸러 이벤트를 해준다면 이벤트는 감동에서 일상으로 바뀌어 버릴 것이며 빠른 속도로 잔고가 줄어드는 것을 바라봐야 할 것이다. 회식은 계획해야 하고 무엇을 위한 회식인지, 직원들이 인정할 수 있는지 잘 판단해야 한다.

개인의 평가는 개인의 선에서 – 악은 감추되 선은 뽐내라.

모두가 있는 자리에서 개인에 대한 평가를 하면 직원의 자존심에 큰 상처를 줄뿐만 아니라 주변 직원에게 업무에 대한 불안감과 대표에 대한 두려움을 심어준다. 직원은 사람 대 사람으로 보아야 하고 존중해야 한다. 존중에 의한 개인 평가는 직원들의 입소문을 타며, 내부의 바이럴 마케팅은 대표의 생각보다 훨씬 빠르다.

대표가 클라이언트를 신경 쓰듯이, 직원 또한 대표가 신경 쓰인다.

직원에게 대표는 일종의 클라이언트다. 대표가 만족하지 않는 업무는 고스란히 직원의 부담이 되기 때문이다. 그렇다고 그 부담감을 전부 덜어줄 필요는 없다. 일을 제대로 끝내기 위해서라도 클라이언트 입장에서 직원에게 업무를 하달해야 한다. 앞서 설명했듯이 업무를 제어하고 방향을 제시했다면 그에 따라 책임지면 된다. 클라이언트에 대한 신뢰가 업무의 진행에 얼마나 큰 영향을 주는지는 대표라면 누구나 알고 있을 것이다.

직원의 자리는 개인의 창작 공간이다. 개인 공간에 들어왔다면 존중해줄 필요가 있다.

물론 디자인 스튜디오의 개인별 작업 공간은 대표가 직접 구입하거나 빌린 것이다. 책상과 컴퓨터, 모니터, 잡다한 업무 도구들 전부 대표의 것이고 직접 또는 간접적으로 갖춘 것이다. 그러나 직원의 성향이 언제나 대표자와 같을 수는 없다. 모두가 같다면 창의는 필요하지 않게 된다는 것을 알아야 한다.

직원을 '내 일을 하는 사람'으로 여겨야 한다.

직원에게 애사심이 없다고 말하는 대표를 여럿 보았다. 그러나 직원은 사람이며 사람은 언제나 자신의 행복과 편안함을 위해 노력하는 존재라는 것, 그리고 직원을 고용한 이유는 대표의 일을 나눠서 대신 수행하기 위한 것이고 그 일은 직원이 하고자 한 일이 아니라는 것을 알아야 한다. 그렇다고 그들을 배려해서 일을 줄일 필요는 없다. 다만 일을 해야 하는 목적과 결과에 대한 존중, 그리고 올바른 평가를 통해 직원의 방향성을 대표자가 바라보는 방향으로 바꿔야 한다.

게슈탈트 법칙,
경험의 정보를 구체화하고 예상하라.

3

디자인 스튜디오 창업,
서류 작성부터 지원 프로그램까지

처음 창업을 해야겠다고 생각하면 아이템에 대한 걱정과 과연 내가 감당할 수 있을지 걱정이 앞서는 것이 사실이다. 그런 감성적인 부분을 제외하고 현실적인 부분을 본다면 창업만큼 쉬운 것도 없다. 그 누구도 당신에게 이력서를 요구하지 않으며, 당신의 자산 상태를 신경 쓰지 않고, 압박 면접 따위도 없다. 당장은 힘들지는 몰라도 괜찮은 아이템과 비전이 있다면 나라에서 자금도 지원해 준다. 심지어 저렴한 가격으로 공간까지 지원해주기도 한다. 열정과 의지가 있다면 도전해 볼 필요가 있다.

박영우

효과적으로 빚을 활용하라

Design Studio

과거 금리가 높을 때는 적은 돈이라도 은행에 넣어 이자를 받는 것이 재산 축적의 수단이었다. 어떤 일이 일어날지 모르는 미래에 대비해서 저축하는 습관이 최근에는 경제가 순환하는 것을 가로막는 걸림돌이 되었다. 2000년대 금리는 무려 10%에 육박했지만, 현재는 1.5%에서 2%로, 얼마를 저축하든 원금을 유지할 뿐이다. 정부는 세금 환급 카드라는 제도로 소비를 활성화하려 했지만 개인이 세금 환급을 위해 1년 동안 소비 정보를 축적하고 계산하여 관리하는 것은 쉽지 않으며, 노력한 것보다 환급 비용이 적거나 세금을 더 내야 하는 상황이 계속되면서 그 역할을 제대로 실행하지 못하고 있다.

사실 우리는 직접 느끼지 못하지만 가계 부채라는 이름으로 이미 빚진 상태이다. 일부는 일할 수 있는 에너지가 충만할 때 미리 빚을 내어 원하는 바를 이룬 다음, 이를 탕감하여 빚을 실질적인 자산으로 만드는 것의 가치를 설명한다. 주택과 같은 담보 대출이 아니라면 당연히 그럴 가치가 있다. 그러나 제1금융기관에서 신용 대출을 하는 것은 공인이 아닌 이상 쉽지 않다. 자본을 활용하는 것은 경영의 기본이지만 이제 시대가 달라졌다. 빚을 효과적으로 활용하면 자본에 상처 입히지 않고 기반을 다질 수 있으며 감당할 수 있는 소규모의 빚은 움직임의 원동력이 된다. 그러나 자본을 걸고 대출을 받는 것은 권하지 않는다. 어떤 상황이 오더라도 사업의 바탕을 이루는 자본은 최후의 보루로 남겨두길 바란다.

창업 어드바이스 **돈의 흐름을 보고 느껴라.**

1 자신의 출납 상황은 어떻게 되는가?

– 주간 비용까지 알면 더 좋겠지만, 기본적으로 매달 나가는 금액은 확실하게 알아두어야 한다. 특히 자동 이체일 경우 이체되는 시기가 언제인지, 동시에 빠져나가는 금액은 얼마인지 확인해야 하며, 생활비를 기점으로 월별 출납 사항을 알면 이후에 창업했을 때 지속적으로 나가게 되는 돈을 관리할 수 있게 된다. 이러한 것을 명확하게 정리해두지 않으면 투자할 때와 같은 타이밍을 놓치게 되고 언제 올지 모르는 기회를 기다릴 수밖에 없다.

2 내가 지고 있는 빚을 확실하게 규정해 보자.

– 먼저 나의 행동에 제약을 주는 빚이 무엇인지 알아야 하며, 여러 종류의 대출 중 이자율에 따라 경중을 다르게 하여 갚아야 한다. 빚에 대해 정확하게 알아야 하는 이유는 현재 자신의 위치를 가늠하고 돈을 원활하게 관리하기 위해서이다. 만약 빚이 많은 상황이라면 투자를 계속하기보다는 내실을 다져야 한다.

빚쟁이가 될 것인가? 빛지게 할 것인가?

돈을 다루는 것은 어려운 일이다.

사람은 노동과 경제, 그리고 돈에서 벗어날 수 없다. 물론 미래에 모든 노동과 물자 개발, 건설에서 의식주까지 사회 전반적인 생산을 로봇이 맡게 되면서 경제의 순환 구조와 재화, 화폐에 대한 가치가 사라진다면 벗어날 수 있을지도 모른다. 그러나 이것은 미래의 이야기이므로 우리는 준비하고, 공부해야 하며 두려움을 파헤치고 이용할 방법을 찾아야 한다. 훌륭한 사업가는 자신이 필요한 사람이 빛지게 만드는 시스템을 만든다. 이러한 시스템을 위해 자본을 투입할 필요는 없다. 중요한 것은 신뢰와 시간이다.

빚지게 만드는 시스템을 구축하라

Design Studio

빚지게 만드는 전략이 부정하다는 것에 대한 명확한 정의를 내리기 위해서는 부정적인 것의 원념이 어디에 있는지부터 살펴봐야 한다. 완벽한 것은 존재가 완벽하므로 더 이상 발전 의지가 필요 없다. 오히려 또 다른 완전한 것을 만드는 것이 나을 것이다. 즉 불완전한 것, 특히 철학적으로 불완전한 것의 시작이라고 불리는 '사람'과 사람에게서 만들어진 것은 완전하지 않기 때문에 발전에 대한 어떤 가능성을 버릴 수 없다. 살아있는 사람이나 동물, 식물은 긍정적으로 또는 도덕적으로 존중해야 하지만, 살아있지 않거나 인위적으로 만들어진 사물, 공간, 시스템 등은 얼마든지 부정적으로 대해도 좋다. 시스템에 대한 불만은 언제나 새로운 시스템으로의 발전을 불러왔으며, 아이디어의 출발은 항상 부정적인 부분에서 시작되었다고 해도 과언이 아니다.

다음과 같은 말을 들으면 분노가 생기지 않을 수 없다. 그러나 모든 푸념과 불만족은 끊임없는 아이디어 생산의 원천이 되고 심지어 행동으로도 이어지므로 긍정과 부정의 도덕적인 관념을 넘어 그 자체로는 발전을 위한 에너지로 인정되어야 한다.

- 이 정도밖에 못 만들었어?
- 이딴 걸 어떻게 먹으라고?
- 지금 제정신이야?
- 왜 이렇게 시끄러워?
- 진짜 맛없다!
- 촌스럽다!
- 느낌이 안 좋아!

그러나 도덕적, 인격적 모욕은 문제가 있으니 자제해야 할 필요는 있다. 씁쓸하지만 다른 한편으로 국내의 중소기업, 심지어 대기업까지 대부분의 대표들은 아무리 욕을 먹고 괴팍하다는 소리를 들어도 성공한 사람이다. 남보다 더 많이 벌고, 더 많이 쓰고, 더 행복하다. 이러한 긍정적인 혜택 뒤에는 항상 부정적인 열정이 있다.

지금부터라도 죽어있는 모든 것에서 긍정 대신 부정적인 에너지를 집중해야 한다. 다시 말하자면 시스템, 체재, 법과 같이 불완전한 사람이 만든 불완전한 제도들에 끊임없는 불만과 비판을 취해야 한다는 것이다.

그러나 앞서 언급한 대표들이 매사에 부정적이라 성공했다고 착각하면 안 된다. 그들은 매우 합리적인 사람들이다. 성공한 사람들의 부정적인 에너지가 근거 없는 트집에서 시작된다면 세간에서 말하는 '꼰대'가 되었을 것이다. 부정적인 에너지 너머로 문제를 해결할 근거와 사람들을 이끌어갈 수 있는 합리적인 행동과 결단, 신뢰가 뒤따라야 한다.

솔루션이 없는 부정적 에너지는 회사를 와해시키거나 발전을 위한 단계에서 매너리즘을 불러일으키는 양날의 검이 된다. 즉, 긍정 또는 부정적 에너지를 제대로 사용하는 방법을 깨우치는 것이 중요하다. 그중 긍정과 부정을 손쉽게 오가는 양면적인 에너지가 존재하는데, 바로 '빚'이다.

어떤 사람에게 일종의 부담을 주는 것이 바로 빚을 지게 하는 것인데, 이때 핵심은 상대방이 눈치 채지 못할 만큼 사소한 부분부터 잠식한다는 것이다. 일반적으로 '부담'은 피하고 싶어하는 부정적 에너지이지만, 이를 잘 활용하면 심리적으로 우위의 상황을 만들어 본인에게 유리한 쪽으로 사업을 이끌 수 있다. 특히 무형가치를 다루는 디자인 계통의 비즈니스는 서비스라는 가치 속에서 만들어지기 때문에 심리적으로 우위의 상황을 만들 수 있다는 것은 가장 강력한 힘을 가지고 있다는 것과 같다.

"안녕하세요? 사탕 하나 드세요!"

간혹 사내에서 보험 설계사들이 능청맞게 사탕을 돌리는 것을 볼 수 있다. 이들의 일방적인 영업에 얼굴을 찌푸리며 외면하는 이가 대다수이지만 신입사원이나 보험 상품이 필요한 일부 중역들은 사탕을 곧잘 받곤 한다.

심리학자 로버트 치알디니(Robert Cialdini)는 '설득의 7가지 법칙'에서 '상호성(Reciprocation)의 법칙'을 서술했는데, 호의를 베풀어서 상대방을 빚진 상태로 만들면 훨씬 더 쉽게 승낙을 이끌어낼 수 있다는 것이 핵심이다. 심리학자 리건(Regan)은 상호성의 법칙을 어떻게 적용하면 강력한 설득의 도구로 사용될 수 있는지 이해하기 위해 여러 실험을 진행했고, 사탕과 같은 조그마한 것을 피실험자에게 주어 마음의 빚을 지게 한 뒤, 행사 티켓이나 행운권 같은 것을 판매하면 아무런 빚이 없을 때보다 2배 이상 많이 구입한다는 사실을 알아냈다.

▲ Robert Cialdini

물론 신입사원과 중역은 사탕 하나 얻어먹고 보험에 가입하지는 않았을 것이다. 그러나 보험 설계사는 별것 아닌 사탕 하나로 가입률을 2배로 올릴 수 있으니 손해 보는 장사는 아니다.

사실 사탕은 비즈니스를 시작하게 하는 일종의 단서에 불과하며, 관심을 자신에게 돌려 사탕을 음식이 아닌 선물로 인식시키고 호의를 만들어내는 역할을 한다. 이때 이러한 작은 관심이 당신에게 아주 큰 도움이 된다는 것을 보여줄 만한 솔루션이 있어야 한다. 보험으로 예를 들자면 '당신 나이 또래에 관심이 많은 여행 레저관련 실비 보험이 있다는 것을 들어보셨나요?'와 같은 맥락이다. 즉, 작은 의심과 불만을 해결할 솔루션이 필요하다.

비즈니스를 시작하는 단계에서 빚을 지게 하는 것은 비즈니스에 관심을 두게 만드는 가장 쉬운 전략이지만, 문제는 그 다음이다. 상대방에게 시간을 뺏은 만큼의 부정적인 에너지를 확실하게 없앨 수 있는 솔루션이 없다면 준 것보다 더 많은 부담을 본인이 뒤집어 쓸 수 있기 때문이다. 예를 든다면, 사탕을 입에 물고 무표정하게 바라보며 관심이 실망으로 변해가는 사람의 얼굴을 눈앞에서 바라보는 부담감이다. 이처럼 빚지게 하는 전략은 상대방에 대한 명확한 솔루션이 존재할 때 비로소 빛을 발휘한다. 현실적으로 말해서 이런 모든 것이 창업 초창기부터 준비되어 있을 리가 없다. 적절한 솔루션을 준비하고 지속적으로 빚을 지우면서 정보와 경험을 쌓아야 한다. 창업의 시작은 매우 쉽지만 유지하기 위한 시스템은 창업자 스스로가 만들지 않으면 의미가 없다는 것을 알아야 한다.

창업 어드바이스 **빛지게 하기**

- 사소한 부분에서 조금씩 다가가라.
- 특별한 이벤트처럼 여기도록 행동하라.
- 빈손으로 가지 마라. 작은 것이라도 괜찮다.
- 상대방이 부담을 느낄 수 있도록 아주 작은 불편함을 주어라.

자신의 원동력을 찾아라

Design Studio

자신을 계속해서 움직이게 하는 원동력은 어디에서 찾을 수 있을까? 창업자마다 다르겠지만 모두에게 공통적으로 적용되는 영역은 바로 '빛'일 것이다. 이때의 빛은 앞서 이야기한 빛과는 또 다른 의미이다.

창업의 원동력은 다른 사람으로부터 얻는 것이 아니다. 모든 아이디어와 일의 시작과 끝부터 비즈니스를 진행하면서 사람을 만나거나 메일을 보내고 사무용품을 구매하는 사소한 문제까지 모두 자신이 해결해야 하는 문제이다. 창업에 뛰어든 이상 자신을 의탁하던 회사에서 처리하던 모든 과정을 스스로 결정해야 하며, 업무나 고과 과정에서 받아들여야 했던 이해할 수 없는 불만 사항들을 모두 자신의 문제나 결과로 받아들여야 한다. 물론 자신을 움직이는 에너지에 빛과 같이 부정적인 에너지만 있는 것은 아니며, 긍정적인 부분도 많다. 그러나 세상이 마냥 아름답기만 한 것이 아니듯이 빛이 강할수록 그림자 또한 짙어진다는 것을 알아야 한다. 만약 그림자 또한 이용할 수 있다면 지치지 않는 무한 동력이 탄생할 것이다.

긍정적 에너지와 부정적 에너지

Design Studio

긍정적인 에너지가 주는 동력의 장점은 결과에 대한 영향력이 확실하다는 것이다. 칭찬은 고래도 춤추게 한다는 말처럼 스스로가 다음을 위한 힘을 만들어내는 것과 같다. 또한 결과로부터 얻는 성취감이 다음을 바라보는 미래 계획에도 많은 영향을 끼친다. 단점은 지나친 이상주의에 물들 경우 성급한 투자를 하거나 무리한 스케줄을 진행할 수 있다는 것이다.

긍정의 힘은 자신에게 지어주는 빛이라기보다 일종의 음식이라고 볼 수 있다. 음식은 사람이 죽을 때까지 생명을 유지하고 신체를 성장시키기 위한 기초이며, 지속해서 섭취하여 본인의 체력과 에너지를 채우는 영양소로 사용할 수 있다. 긍정적인 에너지 또한 비즈니스에 대한 열의를 살찌우는 형태로 작용되며, 새로운 것에 대한 호기심은 다음 프로젝트나 사업체의 방향성을 결정한다. 또한 일에 대한 열정은 업무 완성도에 기여하는 등 결과에 대한 목표치를 명확하게 설정하고 계속해서 길을 잃지 않도록 이정표를 만든다. 그러나 모든 음식이 그러하듯이 섭취가 과할 경우 성급하게 업무를 마무리 짓거나 과도한 자신감으로 잘못된 길로 가기도 하므로 적절한 한계치를 가늠할 줄 알아야 한다.

창업 어드바이스 **나를 움직이는 힘(긍정적 에너지)**

- 아이디어를 찾는 호기심
- 일의 결과를 위한 열정
- 성공에 대한 열의
- 마무리에 대한 성취감

부정적인 에너지에 장점이 있다고 말하는 것이 역설적으로 들릴지 모르지만, 창업자의 입장에서 부정적 에너지의 힘을 무시할 수는 없다. 긍정적인 에너지가 자신을 계속해서 일으켜 세우는 에너지라면, 부정적인 에너지는 순간의 힘을 내는, 폭발성 짙은 에너지라고 말할 수 있다. 부정적 에너지가 장기적으로 지속되면 무기력해지거나 목표가 퇴색되는 등의 파멸적인 결과물을 불러

올 수도 있지만, 감당할 수 있을 만큼의 고난을 단기간에 겪을 수 있도록 관리한다면 이보다 강력한 원동력은 없을 것이다.

창업 어드바이스 나를 움직이는 힘(부정적 에너지)

- 줄어드는 자본
- 투자를 위한 빚
- 끊이지 않는 라이벌
- 결과물까지의 불안감

게슈탈트 법칙(Gestalt Laws)

Design Studio

심리학에는 '게슈탈트 법칙(Gestalt Laws)'이 있는데 이는 인간이 경험으로 받아들인 정보를 규칙과 법칙, 지각과 조화를 활용하여 구체화하고 예상하는 과정을 심리적으로 체계화한 방식을 말한다. 예를 들어, 성공을 상상할 때 긍정적인 요소를 통하면 쉽게 그 형태를 완성할 수 있는 반면 부정적인 요소를 통하면 힘든 것과 같은 맥락이다. 만약 기업이 엄청난 빚을 떠안게 된다면 그 결과를 상상하기 어렵다고 표현하는데, 이러한 거대한 요소는 감당하기 어렵지만, 프로젝트에 사소한 문제가 생기거나 미수금이 발생하는 등 단기적인 위험 요소를 상상하고 예상함으로써 얻을 수 있는 에너지는 생각보다 많은 일을 할 수 있는 원동력이 된다.

대부분 이를 '위험 관리'라고도 표현하는데 이와는 거리가 조금 멀다. 보통 위험 관리는 기업을 운영하면서 발생할 수 있는 위험 요소를 예방하거나 발생한 위기를 정리하기 위한 역할로 생각하지만 디자인 스튜디오는 대기업과 같이 사소한 실수가 엄청난 위협으로 다가오는 거대한 업체가 아니므로, 부정적인 에너지를 유동적으로 이용해 볼 필요가 있다.

창업의 시작 단계에서는 어쩔 수 없이 겪어야 하는 몇 가지 위험 요소가 존재한다. 시작을 위한 자금의 융통, 사무실 운영, 아이디어의 현실화와 같은 기본 요소들은 창업자가 언제, 어떻게 발생시킬지 선택하거나 예측할 수 있으며 성공을 위해 어쩔 수 없이 발생하게 될 위험 요소들 또한 전반적인 사업의 진행 단계 속에 포함시키고 구상함으로써 대략적인 시기만 예측한다면, 그 순간에 나타날 수 있는 부정적인 에너지를 사용할 수 있다.

앞서 언급한 게슈탈트의 법칙은 근접, 연속, 유사, 폐쇄의 법칙으로 나뉘는데 그중 '폐쇄성의 법칙'은 기존의 색상이나 배치 방식 등을 통해 서로 연결되어 있지 않지만 마치 하나의 형태로 인지하는 방식을 말한다. 비록 창업 이후의 과정 중에 맞이하게 될 몇 가지 요소들, 예를 들면, 처음 얻게 되는 대출이나 이자, 사무실 비용의 정산, 사무실의 확장과 같은 것들을 따로 두고 본다면 그저 그런 이벤트에 지나지 않지만 이러한 갖가지 이슈들을 창업 아이템의 발전 단계에 맞추어 본다면 가상의 뼈대를 토대로 하나의 사업 계획서를 만들어 낼 수 있다.

창업 어드바이스

게슈탈트 법칙 6단계 폐쇄성의 법칙

하나하나 따로 놓고 본다면 의미 없는 검은 점이지만 각각의 위치와 적절한 관계성이 있다면 하나의 그림으로 만들어진다. 이는 의미 없는 점과 비어있는 공간을 형상화하기 위해 다양한 이미지와 경험을 끌어낸 흔적이며, 각 의미들을 연관지음으로써 형태에 대한 명확한 결정을 내리는 법칙이다.

또한 자신의 성공 형태를 긍정 요소로 만들어진 것과 부정 요소로 만들어진 것으로 나누어 구상해보길 바란다. 이후에 이 두 가지 계획을 창업 아이템의 발전 상태에 합치면 훨씬 큰 성공의 실마리를 예측할 수 있을 것이다.

창업 어드바이스

스스로 끝을 상상하라

성공의 끝을 예상하면 선택의 우선 순위를 매길 수 있고, 실패의 끝을 예상하면 해결 방안을 얻을 수 있다. 성공에 보탬이 될 자신의 장점과 실패로 이를 수 있는 자신의 단점을 서술해 보자.

• **성공한 창업의 7단계 예상**

• **실패한 창업의 7단계 예상**

돈을 알아야 성공의 실마리가 보인다

Design Studio

일반적으로 돈은 드라마와 영화 등 온갖 매체에 의해 좋아하기 껄끄러운 것, 빠지면 독이 되는 물질, 마약과도 같은 중독성을 가진 건드리기 불편한 존재로 묘사된다. 그러나 돈의 본질은 그렇지 않다. 창업하려면 돈을 알아야 하며 돈은 더러운 것도, 껄끄러운 것도 아니다. 서비스나 제품을 제공하고 그에 걸맞은 수입을 얻는 것이 바로 '돈을 받는다'는 것인데, 돈을 주는 사람 즉, 클라이언트로부터 신뢰와 신의를 얻는 것과 단순히 돈을 받는 것은 큰 차이가 있다.

돈에 대해 이야기하기 앞서 사람이 무엇에 만족을 얻게 되는지 알아보자. 진통 효과를 가지고 있는 '엔도르핀'은 모르핀보다 강한 자연적인 마약으로 알려져 있다. 산모가 출산의 고통을 견딜 수 있는 것도 이 호르몬 덕분이며 마라톤에 중독되는 이유도 극심한 신체 활동 이후에 엔도르핀이 분비되어 고통이 줄고 기분이 좋아지는 일종의 환각 상태에 빠지기 때문이다. 그런데 이런 엔도르핀보다 더 강한 물질이 있는데, 바로 '다이돌핀'이다. 다이돌핀은 다음과 같은 상황에서 분비된다.

– 감동했을 때
– 깨달았을 때
– 성취했을 때
– 구원받았을 때
– 사랑에 빠졌을 때

이중 '성취했을 때'를 철저하게 이용해야 한다. 취업보다 창업에 훨씬 더 재미있는 요소가 많다. 자기 마음대로 할 수 있고, 본인이 설정한 가치이므로 외부에 의해 쉽게 저평가되지 않기 때문이다. 취업하는 순간 성장 동력인 '일'은 재미가 없어진다. 동등한 위치에서 파트너십을 가지고 진행하는 프로젝트라면 다르겠지만 급여를 받는 순간 계약된 시간만큼 자유를 빼앗기기 때문이다. 다른 사람이 시키는 일만 해야 하는데 무엇이 즐겁겠는가? 대부분 창업주가 심각한 일중독(워커홀릭)인 이유는 이 다이돌핀 때문이다. 미래 예측, 실행, 수익 창출의 모든 과정에서 성취감을 느꼈을 것이고, 동시에 다이돌핀의 황홀함에 중독되었을 수도 있다. 부자가 되기 위해서는 창업만이 정답은 아니지만 모든 것을 쏟을 수 있는 열정이 발산될 가능성은 취업보다 창업이 훨씬 더 크다. 아무리 많은 돈을 벌더라도 자신이 행복하지 않으면 최선이 아니다. 다이돌핀을 마음껏 느끼며 미래의 먹거리를 선점하기 위해 고군분투하는 예비 창업자가 되자. 노동력의 지속적인 투자와 시장 창출이 병행된다면 반드시 고공 행진을 할 수 있다.

창업을 위한 지원금과 투자

Design Studio

창업을 준비하면서 여행 계획을 세우고 짐을 꾸리는 것처럼 마냥 신나고 즐거울지 모른다. 그러나 곧 찬물을 끼얹는 가장 큰 요소인 자금 문제에 부딪히게 되는 것이다. 여유 있는 자금이 있거나 지속적으로 자금을 융통할 수 있는 상황이라면 몰라도 처음부터 화려하게 시작할 수는 없으며 최소한의 장비와 생활비, 인건비, 운영비가 필요하다. 그렇다면 창업 자금은 어떻게 마련할 수 있을까?

정부 정책 자금을 비롯해 중소기업을 위한 다양한 지원 사업은 창업 자금을 마련하기 위한 가장 좋은 방법이다. 주로 IT 스타트업이거나 새로운 아이템이 있어야 지원할 수 있다고 생각하지만, 일반 디자인 회사를 창업할 때도 지원받을 수 있는 사업이 많다. 또한 자금 이외에도 마케팅, 홍보, 자재 구매 등 다양한 방면에서 지원받을 수 있고 상황과 환경, 아이디어나 사업 계획서의 경중에 따라 최대 억 단위의 지원금까지 받을 수 있다. 물론 지원 상황은 기관마다 다르게 구분되어 있으며 지원 사업 또한 연도 별로 달라지므로 꼼꼼하게 알아보아야 한다.

지원 사업은 대출과는 다르게 10~20%의 자기부담금이 발생한다. 적은 비용으로도 큰 금액을 융통할 수 있는 것이 매력적으로 다가오지만 대부분 창업 후 1~3년 내에만 받을 수 있다. 지원 사업의 성향이 비슷하다면 중복으로 지원되지 않기도 하므로 정확하게 살펴볼 필요가 있다. 사업자 등록증이 나온 지 3년 후에는 받을 수 있는 지원 사업의 수가 대폭 줄어들기 때문에 그 전에 최대한 많이 지원 받는 것을 권장한다.

지원 사업은 결과물이 나오지 않거나, 지원금이 불합리 또는 불법적으로 사용되었다고 판단하면 지원 비용을 회수하기도 한다. 스스로 보증을 걸고 빚을 지게 하므로 다양한 일에 힘을 내도록 하는 전략이기도 하므로 창업을 준비하고 있다면 어떤 지원을 받을 수 있는지 잘 살펴보길 바란다.

창업 초창기에는 매우 희박한 가능성이지만 아이템에 대한 비전과 기획이 우수하다면 투자에도 도전해볼 만하다. 특허 상품이나 아이디어도 투자를 받기에 좋은 아이템이다. 최근에는 다양한 스타트업 소셜 서비스가 존재하며 이는 후에 '크라우드 펀딩 투자 받기'에서 설명하도록 하겠다. 특정 다수에게 창업 아이템의 유용성을 설명하던 과거와는 달리 온라인에서 불특정 다수에게 아이템을 보여주고 적은 비용이지만 많은 사람들에게 투자를 받을 수 있는 수단도 존재한다.

창업 신고와 사업자 등록

Design Studio

창업을 하고 나서 세금과 관련된 문제로 사업장 정보를 국세청에 신고하는 것을 꺼리는 경우가 있다. 사실 이와 같은 각종 신고 체계는 복잡하다기보다 사람을 조금 지치게 만든다. 그러나 창업 신고는 이후 국가 지원이나 투자 지원, 신용 대출 등 다양한 혜택을 받기 위해 거쳐야 할 기초 과정이며 재무에 이상이 없다는 증빙 자료를 남기는 것과 같다. 신고 이후 세금을 잘 처리하는지, 현재 매출은 어떠한지 등 다양한 방면에서 증명할수록 회사에 대한 국가 신뢰가 상승하며 이는 개인이 신용 대출을 위해 신용 등급을 확인하는 것과 같은 것으로, 창업자의 신용 등급과도 큰 연관이 있다. 마치 한 은행의 신용카드를 오래, 많이 사용할수록 카드 등급과 거래 비용 증가와 같은 혜택을 받는 것처럼 주거래 은행에도 좋은 인상을 남길 수 있기 때문에 되도록이면 은행을 지정해 두고 한 곳에서 거래하는 것이 좋다.

사업자 등록 안내 – 부가가치세법 제8조 참조

- 사업자 등록은 사업장마다 하여야 함.
- 사업장이 여러 명('사업자단위과세자'가 아닌 경우)이면 각각의 사업장마다 별도로 사업자 등록을 하여야 함.

- 사업 개시 전 또는 사업을 시작한 날로부터 20일 이내에 구비 서류를 갖추어 관할세무서 또는 가까운 세무서 민원 봉사실에 신청하여야 함.
- 사업자 등록 신청서는 사업자 본인이 자필로 서명하여야 함.
- 대리인이 신청할 경우 대리인과 위임자의 신분증을 필히 지참하여야 하며 사업자 등록 신청서에 사업자 본인 및 대리인 모두 인적사항을 기재하고 자필 서명하여야 함.
- 2인 이상의 사업자가 공동사업을 하는 경우 사업자 등록 신청은 공동사업자 중 1인을 대표자로 하여 대표자 명의로 신청해야 함.
- 홈택스에 가입되어 있고 공인인증서가 있으면 인터넷을 통하여 사업자 등록 신청 및 구비서류전자제출이 가능하며 사업자 등록이 완료되면 사업자 등록증 발급도 가능함.

  (참조: 홈택스(https://www.hometax.go.kr)>신청/제출>사업자등록신청/정정)

사업자 등록 신청서 항목

1. 개인정보 입력

자택 전화나 사업장 전화의 경우 입력하지 않아도 되지만 대표자 연락처는 반드시 작성해야 한다.

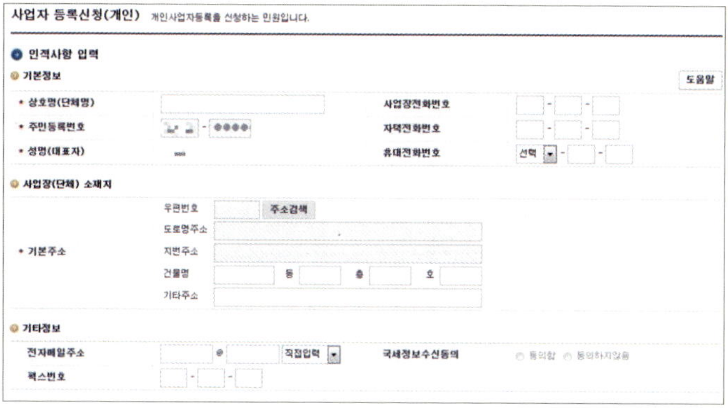

2. 업종 선택

대부분의 디자인 관련 업종은 서비스와 제조 두 가지로 나뉜다. 제품을 직접 만들고 판매한다면 제조 기반으로, 디자인 전문 업체일 경우 서비스 기반으로 업종을 정하면 된다. 사업에 대한 설명은 국세청에 등록만 될 뿐 법적인 효력이 없으므로 간단하게 기입하여도 문제가 없다. 그 외 기본 정보는 사실에 입각하여 기록하도록 하자.

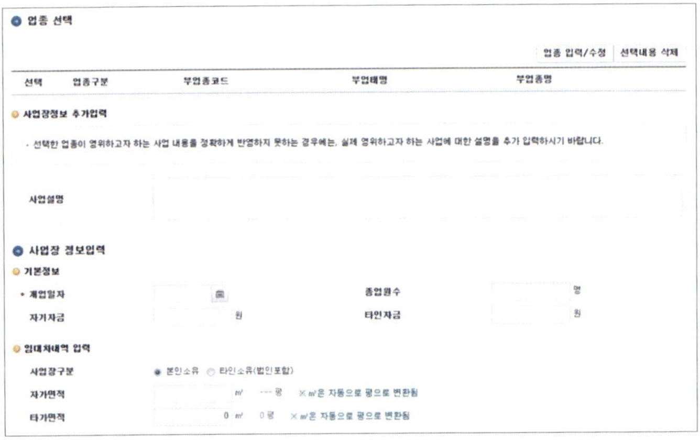

3. 공동사업자

공동사업자가 10인 이상일 경우 개인사업자로 등록할 수 없다. 공동사업자의 경우 공동대표의 개인정보를 입력해야 한다.

4. 사업장 유형

어떤 과정으로 수입을 등록하는지 선택하는 유형이다. '간이'는 주로 현금이 오가는 업체에 해당하며 면세점이나 종교단체가 아닌 이상 대부분 '일반'으로 선택한다.

5. 선택사항

사실 이 책을 보는 사람에게는 해당하기 어렵지만 주류나 유흥사업일 경우 이 부분을 명확하게 해야 한다. 특히 주류 공급 업체는 관청의 인허가를 받고 해당 사항에 맞춰 기록해야 한다.

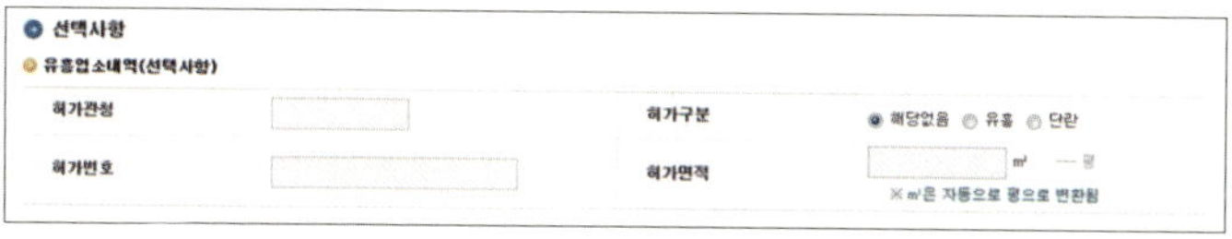

6. 사이버몰

온라인 매장이 있다면 URL 주소를 등록해야 있다. 그 외는 디자인 스튜디오에 해당하는 부분이 없다. 온라인 신청 시 신청하는 컴퓨터에 공인인증서가 설치되어 있어야 한다.

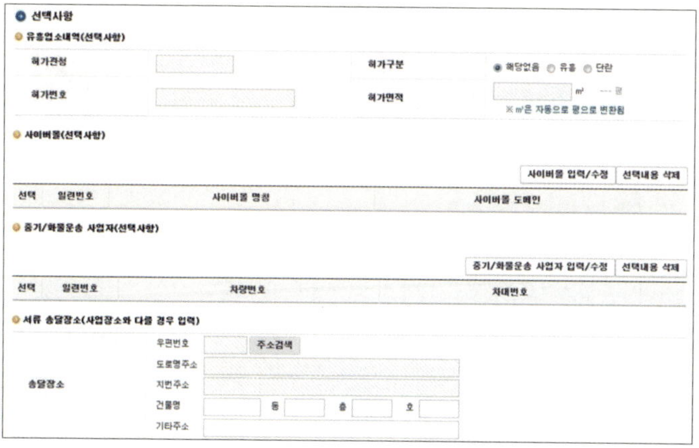

01 개인 회사 또는 법인 회사

창업을 시작할 때 법인 회사로 정할 것인지, 개인 회사로 정할 것인지 고민하게 된다. 선택의 갈림길에서 골머리가 아프더라도 각자 처한 상황에 맞는 회사 형태가 무엇인지 꼼꼼하게 따져보아야 한다. 창업 자금이 적다면 대부분 개인 회사로 시작하며 개인 회사는 개인이 사업을 운영하는 대신 회사의 모든 수익을 가져갈 수 있는 반면, 법인 회사는 주식회사 형태로 더 많은 투자자를 끌어 모을 수 있어 재정적인 부담이 줄어들지만 자기만의 회사라는 느낌은 덜할 수 있다.

02 브랜드 이름과 디자인, 상표 등록하기

브랜드 디자인이 끝났다면 변리사에게 상표 등록을 의뢰하여 등록하거나 이름만 먼저 등록할 수 있다. 변리사는 주변의 추천이나 웹 검색을 통해 선정하고, 업종 분류 코드에 따라 유사 업종 한 건당 100만 원 이내의 등록비를 지급해야 하며 유사 브랜드가 없다면 상표 등록이 가능하다.

스튜디오의 시작은 상호 등록이다. 국세청에 창업 신고를 할 때 대부분 상호/사명 등록이 되지만 명칭이 중복되지 않도록 신경 써야 한다. 잘못될 경우 법적 분쟁에 시달릴 수도 있기 때문이다. 디자인과 상표 등록은 조금 다른 부분이다. 개인회사로 시작하더라도 서비스가 아닌 제품을 기점으로 운영할 경우 제품명이 중요하기 때문에 변리사를 통해 등록하는 것이 여러모로 안정적이다.

03 사업자 등록하기

사업자 등록은 담당 세무서에서 회사 이름과 업종, 업태 등을 정하고 개인 신분증을 제시하면 비용 없이 간단하게 처리할 수 있다. 사업자 등록 이후 받는 사업자 번호는 주민등록번호와 같아서 회사가 존속하는 한 계속 사용하는 고유 번호이며 회사명과 업종, 업태는 상황에 따라 얼마든지 변경하거나 추가할 수 있다.

법인으로 등록할 때는 법무사에게 의뢰해서 법인 등록 절차를 밟아야 하는데, 최근에는 법인 설립 기준 자본금이 1,000만 원으로 낮아져 최소한의 자금으로 법인 설립이 가능하다.

번거롭고 귀찮다고 사업자 등록을 차일피일 미루면 결정적인 순간에 중요한 기회를 놓칠 수 있다. 이른바 잘 나가는 프리랜서 디자이너도 사업자등록증을 가지고 있는데 대부분의 대형 클라이언트는 세금계산서를 발급받기 위해 디자이너의 사업자등록증을 요구하기 때문이다. 필요한 서류만 준비하면 간단하게 등록할 수 있다.

04 회사 계좌 만들기

사업자계좌는 비즈니스를 운용할 때 필수 요소이다. 세무서에서 발행된 사업자등록증이 있으면 사업자 계좌를 개설할 수 있다. 은행마다 사업자 계좌의 혜택은 다양하며 개설 시점이나 은행 지점마다 제공하는 혜택이 달라질 수 있고 운용 금액에 따라 수수료 또는 대출 혜택을 얻을 수 있다. 또한 회사 계좌는 은행 혜택 외에도 비즈니스 상 대표자 이름의 계좌 번호보다 비즈니스 상대에게 신뢰를 주는 기본 요소이다.

대출한도 및 금리우대

구분	주요 내용
포괄신용공여 한도설정 운용	· 신용상태가 양호한 기업에 대하여 신속한 여신취급이 가능하도록 한도를 부여하여 기업의 원활한 자금조달 지원
선정기업에 대한 우선 여신심사	· 선정기업에 대한 본부 전담심사역 지정 운영 및 여신신청 시 우선 심사
여신금리 및 수수료	· 기업대출, 무역금융, 매입외환 등에 대한 금리 우대 · 각종 수수료 우대
종업원 신용대출	· 선정기업 소속 직원에 대한 집단신용대출 한도 및 금리 우대

투자금융 지원

구분	주요 내용
KB주거래기업 투자 금융 제도	· 대출(Loan) + 지분투자(Equity)를 결합한 금융지원으로 안정적인 자금조달 가능
주식연계채권 지원	· CB(전환사채), BW(신주인수권부사채), CBO(자산담보부여신), 회사채 인수 우대 등
전용PEF 투자	· 전용 PEF(Private Equity Fund) 결성을 통한 지분투자 - 동반성장펀드 : 총 2,000억 조성 금액 중 "KB Hidden Star 500" 기업에 600억 투자계획 - 출자기업 : 한국정책금융공사, 한화, 포스코, KB금융그룹
유상증자를 통한 자금조달 지원	· 유상증자 진행시 잔액인수 방식으로 우선 검토 (KB투자증권)
SPAC을 통한 자금조달 지원	· SPAC(기업인수목적회사)를 통한 대규모 자금조달 및 주식상장 지원 (KB투자증권)
무보증회사채를 통한 자금조달 지원	· 무보증회사채(SB) 발행 시 수수료 등 우대 (KB투자증권)

▲ 국민은행 사업자통장 혜택(예시) (출처 : https://obiz.kbstar.com/quics?page=C026524)

납세의 성실함이 창업자를 자유롭게 한다

Design Studio

세금은 결국 내야만 하는 돈이며 나가야 할 비용이다. 사업자 등록을 신청한 이상 이 비용을 지출하지 않으면 생각보다 다양한 불이익이 창업자를 괴롭힐 것이다. 요즘은 전자세금계산서가 일반화되었기 때문에 국세청 이세로 사이트(www.esero.go.kr)에서 아이디와 패스워드를 등록하고 발급받아야 한다. '이세로'에서는 주거래 은행의 공인인증서와 함께 전자세금계산서용 공인인증서를 발급받아 세금계산서 발급 시 활용할 수 있다. 스마일 EDI(www.smileedi.com), 디텍스(www.dtax.co.kr)와 같은 다양한 사설 업체도 있지만 국세청 사이트를 활용하는 것이 세금 관련 업무를 연계하기 쉬워 편리하다.

01 세금 상식 이해하기

가능하면 모른 채 살고 싶지만, 세금 관리를 소홀히 한다면 나중에 낭패를 볼 수 있으므로 세금에 대한 기본 상식을 숙지해야 한다. 먼저 세금은 소득세와 부가가치세 두 종류가 부과된다. 소득세는 5월, 부가가치세는 1월과 7월로 납부 시기가 서로 다르기 때문에 납부 시기를 놓치지 않도록 주의해야 한다. 세금 낼 돈이 없더라도 일단 신고를 해 두어야 벌금이 불어나는 것을 피할 수 있다. 오로지 디자인에만 집중하고 싶다면 사업 초기부터 전문가에게 맡겨 장부 기장과 신고 등의 절차를 대행하는 것이 좋다.

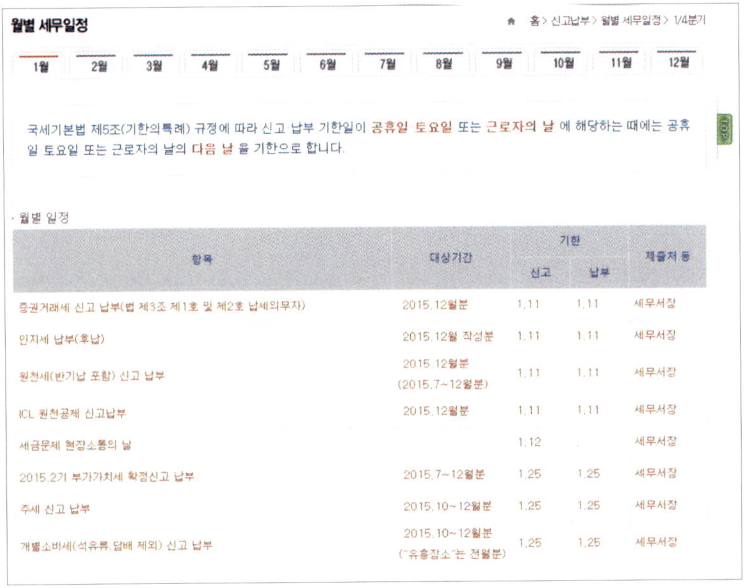

월별 세무일정

홈 > 신고납부 > 월별 세무일정 > 1/4분기

1월 2월 3월 4월 5월 6월 7월 8월 9월 10월 11월 12월

국세기본법 제5조(기한의특례) 규정에 따라 신고 납부 기한일이 공휴일 토요일 또는 근로자의 날 에 해당하는 때에는 공휴일 토요일 또는 근로자의 날의 다음 날 을 기한으로 합니다.

· 월별 일정

항목	대상기간	기한		제출처 등
		신고	납부	
증권거래세 신고 납부(법 제3조 제1호 및 제2호 납세의무자)	2015.12월분	1.11	1.11	세무서장
인지세 납부(후납)	2015.12월 작성분	1.11	1.11	세무서장
원천세(반기납 포함) 신고 납부	2015.12월분 (2015.7~12월분)	1.11	1.11	세무서장
ICL 원천공제 신고납부	2015.12월분	1.11	1.11	세무서장
세금문제 현장소통의 날		1.12		세무서장
2015.2기 부가가치세 확정신고 납부	2015.7~12월분	1.25	1.25	세무서장
주세 신고 납부	2015.10~12월분	1.25	1.25	세무서장
개별소비세(석유류, 담배 제외) 신고 납부	2015.10~12월분 ("유흥장소"는 전월분)	1.25	1.25	세무서장

▲ 세무 일정표

세무와 관련된 업무를 전문가에게 맡기는 이유는 다음과 같다. 첫 번째로 분기별 세무 일정이 다른데다 업무 처리 날짜마저 달라서 국세청 홈페이지에 일정표를 명시하거나 이메일 또는 모바일 서비스로 날짜를 알려주기도 한다. 심지어 연도마다 업무 일정이 다르기 때문에 개인사업자의 경우 세금을 처리하느라 업무가 불가능할 정도이다.

두 번째로 업무별, 개인과세자, 법인과세자, 지방세와 같이 세금 항목이 너무나 많다. 부가가치세만 해도 환급받기 위해 1년 간 방대한 자료가 필요한데 수많은 세금 항목을 모두 관리하려면 감당할 수 없는 업무가 창업자를 괴롭힐 것이다.

02 세금계산서 꼼꼼히 챙기기

세금계산서는 반드시 부가세가 표기된 영수증으로 신고해야 하기 때문에 대부분의 클라이언트는 세금계산서를 요구하며 이는 곧 디자인 관련 업종은 원칙적으로 탈세할 수 없다는 것을 의미한다. '세금 줄이려다 마음 졸인다'는 표현이 있듯이 어설프게 세금을 줄이려다 무거운 세금 추징을 당하는 경우도 간혹 있다. 그러므로 프리랜서라도 그때그때 세금계산서를 발행하는 것이 좋다.

합법적으로 절세하고 싶다면 원자재를 사거나 고가의 장비를 구매할 때 세금계산서를 꼼꼼하게 챙겨 두는 방법이 있다. 세금계산서를 차곡차곡 모아두는 것만으로도 부가가치세를 줄일 수 있으며, 국세청 전자세금계산서를 통해 세금계산서를 발행하면 자동으로 정보가 저장된다.

창업을 도와주는 기관과 프로그램

Design Studio

힘든 일을 겪을 때마다 창업자는 상당히 외로워진다. 생각보다 세상이 당신에게 관심이 없다는 것을 깨닫기 때문이다. 그렇다고 너무 걱정할 필요는 없다. 약간의 정보만 있으면 언제든지 손 내밀어 주는 다양한 기관들이 창업자를 도와준다.

단, 국민이 내는 세금을 바탕으로 도와주는 것이므로 서류를 기반으로 한 신뢰가 있어야 한다. 정당하게 도움을 받는 것이니 그 정도의 불편함은 감수하도록 하자.

01 서울디자인재단 DMC 창업 센터(www.seouldesign.or.kr)

차세대 디자이너 및 디자인 융·복합 기업을 모집하며 선정된 디자이너와 디자인 기업에게 창업 공간과 다양한 디자인 사업을 지원한다. 센터는 마포구 상암동 DMC 첨단산업센터 내 위치하고 있으며 총 45개의 개인 창업 공간 (A형(29.7㎡) 30개실, B형(14.85㎡) 15개실)과 공동 작업실, 회의실, 정보자료실, 사진 스튜디오 등 공용 디자인 지원 시설을 갖추고 있다.

제품, 시각(캐릭터 디자인 포함), 환경(공간, 업 사이클 포함), 멀티미디어(APP, 게임 디자인 포함), 영상 디자인, IT, IoT 및 디

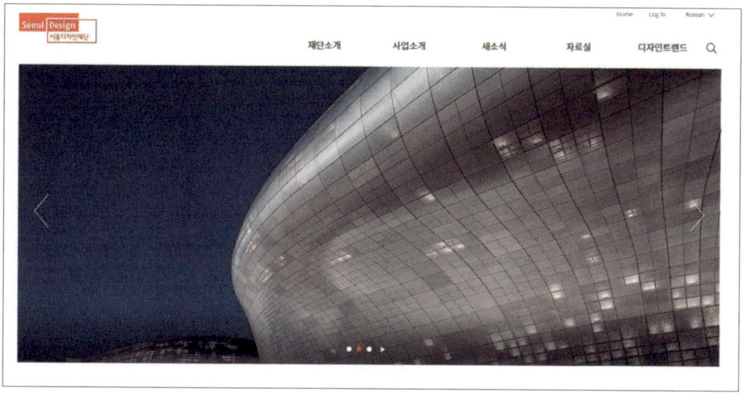

자인 융 · 복합 등 디자인 관련 전 분야를 모집 대상으로 하며, 창업 후 5년 이내의 서울 소재 1인~5인 규모의 디자인 기업과 디자인 협동조합이라면 누구나 신청이 가능하다. 입주기업 신청에 필요한 제출 서식과 기타 자세한 사항은 서울디자인재단 홈페이지(www.seouldesign.or.kr) 또는 DMC 창업 센터(02-3153-7174~6)를 통해 안내받을 수 있다.

서울디자인재단 DMC 창업 센터 입주기업 모집

- 제품, 시각, 환경, 멀티미디어, 영상 디자인, IT, IoT 및 디자인 융 · 복합 등 디자인 관련 전 분야 지원 가능
- 서울시 소재 창업 5년 이내의 1인~5인 규모의 디자인 기업 또는 디자인 협동조합은 누구나 신청 가능
- 창업 공간에 대한 임대료, 임대보증금 전액 및 공용 지원시설 제공
- 경영 평가 및 컨설팅, 교육, 홍보 등 다양한 프로그램 지원으로 우수 디자인 기업 성장 촉진

02 서울특별시 창업스쿨(www.school.seoul.kr/index.jsp)

체계적인 창업 교육 체계를 구축하여 서울 시민의 성공적인 창업을 선도하는 프로그램으로, 온라인 일반 과정과 오프라인 전문 과정으로 나뉜다. 온라인 과정은 55개월 동안 2시간에서 5시간 내외로, 오프라인 과정은 8개월 동안 100시간 내외로 나누어 교육한다. 온라인 일반 과정은 창업을 위한 분야별 기초 교육으로, 사이트에서 회원 가입하면 무료로 제공된다. 오프라인 전문 과정은 업종별 장기 교육 과정으로, 이론과 실습으로 구성되며 온라인 지원 심사를 거쳐 교육생을 선발한다.

03 서울특별시 청년창업센터(prebi.sba.seoul.kr/index.asp)

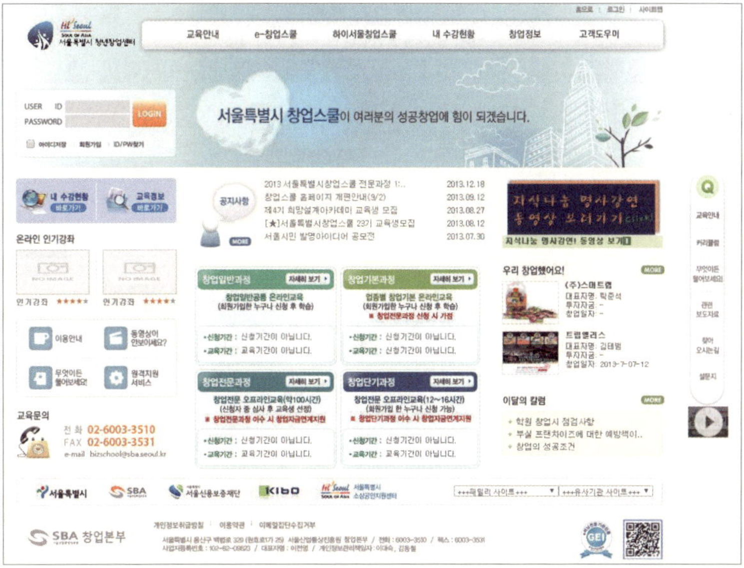

서울특별시 청년창업센터는 경기 침체로 청년 실업률이 높아지는 상황에서 우수한 창업 아이템을 보유하고 있음에도 불구하고 창업에 어려움을 겪고 있는 20~30대 예비 창업자들에게 시가 보유하고 있는 유휴 공간을 최대한 활용해 시설, 장비, 운영비 등을 획기적으로 지원하여 성공적인 창업을 유도하고 청년 실업 해소에 기여하고자 설립하였다. 2016년 기준 신청 대상 연령 및 자격에 제한 사항이 없으며 하이서울창업스쿨 교육 과정의 경우 온라인심사를 통해 교육생을 선정한다. 서울시 주민등록자만 가능하며 외국인(교포 포함)은 원칙적으로 신청 대상에서 제외되고 온라인으로 지원 가능하다.

04 울산 청년창업센터(www.bluedolphin.or.kr)

경기 침체로 높은 청년실업률이 지속되는 상황에서 우수한 창업 아이템을 보유한 20 ~30대 예비 창업자에게 울산광역시가 시설 및 장비, 운영비 등을 지원하여 성공적인 창업을 유도함으로써 청년 실업 해소에 기여하고자 설립되었다. 울산 청년들의 도전 정신을 일깨우고, 창업 도전을 통해 꿈을 스스로 개척해 나갈 수 있도록 하는 성공 역량을 키울 수 있게 도와주며 창업 성공을 통해 실업률을 줄이고 고용을 증대하는 것을 목적으로 한다.

05 전라북도 소상공인 희망센터(www.jbsos.or.kr)

전라북도 소상공인 희망센터는 2011년 7월 13일 개원하여 도내 소상공인의 창업 활성화와 성공적인 창업을 지원하고자 저비용 창업 공간과 우수한 편의 시설을 제공하여 창업 활동의 길잡이가 되고자 노력하고 있다. 도내 소상공인을 대상으로 원스톱(One-Stop)/토탈 시스템(Totel System)을 구축하여 성공 창업 및 경쟁력 강화를 위하여 창업 공간을 제공하는 등 다양하게 지원하며 고부가가치 미래 주도형 사업 모델을 개발하고 있다.

06 경주시 청년 창업 지원 센터(www.dgchangup.co.kr)

경주시에서는 '경주 청년 창업 지원 프로젝트'와 관련하여 우수하고 참신한 창업 아이템으로 창업에 도전하고자 하는 청년 창업 희망자를 선발하여 창업 활동을 적극적으로 지원한다. 신청 대상 2016년 기준 만18~39세의 경주 시민으로 한정되어 있으며, 접수는 이메일뿐만 아니라 방문 접수와 우편 접수도 가능하다.

07 부산 창업 지원 센터(www.bschangup.kr)

부산 창업 지원 센터는 우수하고 참신한 아이템으로 창업에 도전하는 청년 창업 희망자를 선발하여 창업 공간 제공과 맞춤형 교육, 컨설팅, 창업 자금 지원을 통하여 창업 성공률 증대와 고용 창출에 기여하고자 한다. 온라인으로만 신청할 수 있으며 1차 서류 심사와 2차 면접 심사를 통과해야 최종 합격한다. 신청 대상은 2016년 기준 부산에 등록되어 있는 창업 후 1년 미만인 자로, 창업 교육 및 컨설팅에는 제한이 없지만 지원 사업의 경우 공모 후 심층 면접을 통해 지원해야 한다.

08 대구 테크노파크 계명대학교 센터(www.kmtp.net)

대구 테크노파크 계명대학교 센터는 산학협력 핵심 기술 개발 지원 사업, 시제품 제작 및 경영, 기술 지원 사업, 창업 보육 사업, 기업 맞춤형 인력 양성 사업, 동물 실험실 운영 사업, 중소기업 청년 인턴제 운영 사업을 주요 기능으로 하며 지역성장주도사업과 특화산업의 육성, 기술창업 촉진 등 지역기반산업의 구축을 목표로 하고 있다. 이를 위해서 선진국의 예처럼 지역 특성과 설문조사 내용을 충분히 고려한 산 · 학 · 관의 기술 개발 협의체인 테크노파크를 형성하여 지역 중소기업의 특성화를 추진하고 기술의 고부가 가치화를 실현하며 벤처기업 육성을 위한 각종 행 · 재정 지원 및 연구시설 지원을 추진한다.

09 칠곡군 1인 창조기업 지원센터(cgchangup.kr)

칠곡군 1인 창조기업 지원 센터인 시니어 비즈 플라자는 지역민의 성공 창업과 재취업 일자리 기회를 지원하고 있다. 창업 지원 및 기술 교류, 인적 자원 피드백을 통한 맞춤형 창업을 지원하며 다양한 창업 지원 사업 연계를 통한 시너지 극대화와 사업성, 관리를 위해 칠곡군과 경일대가 함께 운영하고 있다. 청년 CEO 육성 사업은 지역 특성에 맞는 청년 CEO를 육성하고 창업 이후에도 지속적인 관리와 지원을 통해 지역의 대표적인 청년 기업으로 성장시키는 것을 목적으로 한다.

10 충남 경제 진흥원 창업보육센터(cnceo500.com)

충남 경제 진흥원 창업보육센터에서는 '청년 CEO 500 프로젝트' 사업을 운영하고 있으며, 이는 청년 예비 창업자가 일정 기간 동안 사업 주관 기관의 기술, 인력, 장비, 등 창업 인프라를 활용하여 체계적으로 준비할 수 있도록 지원하는 사업이다. 신청 대상은 2016년 기준 만18~39세의 주민등록상 충청남도 거주자에 한한다. 등급에 따라 매월 창업 활동비를 차등 지원하며 우수 등급은 60만 원, 양호 등급은 40만 원, 미흡 등급은 25만 원을 지원한다. 불량 등급은 지원금이 따로 지급되지 않는다.

디자인 스튜디오에 특화된 지원기관

Design Studio

업종에 따라 지원 사항이나 항목이 달라지기 때문에 디자인 스튜디오를 창업하려면 디자인에 특화된 기관으로부터 도움을 받는 것이 좋다. 중소기업 또는 소상공인의 창업 비율에서 디자인 관련 업계가 서서히 성장하는 추세라, 다양한 기관에서 디자인 관련 기업에 대한 사업을 늘려 주었다. 전국 각 지역별 디자인 센터의 지원 사업도 좋으니 꼼꼼하게 살펴보자.

01 중소기업진흥공단(www.sbc.or.kr)

긴급하게 자금이 필요한 경우 자금 신청을 통해 필요한 비용을 빌릴 수 있다. 보통 대출보다 이자 비율 같은 내용은 없지만 10~20% 정도의 자기 부담금이 발생하기도 하므로 반드시 살 살펴봐야 한다. 보통 대출보다 복잡한 서류 과정이나 사업 계획서가 필요하기도 하지만 이자를 내거나 감당하기 힘든 원금 상환 비율 같은 문제가 없어 오히려 대출보다 안정적인 자금이라고 볼 수 있다.

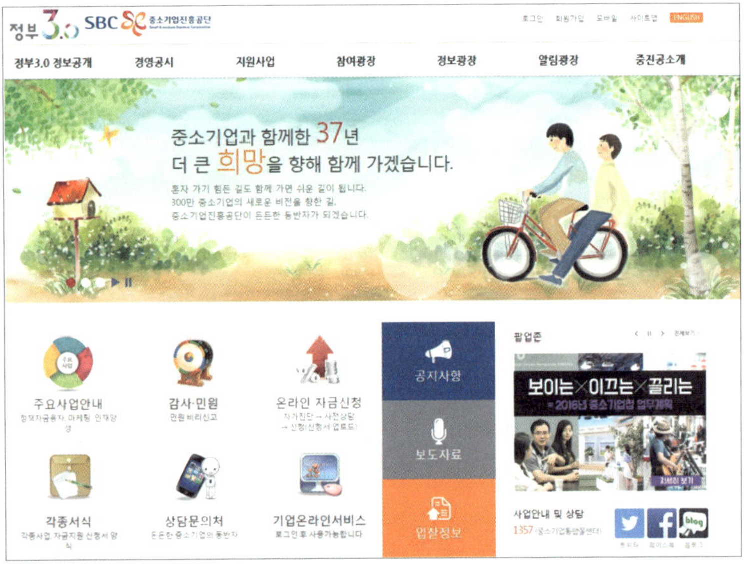

02 중소기업청(www.smba.go.kr)

중소기업 지원 사업이 가장 많이 열리는 관계 기관이며 지원 사업이 모두 그러하듯이 복잡한 서류 과정을 진행해야 하는 것이 단점이다. 기본적으로 사업 계획서를 제출해야 하며, 이후 사업 방향이나 아이디어가 바뀌면 알맞은 사유서를 제출해야 한다. 그러나 이 또한 지원 사업을 진행하는데 필수 요소이므로 다른 관계 기관과 서류 작업의 차이는 거의 없다. 멘토링 지원 사업을 연계시켜 필요한 전문 인력과의 만남을 주선하거나 다양한 교육 사업을 함께 진행시켜 지원을 받을 수 있는 것이 특징이다.

03 중소기업 정책자금 지원센터(www.sbac.co.kr)

중소기업청과 유사하지만 공장이나 창업 시설과 내부 운영을 위한 자금을 지원한다는 특징을 가지고 있다. 사내 사원의 수가 10인 이상 또는 20인 이상과 같은 제한이 있으므로 사원 수가 충분히 늘었을 때 둘러보는 것이 좋다.

04 한국디자인진흥원(www.kidp.or.kr)

디자인 전문회사를 대상으로 다양한 지원 사업을 지원하며 중소기업과의 연계를 통해 클라이언트를 소개하거나 디자인 업무를 진행할 수 있도록 도움을 준다. 청년 인턴십과 같이 고용 안정을 위한 지원 사업이 대부분이라 사업이 어느 정도 궤도에 올랐을 때 살펴보면 좋으며, 회사의 인지도가 낮은 상태라면 디자인진흥원에서 연계하는 업무를 함께 진행해서 안정적인 매출을 이끌어 낼 수도 있다.

05 지방별 디자인센터

전국적으로 지원하기 위해 한국디자인진흥원에서 처리하던 업무를 지역별 디자인센터로 분산한 것이다. 클라이언트와의 연계와 인력 고용, 사무실 임대나 디자인 교육과 같은 다양한 도움을 주며, 디자인 전문 업체에서 자체 개발 상품을 진행할 때 자금을 지원하는 등 디자인과 관련된 지원 사업을 다채롭게 진행한다. 다만 한정된 지역 내에서 한정된 지원 사업을 진행하므로 지역별로 꼼꼼하게 살피는 것이 중요하다.

- 대구 · 경북 디자인센터(www.dgdc.or.kr)

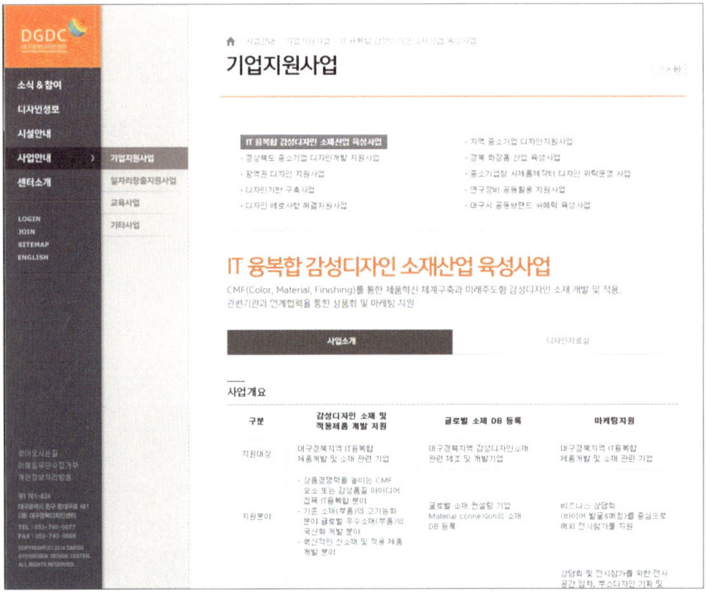

- 부산 디자인센터(www.dcb.or.kr)

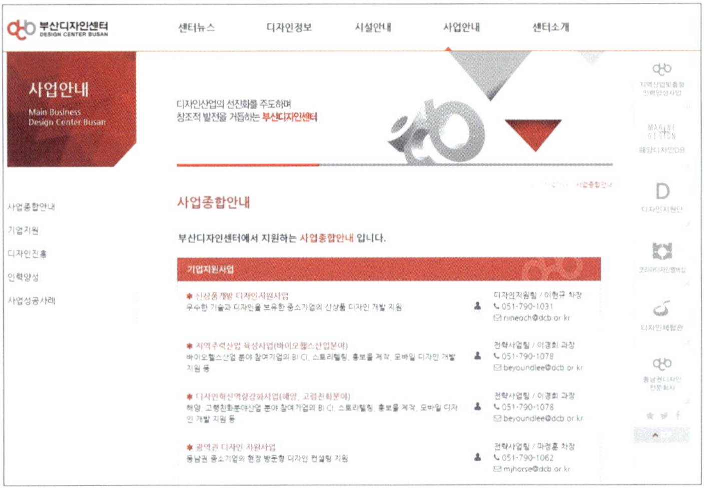

• 광주 디자인센터(www.gdc.or.kr)

내게 맞는 창업 기업 지원 가이드 찾기

Design Studio

창업 지원은 다양한 기관에서 사업을 진행하지만 특성에 따라 조금씩 다른 가치를 보이기 마련이다. 처음부터 준비된 창업자는 없다는 것을 감안하면 창업 교육은 창업을 빠르게 인식하고 사업 궤도에 올릴 수 있는 절호의 기회라고 볼 수 있다.

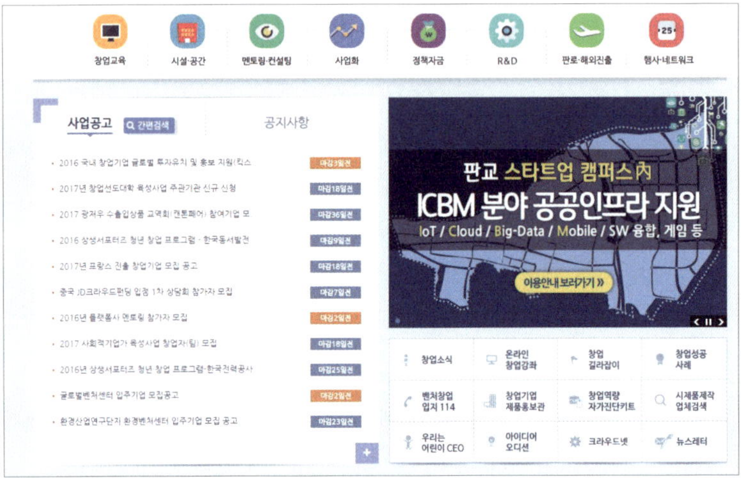

▲ K-Startup은 창업, 창직이 이슈가 된 2014년부터 중소기업청에서 운영하던 중소기업 지원 사업의 규모가 확장되어 만들어진 지원 센터이다. 다양한 창업 교육과 지원 프로그램을 보유하고 있기 때문에 창업에 도움이 필요하다면 확인해 볼 필요가 있다.

01 창업 선도대학(www.k-startup.go.kr)

정부에서 지정한 창업 선도대학에서 창업자에게 창업 교육부터 사업화까지 지원한다. 창업 교육과 학교별 자율 · 특화 프로그램은 재학생이나 일반인도 신청할 수 있다. 2015년 기준 전국에 28개의 대학이 창업 선도대학으로 지정되어있으며 2016년 이후로 6개 대학이 추가로 선정될 예정이다.

- 지원 내용
  - 창업 교육, 창업 아이템 사업화, 전문가 멘토링, 시제품 제작, 마케팅 등
  - 사업비 지원 : 최대 7천만 원 지원
- 신청 대상 : 예비 창업자, 창업 후 1년 이내 기업
- 신청 기간 : 매년 3월
- 지원 절차 : 공고 → 평가 → 선정 → 협약 체결
- 창업자 교육 : 대학생 창업 강좌, 일반인 실전 창업 강좌 등
- 지원 프로그램 : 창업 동아리, 창업 경진대회, 창업 캠프, 투자 연계 프로그램 지원 등

02 청년 창업 사관학교(www.k-startup.go.kr)

청년 창업 사관학교는 안산, 광주, 경산, 창원, 천안에 있으며, 입학하면 창업 기획부터 사업화까지 모든 과정을 지원받을 수 있다.

- 신청 대상
  - 사업화 지원형 : 39세 이하 예비 창업자 또는 창업 후 3년 이내 기업(타 정부 창업 지원 사업 참여 경험이 없는 자)
  - 글로벌 진출형 : 중소기업청 창업 지원 사업에 참여(11~13년)하여 창업 사업화를 성공적으로 수행한 기업

- 창업 지원 사업

  청년 창업 사관학교, 창업 선도 대학 창업 아이템 사업화, 창업 맞춤형 사업 등

- 지원 내용
  - 창업 공간 : 창업 학교 내 창업 준비 공간 제공
  - 창업 코칭 : 전문 인력을 통한 창업 전 과정 1:1 코칭
  - 창업 교육 : 경영 역량 및 창업 분야 전문 지식
  - 기술 지원 : 제품 설계, 시제품 제작
  - 사업비 지원 : 기술 개발비, 마케팅비 등 사업비(과제당 최고 1억 원 지원)

- 신청 기간 : 매년 2월

- 지원 절차
  - 선발 : 서류 평가 → 면접 평가 → 심층 평가
  - 양성 : 개발 기획, 기술 개발, 시제품 제작, 마케팅
  - 평가 : 중간 평가(7월, 10월) 최종 평가(12월)

- 창업 지원 사업 : 청년 창업 사관학교, 창업 선도대학, 창업 아이템 사업화, 창업 맞춤형 사업 등

03 스마트 벤처 창업 학교(www.k-startup.go.kr)

콘텐츠, 애플리케이션(App), 소프트웨어(SW) 융합과 같은 지식 서비스 분야의 청년 창업자를 대상으로 사업계획 수립부터 개발과 사업화까지 창업의 전 과정을 지원한다. 창업 의지, 창업 아이템의 독창성, 사업화 계획의 구체성 등에 대한 발표와 서류를 평가해 선정한다.

• 신청 대상
콘텐츠, 애플리케이션(앱), 소프트웨어(SW) 융합 등 유망 지식 서비스 분야 예비 창업자(팀) 및 창업 3년 미만 기업

• 지원 내용
창업 아이템에 대한 사업 계획서 수립, 창업 교육, 개발 멘토링, 마케팅 등을 단계별로 지원한다. 총 사업비 70% 이내로 최대 1억 원의 개발, 사업화 자금을 지원한다.

• 신청 기간 : 매년 2~3월

• 신청 서류 : 입교 신청서, 사업 계획서, 개인정보 수집 · 이용 · 제공 동의서

04 창업 아카데미(www.k-startup.go.kr)

실전 창업 교육과 성공한 CEO의 멘토링을 지원하며, 대학생일 경우 학점이 인정되는 창업 강좌와 창업 동아리 활동을 지원한다. 창업 동아리는 참신한 아이디어가 있고 대학생 세 명 이상으로 구성되어 있다면 신청할 수 있다.

• 지원 내용
– 대학 기업가 센터 : 창업 교육, 창업 관련 프로그램(네트워킹, 컨설팅 등) 제공
– 창업 아카데미 : 전문적이고 체계적인 창업 교육으로 준비된 예비 창업자 양성

• 신청 대상 : 대학생, 예비 창업자, 창업 후 3년 이내 기업

• 신청 기간 : 교육 기관별로 자율적으로 운영

• 지원 프로그램 : 실습과 체험 중심의 창업 교육, 재기 창업자를 위한 재도

전 교육, 대학 기업가 센터 동문 기업 · 벤처 기업가 · 벤처 캐피탈 등과 네트워킹 기회 제공, 멘토링 · 투자 연계 지원

05 창업 맞춤형 사업화 지원(www.k-startup.go.kr)

사업 가능성이 높은 창업 기업을 대학과 투자기관, 연구기관과 같은 주관 기관과 연계하여 사업화 자금을 지원한다. 총 32개의 주관 기관 중 창업 기업에 가장 적합한 기관을 선택하여 신청할 수 있다.

- 신청 대상 : 3년 미만 창업 기업
- 연구원 창업
  창업 기업의 대표가 교원 또는 연구원인 경우 창업 지원 센터 입주 공간 제공(무상, 공실 발생 시) 지식 재산권 취득, 기술 이전, 성능 · 기능 인증 검사 비용 등 추가 지원(기업별 최대 1천만 원)
- 지원 내용
  시장 전문가 멘토링, 사업 모델(BM) 개발, 아이템 검증 · 개발, 시장 진입 등 사업화 자금 지원
- 지원 기간 : 3년

06 1인 창조기업 비즈니스센터(www.k-startup.go.kr)

전국에 60개의 지점이 있으며 창업 아이템에 대한 아이디어는 있지만 창업 방법에 대해 고민하는 예비 창업자에게 사업 공간을 제공하고 창업과 경영에 필요한 전문 교육을 지원한다.

- 신청 대상

1인 창조 기업 및 1인 창조 기업 창업 예정자(K-startup 홈페이지(www.k-startup.go.kr)에서 업종 확인)

- 지원 내용

– 사무(작업) 공간, 회의실, 상담실, 창조 카페 등 비즈니스 공간

– 세무, 회계, 마케팅 등 전문가 상담, 교육, 경영 지원

– 마케팅, 기업 IR, 시장 조사 등 사업화 지원

- 신청 기간

1인 창조 기업 비즈니스 센터별로 공실 발생 시 수시 모집

- 신청 서류

사업 계획서, 건강 보험 자격 득실 확인서 등

- 선정 평가

창업 의지, 창업 아이템의 독창성, 사업화 계획의 구체성 등에 대해 서류 및 발표 평가로 진행

07 창업 도약 패키지 지원(www.k-startup.go.kr)

어려운 시기를 맞은 창업 기업이 새로운 도약의 기회를 찾을 수 있도록 시장 전문가 멘토링, 사업 모델(BM) 혁신, 아이템 보강 등을 지원하며 매출 증대와 세계 진출을 도모한다.

시장 전문가로 '사업 추진 전담반(TF)' 구성, 대상 기업 심층 진단 후 분야별, 지원 유형별 맞춤형으로 지원한다.

- 신청 대상

창업 3년 이상 7년 이내 기업(매년 바뀌므로 확인 필요)

• 지원 내용

사업 모델(BM) 혁신과 경영 전략 멘토링, 아이템 검증 · 보강, 판로 개척 및 세계 시장 진출, 투자 유치 및 자금 지원, 연계 등에 필요한 사업화 자금을 지원(최대 5천만 원)한다. 자금은 최대 3천만 원 이내, 창업 사업화 비용(핵심 역량 보강 과제 이행 비용)을 제공한다. 서비스는 최대 2천만 원 이내, 시장 전문가 멘토링 등을 제공한다.

• 지원 기간 : 3년

K–startup 홈페이지(www.k–startup.go.kr) 참고

8. 창업 보육 센터 입주(중소기업청 창업진흥과 : 042–481–3972)

전국에 274개의 지점이 있으며 창업 보육 센터에 입주할 경우 사업 공간과 창업 정보를 제공하고 경영 및 기술을 지도한다.

• 지원 내용

– 사업 공간(기본 3년, 최대 5년), 인터넷, 업무용 공용 장비(빔프로젝터, 프린터 등), 기타 경영, 기술, 홍보 등

• 신청 대상 : 예비 창업자, 창업 후 3년 이내 기업
• 신청 기간 : 입주 기업 현황에 따라 다름

08 스마트창작터(중소기업청 지식서비스창업과 : 042–481–3982)

애플리케이션(앱), 콘텐츠, ICT 융합 분야 등 유망 지식 서비스 분야 창업자 또는 예비 창업자를 대상으로 창업 실습 교육을 제공하고 우수 창업팀을 대상으로 사업화 연계를 지원한다.

• 신청 대상 : 지식 서비스 분야 창업 희망자(팀), 창업 1년 이내 초기 기업
• 지원 내용

– 창업 실습 교육 : 린스타트업 기반의 실전 체험형 창업 교육, 창업팀 팀원 구성 기회 제공, 전문가 멘토링 등 제공
– 사업화 지원 : 창업 실습 및 사업 모델 검증을 마친 창업팀 중 우수 창업팀을 선정하여 시제품 구체화 및 사무 공간 제공, 투자 유치 발표 기회 등 제공

• 신청 기간 : 2~3월
• 신청 서류 : 참가 신청서, 창업 계획서, 개인정보 수집 · 이용 · 제공 동의서 등

09 재도전 성공패키지 사업(www.k-startup.go.kr)

재창업 기업인에게 실패 원인을 분석하고 재창업 교육부터 사업화까지 지원하며 교육 결과와 창업 아이템 경진대회의 결과 등을 고려하여 사업화 지원을 차등해서 지원한다.

• 지원 내용
– 재창업 교육 : 실패 원인 분석, 재창업에 필요한 문제 해결형 실무 교육, 분야별 전문가 멘토링 지원(창업 아이템 난이도와 같은 평가 결과에 따라 차등 지원)
– 사업비 지원 : 시제품 제작비, 국내 · 외 시장 조사 및 마케팅 비용, 인건비 등(총 사업비의 70%, 최대 1억 원)
– 후속 지원 : 보육센터 입주, 재창업 자금 연계 지원, 해외 IR 참여 지원 등

• 신청 대상 : 기존 사업 실패(폐업) 후 재창업 준비 중인 창업자, 재창업 후 3년 이내 기업
• 신청 기간 : 사업 통합 공고(12월 말 경), 신청 접수(16년 1월 중, 해마다 바뀔 수 있음)

정책 자금과 신용 보증

Design Studio

정책을 통해 만들어진 자금원은 제1금융에서도 융통할 수 있지만 서류나 신용 등급에 따라 대출이나 이자에서 차이가 생기는 반면 정부에서 직접 관리하는 정책 자금은 그 문턱이 제1금융권보다는 낮고 기준 금리를 만들어 공지하므로 금리 변동이 극심하지 않아 자금 융통으로 손색이 없다.

▲ 중소기업 진흥공단은 K-Startup과 비슷한 방식으로 만들어졌으며, 중소기업청에서 제공하던 자금지원 서비스를 통합하여 온라인 또는 오프라인에서 서비스를 제공한다.

01 창업 기업 지원 자금(www.sbc.or.kr)

우수한 기술력과 사업성이 있으나 자금이 부족한 창업 초기 기업의 활동 자금을 지원한다.

- 신청 대상 : 업력 7년 미만 중소기업, 예비 창업자(최종 융자 시점에는 사업자 등록 필요)
- 융자 조건
  - 대출 금리 : 정책 자금 기준 금리 기준
  - 대출 기간 : 시설 자금 8년 이내(거치 3년 포함), 운전 자금 5년 이내(거치 2년 포함)
  - 대출 한도 : 잔액 기준 45억 원 이내(지방 소재 50억 원), 매출액 150% 이내 지원(운전 자금은 연간 5억 원 이내)
  - 청년 전용 창업 자금 : 연 2.5% 이내 고정 금리로 시설 자금 6년 이내(거치 2년 포함), 운전 자금 5년 이내(거치 2년 포함)의 대출 기간을 가지며 기업당 1억 원 지급
- 대출 방법
  - 일반 창업 기업 지원 : 기업 평가를 통해 융자 대상 결정 후 중소기업진흥공단(직접 대출) 또는 금융회사(대리 대출)에서 대출
  - 청년 전용 창업 : 교육, 컨설팅 시행 및 사업 계획서 등에 대한 평가를 통해 융자 대상 결정 후 중소기업진흥공단에서 대출

02 투 · 융자복합금융자금(www.sbc.or.kr)

기술력과 미래 성장 가치가 우수한 중소기업의 자금을 이익과 성장, 프로젝트를 공유하는 방식으로 지원한다.

- 이익 공유형 대출
  - 신청 대상 : 기술 개발, 시장 진입 등으로 일정 수준의 영업 이익을 달성할 것으로 예상되는 사업 경력 7년 미만의 기업
  - 대출 금리 : 고정 이자와 이익 연동 이자로 구성
  - 대출 기간 : 5년 이내(거치 2년 포함)
  - 대출 한도 : 기업당 연간 20억 원(운전 5억 원)
- 성장 공유형 대출
  - 신청 대상 : 기업 공개 가능성(법인화 또는 주식상장)이 있으나 민간 창업 투자회사(조합)가 투자하지 않은 기업
  - 대출 금리 : 표면 금리 1%, 만기 보장 금리 4%로 전환 사채(CB)를 중소기업진흥공단이 인수하는 방식
  - 대출 기간 : 5년 이내(거치 2년 포함), 단 업력 7년 미만의 기업은 7년 이내(거치 기간 4년 이내 포함)
  - 대출 한도 : 기업당 한도 45억 원(운전 연간 10억 원)
- 프로젝트 금융형 대출
  - 신청 대상 : 문화산업 전문 회사로 민간 창업 투자회사(조합)가 투자하지 않은 기업
  - 대출 금리 : 4%
  - 대출 기간 : 7년 이내(원리금 만기 일시 상환)
  - 대출 한도 : 프로젝트당 10억 원 이내

03 개발 기술 사업화 자금(www.sbc.or.kr)

중소기업을 대상으로 기술 개발과 기술의 제품화, 사업화에 필요한 자금을 지원한다.

• 신청 대상

다음 목록에 포함되는 기술을 사업화하고자 하는 기업, 자체 기술을 사업화하고자 하는 Inno-Biz(기술혁신형 중소기업), Main-Biz(경영혁신형 중소기업), 벤처기업, 지식재산 경영 인증 기업(특허청 인증)

- 산업통상자원부, 중소기업청 등 정부 주관 연구 개발 사업에 참여하여 개발에 성공한 기술
- 특허, 실용신안, 저작권 등록 기술
- 정부 또는 정부 공인 기관이 인증한 기술
- 국내 · 외 대학, 연구 기관, 기업, 기술 거래 기관 등으로부터 이전 받은 기술
- 「기술 이전 및 사업화 촉진에 관한 법률」 상 기술 평가 기관으로부터 기술 평가 인증을 받은 기술
- 기업 부설 연구소를 보유한 기업이 개발한 기술

• 융자 조건

- 대출 금리 : 정책 자금 기준 금리(기준)
- 대출 기간 : 시설 자금 8년 이내(거치 3년 포함), 운전 자금 5년 이내(거치 2년 포함)
- 대출 한도 : 기업당 연간 20억 원 이내(운전 자금 5억 원 이내)
- 대출 방법 : 중소기업진흥공단(직접 대출)

직원 채용에 대한 지원 정책

Design Studio

디자인 스튜디오의 대표가 되고 가장 신경 써야 하는 것 중 하나가 바로 직원 채용인데, 수많은 디자인 전공자들 중 함께 일하고 싶은 디자이너를 찾는 것은 어렵기도 하거니와 창업 초기라면 직원의 월급이 부담스럽게 느껴질 수 있다. 이러한 고민을 덜어주는 정부 지원책을 소개한다.

01 고용노동부 청년 인턴제(www.kicox.or.kr)

미취업자를 대상으로 중소기업 인턴 기회를 제공하는 고용노동부 사업의 일환이다. 구인자와 구직자를 연결하는 동시에 기업의 인건비를 보조하고 인턴이 정규직으로 전환되면 보조금을 지급하는 등 매우 유용한 지원 정책이다.

02 청년 취업 인턴제(www.work.go.kr/intern)

청년층 미취업자를 대상으로 인턴 기회를 제공하며 정규직 근로자로의 취업 기회를 제공한다. 매월 인턴 근무자의 급여를 지급한 후 10일 이내로 운영 기관에 신청서를 제출하면 지원금을 받을 수 있다.

- 신청 대상
  - 기업 : 상시 근로자(고용보험 피보험자) 5인 이상 기업(중소기업 포함), 중견기업
  - 벤처기업과 같은 일부 기업은 5인 미만도 참여 가능
  - 소비 · 향락 업체, 고용보험 미가입 사업장 제외
  - 청년 : 만 15세 이상 34세 이하 미취업자
  - 군필자는 복무 기간을 연계하여 39세까지 신청 가능
- 지원 내용
  - 인턴 기간 : 3개월
  - 지원 수준 : 인턴 기간 월 50~60만 원
  - 정규직 전환 : 6개월 후 195만 원, 12개월 후 195만 원(연 2회)
  - 인턴 근무자를 대상으로 정규직 전환 이후 일정 기간 근무 시 취업 지원금 지급(제조업 최대 300만 원, 그 외 업종 최대 180만 원)
- 인턴 채용 한도 : 상시 근로자의 20%(중소기업 및 중견기업은 30%)
- 신청 기간 : 수시
- 신청 서류 : 인턴 채용 신청서, 사업자 등록증 등

03 기술 인재 공급 및 활용 지원(산업통상자원부 산업기술정책과 : 1577-0900)

중소기업에서 이공계열의 석 · 박사급 연구 인력 또는 경력 연구 인력을 채용할 경우 인건비를 지원한다.

- 신청 대상 : 기업 부설 연구소(연구 전담 부서)를 보유한 중소 · 중견기업
- 지원 분야
  - 공공 연구 기관 연구 인력 기업 파견 : 파견 대상은 석 · 박사 학위를 보

유한 공공 연구 기관 소속 연구원으로 기업별 1명, 최대 3년 동안 연봉의 50%를 지원한다. 신청 기간은 상시이며, 국가과학기술연구회(partner.nst.re.kr)에서 신청할 수 있다.

- 경력 연구 인력 채용 : 채용 대상은 대기업 또는 대학에서 연구 경력이 학사 10년, 석사 7년, 박사 3년 이상인 자로, 기업별 1명, 최대 3년 동안 연봉의 50%(5천만 원)를 지원하며 한국산업기술진흥협회(www.koita.or.kr)에서 신청할 수 있다.
- 신규 석 · 박사 연구 인력 채용 : 채용 대상은 이공계 석 · 박사 학위 취득 후 5년 이내인 자로, 기업별 2명, 최대 3년 동안 연봉의 50%를 지원한다. 한도는 석사 2,000만 원, 박사 2,500만 원이고 국가과학기술연구회(partner.nst.re.kr)에서 신청할 수 있다.

창업 공간 지원 정책

Design Studio

디자인 스튜디오는 번듯한 사무실이나 스튜디오가 없어도 창업할 수 있다. 작업이 가능하다면 집이든 카페이든 장소는 상관없기 때문이다. 그러나 수익 구조가 안정적이지 않고 차별화된 포트폴리오가 준비되지 않은 상태에서 창업을 시작한다면 공간에 대해 중요하게 생각해야할 필요가 있으며, 장기적인 측면에서 직원의 채용이나 확장 가능성을 고려해야 한다.

만약 창업 초기에 공간을 대여하기 어려운 상황이라면 공간을 공유하는 방법을 사용할 수 있다.

- 디캠프(dcamp.kr) : 강남구 역삼동에 위치해 있으며, 선릉역과 가깝다. 월 단위로 사용할 수 있고, 외주 업무 거래처를 구축하는 등 다양한 정보를 얻을 수 있다.
- 카우앤독(ko.foursquare.com) : 성수동에 위치하며 스터디나 모임 장소로 적합하다.
- 홍합밸리(honghapvalley.org) : 홍대에 위치하며 스타트업을 위한 다양한 플랫폼을 제공한다.
- 패스트파이브(www.fastfive.co.kr) : 1인에서 10인 기업을 위한 공간을 제공하며 서울 서초동, 논현동, 영삼동, 삼성동 지역에 6군대에서 장소를 대여하고 있다.

크라우드 펀딩으로 투자받기

Design Studio

크라우드 펀딩의 시초는 아이러니하게도 대출의 개념이 기반이다. 대출은 어떤 기업에서 개인에게 자금을 융통하는 것이 기본 골자인데 크라운드 펀딩의 시작은 개인이 개인에게 자금을 투자하고 그에 걸맞은 서비스나 제품, 재화 등을 제공받은 것에서부터 시작되었다. 크라우드 펀딩은 불특정 다수에게서 기부, 후원, 대출, 투자 등을 목적으로 자금을 조달 받는 방식이다. 짧은 시간에 많은 사람들에게 홍보가 되며, SNS를 통한 직접적인 소통이 가능하고 서비스 및 재화의 제공 방식이 기업에 비해 공개적이고 능동적이다. 한 사람에게 1000만 원 이상의 비용을 한 번에 받기는 어렵지만 불특정 다수의 사람에게 만 원씩 어느 시간대에서나 빌리기는 그다지 어렵지 않다는 것이 크라우드 펀딩 시스템의 성공 비결이다.

다음은 국내와 해외의 크라우드 펀딩 사이트이다.

01 텀블벅(tumblbug.com)

만화나 애니메이션, 다큐멘터리 작가와 같은 문화 창작에 관련된 사람들이 후원받을 수 있는 국내의 투자 사이트로 1인 창조를 통해 디자인 제품을 개발하거나 회사를 알리기 좋은 사이트이다.

02 아티스트쉐어(www.artistshare.com/v4)

최초의 크라우드 펀딩 사이트이다. 전 세계적으로 다양한 작품을 접할 수 있으므로 1인 창조 이전에 디자이너로서 자신의 역량을 시험해 보는 것도 좋다.

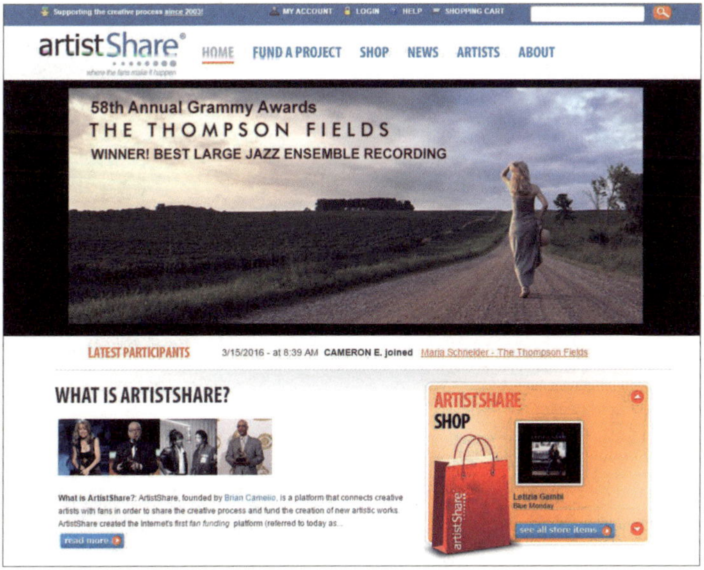

03 킥스타터(www.kickstarter.com)

크라우드 펀딩 사이트 중 가장 두각을 보이는 사이트로, 문화와 예술을 넘어 다양한 디자인 제품, 3D 프린터까지 업종을 가리지 않고 펀딩을 진행하고 있다. 주의할 점은 펀딩에 성공하면 아마존 페이먼트(Amazon Payment)를 통해 돈을 받는데, 이때 미국 계좌를 사용해야 한다는 것이다.

실제 프로젝트 진행을 위해 제작하는 내용은 문화적으로 타깃을 맞추며, 인종과 인권에 관련된 문제를 발생시키거나 인류에 유해한 것을 제작하는 것을 삼가야 한다. 또한 외국에서 진행되는 펀딩인 만큼 영어로 소통이 원활할수록 진행에 무리가 없다.

04 펀듀(www.fundu.co.kr)

국내의 크라우드 펀딩 사이트이며 문화 · 창작 프로젝트를 진행할 수 있다. 해외 사이트만큼 활발하지는 않지만, 국내에서 크라우드 펀딩이 쉽지 않은 만큼 소중한 사이트 중 하나이다.

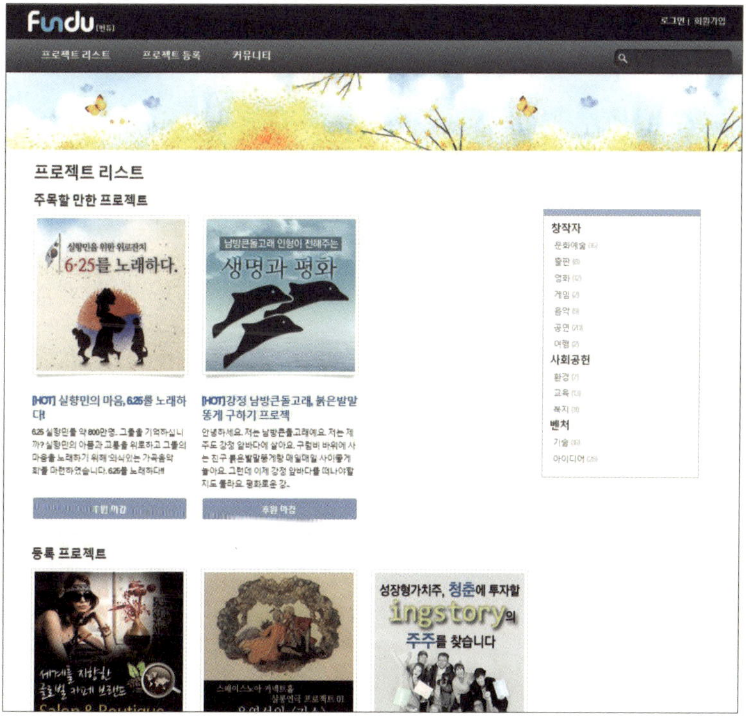

디자인 프로젝트 계약서, 꼭 필요할까?

어디서든 마찬가지겠지만 디자인 프로젝트에서도 클라이언트와 공급자 즉, 갑과 을의 관계가 존재한다. '갑' 또는 '을'과 같은 표현은 계약서를 작성할 때 편의를 위해 사용한 것이지만 최근 사회에서는 상하 관계를 나타낼 때 사용하고 있다. 불합리한 상황에서 최소한의 보호책인 계약서에 대해 알아보자.

계약과 약속의 의미

대부분의 디자인 프로젝트는 클라이언트의 의뢰를 받고 시작한다. 사전 미팅을 통해 대략적인 상황을 확인한 다음 최종 결과물을 위해 필요한 항목을 점검하고, 전체 프로젝트의 비용과 마감일을 결정한다. 이렇게 약속한 프로젝트를 위해 클라이언트와 공급자가 각자 소스를 제공하고, 제공받은 소스를 바탕으로 시장조사와 현황 파악, 트렌드 분석을 진행하며 아이디어를 구축하고 구체화하는 것이 일반적인 진행 과정이다.

그러나 초기 단계에서 상세하게 협의하지 않거나 예상하지 못한 부분에서 합의점을 찾지 못할 경우, 또는 각자 협의가 끝난 부분이라 생각했지만 뒤늦게 서로의 생각이 달랐다는 것을 알았다거나 납품 이후의 상황을 협의하지 않아 제작 후에 일이 틀어지는 등 여러 가지 경우의 수에 따라 상황은 변할 수 있다.

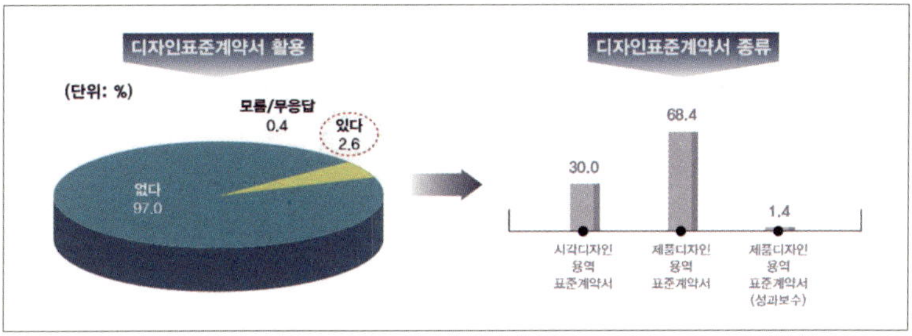

앞에서 언급한 '약속'에 대해 한번 생각해 보자. 약속의 사전적 정의는 '특정 사람과 앞으로의 일을 어떻게 할 것인지 미리 정해 두거나 정해 놓은 내용'이다. 그러나 약속을 지키지 않으면 도의적인 책임에서 양심의 문제일 뿐, 제재를 가할 수 있는 장치는 없다. 일례로 2012년 한국디자인진흥원에서 디자인 전문회사를 대상으로 피해 실태를 알아보기 위한 조사를 진행했는데, '구두 계약으로 프로젝트를 진행하여 완료하였으나 계약서 미비로 인한 비용 결제 거부'가 가장 높은 비율로 나타난 피해 사례였다. 이후로 디자인 표준계약서를 만들어 배포하였지만 2015년 KIDP 산업디자인 통계조사에서 조사한 바로는 이를 활용한 디자인 활용업체는 단 2.8%에 그칠 정도로 계약에 대해서는 아직 미비한 상태이다.

그렇다면 부당 행위로부터 스튜디오를 보호할 방법은 없을까? 최소한의 보호로는 계약서를 들 수 있는데, 여기서 '계약'은 관련된 사람이나 조직 사이에서 서로 지켜야 할 의무를 글이나 말로 정리한 약속을 말한다. 법률적으로는 특정한 법률 효과의 발생을 목적으로 두 사람이 의사를 표시한 것으로, 서로의 청약과 승낙이 합치해야 성립하는 행위를 말한다.

디자인 스튜디오일 경우 법률적인 의미에서 '두 사람'은 디자이너와 클라이언트를 뜻하는데, 계약서를 작성하려면 이 두 사람간의 명확한 협의가 필요하다. 디자인을 의뢰한 클라이언트는 의뢰 대상의 전문가이고 의뢰받은 디자이너는 그 대상을 매개로 특정 대상 또는 불특정 다수와 커뮤니케이션할 수 있는 기반을 생성하는 커뮤니케이션 전문가인데, 이렇게 서로 다른 분야의 전문가가 만나 공통된 목표를 향해 협업하면 예상하지 못한 오해와 의구심이 발생할 수 있기 때문이다.

따라서 이러한 오해를 미리 방지하기 위해 프로젝트의 과업 범위를 정하고, 단계별 사항과 그 결과물을 예측하고, 단계별 소요 시간과 비용에 대해 산출하며 그 비용이 어떠한 단계로 지급되고 언제 지급될 것인지, 단계별 결과물과 최종 결과물을 공급할 때와 그 이후에 발생할 수 있는 문제는 없는지, 예상하지 못한 문제가 발생하면 어떻게 해결할 것인지 구체적으로 협의해야 한다.

협의를 마치고 협의가 끝난 항목에 대해 서로 동의한다는 날인을 기재한 것이 바로 계약서인데, 디자인 용역 계약서에는 프로젝트 계약 기간, 비용, 비용 지급 기일과 조건, 디자인 개발 범위, 개발 단계별 작업 내용과 결과물, 내용별 단가, 프로젝트 진행 시

발생할 수 있는 문제 상황에 대한 협의 조건 등을 기재할 수 있다. 계약서를 통해 계약 조건과 항목을 생성하는 행위가 다소 빡빡하게 느껴질 수도 있지만, 프로젝트를 시작하기 전에 구체적인 협의를 통해 서로의 역할과 의무를 충분히 검토하면 분쟁을 최소화하고 시간과 에너지 소모도 줄일 수 있다.

실제 계약서는 어떻게 생겼을까? 한국디자인진흥원에서는 디자인 산업계에 만연한 불공정 관행을 개선하기 위하여 2012년도부터 공정거래 환경조성사업의 핵심으로 제품 디자인(성과 보수형 포함) 2종, 시각 디자인 1종, 멀티미디어 디자인 1종 총 4종의 표준계약서 양식을 배포하고 활용할 것을 공지하고 있다.
(http://publish.kidp.or.kr/16_Menu/standard_contract.asp)

디자인 표준계약서 항목 법안

1 **계약의 목적 :** 수요자와 공급자의 권리와 의무를 명확히 하여 분쟁을 예방하고 상호 간 이익을 증진하는 것이 목적이다.

2 **용어의 정의 :** 디자인 개발 단계에서 모호한 표기에 대한 정의를 내림으로써, 상호 간 불명확한 사항을 줄인다. 추가 정의나 각 항목에 부가 설명이 필요한 경우 상호 합의로 조정할 수 있다.

3 **보수 :** 총 개발 비용뿐만 아니라 개별 비용 항목을 표기함으로써 불가피하게 작업이 중단될 경우 또는 기타 추가사항이 발생할 경우에 기준이 되는 구체화된 비용을 산출한다.

4 **보수의 지급 :** 계약금 및 착수금, 중도금, 잔금을 기본 사항으로 지급 시점과 방식에 대해 표기한다. 보수의 3단계 분할 항목에 대해서는 규모나 일정에 따라 조정이 가능하며 제2조항의 용어 기준을 명확히 해야 보수 기준 또한 오해의 소지가 발생하지 않는다.

5 **보수 지급 지연에 대한 이자 :** 제4조항의 보수 지급일보다 지연될 시 이자 기준을 표기한다.

6 **계약 내용의 변경, 추가 :** 계약 내용의 변동이 필요할 경우 적용 방식에 대한 기준을 표기한다. 서로 합의한 다음 서면에 도장을 찍어 효력을 발생시킬 수 있으며, 변경된 일정과 내용에 따라 발생한 추가 비용에 대해 협의 방식을 표기한다.

7 **용역의 완료 검사 및 인수 :** 단계별 일정이 지연되거나 부당한 처우를 예방하기 위하여 단계별 확인 사항에 대한 일정과 방식을 표기한다.

8 **지식재산권 귀속 :** 프로젝트 개발 과정 중에 발생한 결과물과 최종 결과물의 지식재산권, 제3자의 창작물 비용과 같은 협의 사항을 기재한다.

창업 어드바이스

지식재산권이란?

인간의 지적 창조물 중에서 법으로 보호할 만한 가치가 있는 것에 부여한 법적 권리이다. 특허권, 실용신안권, 디자인권, 상표권을 총칭하며, 산업 활동과 관련된 사람의 정신적 창작물이나 연구 결과 또는 창작 방법을 인정하는 독점적 권리로 무형재산권에 속하고 크게 저작권과 산업재산권으로 나뉜다.

9 **제3자에 대한 손해 :** 개발에 따른 결과물이 모방이나 무단 사용으로 인하여 제3자의 작업물을 침해하는 상황을 말한다. 작업을 진행하며 참고한 아이디어와 무료 소스, 서체 등 부당한 방법으로 사용하지 않았는지 작업 시 꼼꼼히 살펴야 한다.

10 **권리, 의무의 양도 금지 :** 계약 수주 후 계약한 당사자가 아닌 타인에게 용역의 이관 또는 최종 결과물을 타인이 사용할 경우에 대한 사항이다.

11 **비밀의 유지 :** 프로젝트 개발을 진행하며 발생한 사항에 대해 작업 외의 상황에서 사용할 수 없으며, 관련 사항은 외부에 누

설되면 안 된다는 것을 기재한다.

12 **자료의 제공 및 반환 :** 클라이언트는 개발에 필요한 세반 자료를 공급자에게 제공하여야 하며, 개발 시 입수된 자료는 개발 기간이 완료되면 모두 반환해야하고 유출을 금하는 사항이다.

13 **계약의 해제 또는 해지 :** 계약 해제와 해지에 대한 사항으로 불가피하게 프로젝트 개발이 중단될 경우에 관한 조항이다. 각 사유에 따라 어떻게 마무리할지에 대해 상호 협의하여 기재한다.

14 **수요자의 책임에 대한 계약 해제 또는 변경 :** 클라이언트의 요구로 인해 계약이 해제되거나 변경될 시 공급자에 대한 배상 항목이다. 사전에 논의된 개발 과정과 과정별 결과물의 진행 상황에 따라 배상 조치를 기재한다.

15 **지체상금 :** 공급자, 즉 디자인 개발이 지연됨에 따라 클라이언트가 입을 피해에 대해 기재한 항목이다. 상호 협의 없이 일정이 지연될 경우 일자별 배상을 기재한다. 클라이언트의 부당 행위를 사전 방지하기 위하여 항목에는 제7조 사항처럼 검토 일정과 단계별 중간 검토 사항을 기재한 사항을 기반으로 상호 간 협의가 끝난 사항이 잘 수행되었음에도 지연이 될 상황에 해당한다.

16 **공급자의 배상 책임 :** 디자인 개발 의무를 위반하여 클라이언트에게 끼친 손해에 대한 배상 범위를 기재한다.

17 **불가항력 :** 천재지변이나 국가 비상사태 등 불가항력의 범위를 기재한다.

18 **분쟁의 해결 :** 사전 협의가 끝난 계약 사항 또는 기타 발생한 분쟁에 대해 어떠한 기준에 따라 분쟁을 해결할 것인지 기재한다. 한국디자인진흥원에서는 디자인 분쟁조정위원회를 통한 1차 조정을 지원하며 분쟁조정위원회를 거쳤음에도 불구하고 협의가 이루어지지 않았을 경우 관련 법원에 소송하도록 유도하고 있다.

19 **통지 :** 계약 이행에 변동이 발생하면 서면으로 통지할 것을 의무로 해야 하며, 통지 방식과 법적 효력의 기준을 기재한다.

20 **상호 합의 :** 표준계약서 외의 사항은 상호 합의한 후에 추가로 첨부한다. 프로젝트 개발의 명확한 기준점을 만들어 분쟁 시 기준의 근거로 활용할 수 있다.

21 **기타 :** 계약서는 상호 협의 하에 이루어지므로 각 1부씩 2통을 작성하고 서명하여 보관한다.

22 **공급자의 배상 책임 :** 디자인 개발 의무를 위반하여 클라이언트에게 끼친 손해에 대한 배상 범위를 기재한다.

23 별첨, 업무 제한서 : 표준 계약서 항목에 빠진 프로젝트 과업 범위, 단계별 과정과 결과물에 대한 협의 사항을 별도의 문서를 작성하여 첨부한다. 이는 작업의 기준이 되며 분쟁 시 조정 기준이 되는 항목이므로 프로젝트 전 과정의 모든 상황을 구체적으로 협의하여 기재한다.

24 사인 : 날인은 위 사항에 협의한 항목을 인정한다는 것을 뜻한다. 최종 사인과 각 페이지의 이음새에도 상호 도장을 찍어야 하며, 이는 문서 조작을 방지하기 위함이다.

한국디자인진흥원에서 제공한 표준 계약서는 많은 수의 디자인 관계자가 사용하고 있으며, 계약서를 무리없이 사용할 수 있도록 여러 기업에 협조 공문이 전달된 상태이다. 그러나 표준 계약서는 표준 양식일 뿐 상호 협의 하에 일부를 수정할 수 있으며, 각 항목에 대한 수정이 이루어질 경우 다른 조항과의 어폐는 없는지, 한 측에 부당한 처우를 담지는 않았는지 잘 살펴보아야 한다.

2012년 한국디자인진흥원이 표준 계약서를 공지하기 전에 실시한 디자인 전문회사 피해 실태 조사에서는 앞서 언급한 '구두 계약을 통해 프로젝트를 진행하고 완료하였으나 계약서 미비로 인한 비용 결제 거부'외에도 '계약 내용 외 추가 디자인 개발의 강요 및 요구', '계약 후 무리한 디자인 개발 및 수정 작업 요구', '계약 기간 연장에 따른 추가비용 불인정' 등이 상위 사례로 뽑혔으며 그 외로 '계약의 일방적인 중도 해지 시 비용 불인정', '저조한 시장 반응으로 개발비 지급 거부'가 나타났다.

조사 결과와 같이 사전에 명확하게 협의하지 않고 프로젝트를 진행하면 많은 불이익을 당할 수 있기 때문에 단계별로 과정과 항목에 대해 구체적이고 세부적인 사항을 확인하고 계약서를 작성해야 오해와 분쟁을 최소화할 수 있다. 만약 계약서를 충실하게 작성하였음에도 분쟁이 발생한다면 한국디자인진흥원과 한국디자인기업협회에서 분쟁을 해결하기 위한 지원을 받을 수 있다.

– 디자인공정거래 지원 : 공정 거래팀 (031-780-2101), wjkim@kidp.or.kr
– 분쟁 조정, 공지 인증제도 지원 : 공정 거래팀 (031-780-2104), ikpark@kidp.or.kr
– 디자인 관련 분쟁 해결: 디자인 기업 피해 신고 센터 (1577-4964), www.desingsos.co.kr

YYD,

Yes! Yes! Designer.

4

디자인 스튜디오에도
전략이 필요하다

지속해서 소비자 패턴을 분석하고 SNS(광고)로 소비자 반응을 살펴보는 것은 중요한 작업 중 하나이다. 페이스북이나 인스타그램 광고를 이용하면 사용자의 취향을 분석하여 정보를 전달하기 때문에 큰돈을 들이지 않고도 피드백을 훨씬 빠르고 정확하게 받을 수 있다. 이러한 방법을 통해 시장 반응을 분석하고 수정하여 최종적으로 창업 방향을 찾아야 한다. 미래로 나아가는 방향을 정보에서 얻는다면, 살아가는 길과 이득은 영업에서 얻는 것이며 영업의 방향을 결정하는 것은 소비자 패턴을 분석하고 관찰하는 전략을 기반으로 만들어진다.

김도영

디자인을 알면 창업이 가까워진다

Design Studio

디자이너에게 이미지를 아름답게 만들어내는 것은 물론 중요하지만, 가지고 있는 디자인 능력을 활용해 솔루션을 제시하는 것이 더 중요하다. 즉 디자이너의 문제 해결 능력을 시각적 또는 경험적으로 드러내는 해결책을 제시하는 것이 중요하다는 것인데, 사회에서 요구하는 디자인의 첫 번째 성공 여부는 평소에는 눈치채지 못했던 사소한 문제나 클라이언트가 제시한 정보 속에 숨겨진 진심을 찾아 디자인적으로 해결하는 것에 달렸기 때문이다.

다음은 디자이너에게 필요한 '문제 해결 능력'이 경험과 일상에서 그렇게 멀리 떨어져 있지 않다는 것을 보여주는 예시이다.

한 비누제조회사에서 자동화 기계의 오류로 인해 비눗갑에 비누가 채워지지 않은 채 나오는 일이 많았고 이를 해결하기 위해 비눗갑 내부를 스캔할 수 있는 50만 불 상당의 X레이 기계를 도입하고 기타 운영비까지 포함하여 연간 65만 불의 지출을 감내하기로 결정했다. 기계가 도착하기를 기다리던 중 불량률이 현격하게 떨어진 것을 발견했고, 작업 라인에 새로 참여한 직원이 집에 있던 낡은 선풍기로 빈 비누곽을 날려 보냈기 때문이라는 것을 알 수 있었다.

대부분의 신입 디자이너들이 직장생활이 녹록치 않다고 느끼는 이유는 자기 결정권이 없기 때문이다. 신입이기 때문에 중요한 일을 할 때가 아니라는 것은 선임들의 고정관념일 뿐, 신입 디자이너의 능력이 없다는 뜻이 아니며, 아직 디자인할 단계가 아니라는 것은 다양한 경험을 해보지 않았다는 것과 같은 의미로 받아들여도 좋다.

선행 디자인이나 콘셉트 제품과 같이 미래 지향적인 디자인을 만드는 디자인팀이더라도 회사만의 정형화된 스타일은 가지고 있다. 무작정 디자인 업무에 뛰어드는 것보다는 회사의 디자인 스타일, 솔루션 제시 방법, 주로 사용하는 형태나 스타일, 재질과 색채와 같이 다양한 디자인 솔루션 도구를 간접적으로 그리고 지속적으로 경험하는데 시간을 투자해야 한다. 또한 클라이언트와 함께 나눈 회의록을 듣고 어떤 문제가 있는지 알아낸 다음, 선배 디자이너들이 만든 솔루션을 살펴보고 어떤 방식으로 만들어졌는지 또는 왜 이러한 결과로 이어졌는지 파악하고 자신의 디자인에 대입하는 훈련을 하는 것이 실무에 투입되기 위한 지름길이다.

디자인이란 아름답게 보이는 것이고, 이는 잘 팔리기 위함이며 잘 팔려야 하는 이유는 기업이 살아남기 위한 것으로, 기업이 살아남아야 디자이너도 살아남기 때문이다. 매일 겪는 사소한 문제라도 기업은 위기라고 인식할 수 있다. 만약 디자이너가 조그마한 문제를 디자인 영역 밖이라는 이유로 매번 해결하지 않는다면 그 문제는 쌓이고 쌓여서 기업에 부담을 주고 문제로 이어질 수 있다.

경영인 입장에서는 디자인 기술만 중시하는 디자이너보다 총체적인 문제 해결 능력을 가지고 있으면서 자신의 디자인 능력을 최대한 발휘하는 직원을 더 높게 평가한다. 디자인 창업을 생각하고 있다면 주변에서 어떤 일들이 일어나고 어떤 문제점이 있는지 샅샅이 살펴보아야 한다. 사소한 문제를 하나씩 해결하는 연습을 하다보면 창업 이후에 다가오는 다양한 문제들을 해결하는 데 도움이 된다. 사실 문제 해결 능력은 디자이너만의 능력이 아니다. 그러나 창의력과 상상력을 섞어 해결책을 표현하는 방법은 디자이너로 훈련받은 사람들만이 할 수 있는 방식이다.

좋은 디자인이란 세상에 긍정적인 영향을 주는 디자인을 말한다. 주변 사람들이 만족하는 것이 좋은 디자인이라는 생각을 버려라. 규칙을 만드려고 하지 않는 사람들의 주관적인 요구에 끌려다녀선 안 된다. 규칙을 만드는 디자이너가 되려면 선택하는 능력이 필요하다.

선택은 의식적인 계획에서 발생하는 선택과 무의식적인 습관에서 발생하는 선택으로 나뉘며, 이때 의식적인 선택에 집중할 필요가 있다. 의식적인 선택은 해당 솔루션을 선택한 이유, 특정 형태를 만든 이유, 특정한 재질이나 색상을 선택한 이유와 같이 선택에 대한 정당한 이유를 부여할 수 있어야 한다. 정당한 이유로 선택된 디자인은 편안하고 당당한 입장에서 클라이언트를 설득할 수 있는 반면, 이유를 설명하지 못하는 디자인은 어쩌다 걸린 행운처럼 인식되고 디자이너는 행운의 확률을 높이기 위해 수없이 많은 시안을 만들도록 시달릴 것이다. 아울러, 이유 있는 선택은 창업 후의 결정에도 큰 힘을 실어줄 것이다.

일을 잘한다는 것 = 멀티플레이어?

Design Studio

시간이 흐르고 사업의 규모가 커지면서 실무에 신입사원을 투입하기로 했다. 그는 국제 디자인 공모전에서 1등상을 받은데다 다양한 대외 활동으로 적극성과 성실성까지 입증 받은 좋은 스펙의 소유자였고 예상했던 대로 모든 일에 적극적인 태도를 보이며 잘 적응하는 듯했다. 그는 누가 어떤 이야기를 하더라도 즉각적인 반응을 보이며 대화에 참여하는 습관이 있었는데, 다양한 사람들의 이슈를 기억하려 하면서 업무 영역이 점점 넓어지고 있다는 것을 처음에는 느끼지 못했다.

그는 남다른 적극성을 보이며 사내에서 벌어지는 많은 일의 서포터를 자처했지만 하나의 업무에 집중하지 못하고 곳곳에 투입되다 보니 작은 한숨의 횟수는 점점 더 잦아졌고 웃음과 대화마저 잃어갔다. 결국 디자이너로서 타오르던 열정은 사라지고 명확한 프로젝트 하나 끝내지 못한 채로 입사한 지 정확히 3개월 만에 적성을 찾아 다시 사회로 돌아갔다.

구성원 각각의 업무를 모두 공유할 필요는 없다. 자신을 호명하지 않았는데도 하던 업무를 멈추고 이야기에 무리하게 끼어드는 것은 무례한 행동이다. 이러한 행동은 적극적인 것처럼 보이는 것이 아니라 당장 업무에 집중하지 못하는 것으로 보인다. 즉, 열심히 하는 것과 제대로 하는 것이 다르다는 것을 인지해야 한다. 이 안타까운 신입사원의 이야기를 꺼낸 이유는 디자인을 잘 하고, 잘 알기 위한 요소가 이 사례에 있기 때문이다.

'멀티플레이어'는 다양한 사람들과 소통하고 업무를 연계하는 능력이 뛰어난 사람들을 말한다. 그러나 업무의 경중에 따라 선택하는 방법을 훈련하지 못한다면 '멀티플 퍼스널리티(Multiple Personality, 다중인격)'가 되어 방향을 잃어버릴지도 모른다.

'선택'할 줄 아는 디자이너가 되었다면 이제 '집중'할 수 있는 능력이 뒷받침되어야 한다. 디자이너에게 이야기하는 요소 중, '멀티 플레이어'가 있다. 멀티 플레이어를 모든 것을 잘하는 사람이라는 개념으로 이해하기 쉽지만, 그런 사람은 1,000명 중 1명이 나올까 말까 하는 천재이거나 신이 선택한 행운의 사람이라고 생각한다. 일반적인 범주에서 멀티 플레이어는 자신이 선택한 일에 대해 중요성과 책임성, 주체성과 역량 등을 명확하게 파악하고 이에 따라 집중력을 분배하는 능력이 뛰어난 사람을 말하며, 한 번에 여러 가지 일을 하는 디자이너에게 이런 능력은 밀려들어오는 업무를 효율적으로 다룰 수 있도록 도와주는 소중한 도구이다. 그러나 이를 얻으려면 자신에게 주어진 시간과 일의 경중, 자신의 업무 해결 능력의 한계를 잘 파악해야만 가능할 수 있다. 아무리 일의 분배를 잘 하더라도 업무에 대한 해결 능력이 없다면 결국에는 일은 쌓여만 갈 것이고 업무 해결 능력이 뛰어나더라도 업무의 경중에 맞는 순서를 정하지 못하면 해결이 어렵고 힘들다. 또한 여유 있게 시작해도 되는 일에 시달려 중요하고 빠르게 해결해야 하는 문제를 놓칠 수 있다. 그 어떤 멀티플레이어가 되고 싶더라도 자신의 한계를 알고 거기에 맞는 스케줄을 정하는 것은 자기 관리의 일환이며 중요한 문제 해결 능력의 열쇠이다.

디자인 업무나 창업이나 모든 일을 하는 사람들에게는 저마다 한계가 존재한다. 한계를 뛰어넘는 데는 다양한 계기가 작용하지만 영화나 만화에서처럼 강력한 위기 속에서 마지막 힘을 다해 돌파한다는 것은 불가능하다. 사실 한계란 스스로 생각하기에 '여기까지'라고 결정 내리는 것에 불과하다. 한계는 경험과 지혜, 지식에 의해서 얼마든지 확장될 수 있는 개념이다.

창업에 뛰어들면 어디가 끝인지 모를 계속되는 사건의 연속에 놓인다. 끊임없이 겪어본 적 없는 서류 더미를 확인해야 하고, 처음

보는 사람들 앞에서 사업에 대한 신뢰를 보여주기 위해 노력해야 하며, 평소에는 연락할 일 없는 다양한 업체와 협력을 위해 끊임없이 연락하는 등, 자신에게 정해진 적 없었던 한계를 계속해서 시험하게 된다. 그때마다 한계를 절감하고 될 수 없다는 생각으로 멈추면 결국 '거기까지' 밖에 안 되는 것이다. 보디빌더가 근육을 단련하듯이 체력 한계의 끝에 이르러 마지막 하나의 운동을 더 하는 것처럼 한계를 통감하기 전에 한 번의 도전이나 미래를 위한 한 수를 던져보길 바란다.

잘 만든 디자인, 제품 ≠ 개성 있는 이야기

Design Studio

대부분의 디자이너는 불안증에 시달리며 수없이 고민한다.

'과연 이것이 정답인가?',
'내가 생각하는 디자인 가치가 누군가를 설득할 정도로 다양한 시각의 차이를 아우르는가?'

많은 사람들 중 절반 정도가 자신의 디자인을 인정하는 순간 디자이너는 안도의 한숨을 내쉰다. 그러나 디자인에 '창업'이라는 경쟁 체계가 융합되면 이 순간을 역설적으로 바라보아야 한다.

'대중에 섞여 들어가기 위해 개성을 희석할 것인가?'
'남들과 달라지기 위해 개성에 박차를 가할 것인가?'

선택은 당신의 몫이다.

디자이너의 보편적인 성향은 크게 네 가지로 나눌 수 있다.

1. ND(No! Designer)
   안 된다고 하는 디자이너
2. YND(Yes! No! Designer)
   된다고 하지만 아무것도 시도하지 않는 디자이너
3. YGD(Yes! Give up! Designer)
   된다고 생각하고 무언가 시도하지만 금방 포기하는 디자이너
4. YYD(Yes! Yes! Designer)
   된다고 생각하며 무언가 시도하고 절대 포기하지 않는 디자이너

이 중 오직 'YYD(Yes! Yes! Designer)'만이 개성 있는 디자인을 할 수 있다. 이때 '개성'은 특이하고 남다른 것만을 뜻하지 않는다. 디자인은 대중성이 있어야 하며, 디자인에서 말하는 대중성이란 일종의 '유니버설 디자인'에 가까운 형태라 할 수 있다. 남녀노소 누구나 만족할 수 있는 디자인, 누구나 합리적이라 느끼며 쉽게 사고 쉽게 버리는 그런 디자인이 정말 좋고 잘 된 디자인이라고 볼 수 있을까?

개성은 대중에 섞이지 않고 고고하며 튀는 존재가 아니다. 개성은 디자이너 자신만이 할 수 있는 '다른' 것이며 '다름'을 인정하

지 않는 세상에서 인정받기 위해 재료와 색상, 재질 등 다양한 디자인적 요소로 설득하는 것이다. 남들과 다른 디자인을 고안하는 것만큼 디자인을 시장에서 활성화시키는 것도 중요하기 때문에 이를 위해 긍정적으로 생각하며 무언가를 시도하고 포기하지 않는 자세를 지녀야 한다.

2016년도 상반기에 나온 해태의 '허니버터칩'은 30여 년 만의 국산 히트 과자이다. 출시 후 한동안 품귀 현상을 보였고 온라인 중고 사이트에서 정상가의 세 배가 넘는 가격에 거래됐을 정도로 큰 성공을 거두었다. 국내에서 매년 100여 종의 새로운 과자 제품이 나오지만, 그 중 '허니버터칩'같은 히트 상품이 없었던 이유는 대중성에 대한 생각이 부족했기 때문이다. 판매율 상승을 위해 경쟁사의 인기 제품과 비슷한 가치를 만들다 보면 대중성에 맞추기보다는 대중성을 따라가기 급급한 상태가 된다. 새로운 맛을 선보이기 위해 노력하지 않는다는 것은 국내 과자 업계의 연구 개발비가 매출의 0.3%밖에 되지 않는다는 것으로 방증할 수 있다.

때때로 시대를 앞서간 디자인은 조롱에 가까운 평가를 들으며, 굳이 이런 제품까지 나와야 하느냐는 이야기를 들을 정도로 도전은 무모한 짓이라 평가되기도 한다. 그러나 새로운 디자인을 선보이고 지속적으로 품질을 개선한 다음 마케팅을 전개해야 히트작을 낼 수 있듯이, 포기하지 않는 'YYD(Yes! Yes! Designer)'가 되어 개성 있는 디자인을 만들어야 좋은 디자이너가 될 수 있다.

프로젝트 견적을 위한 사항을 반드시 협의하라

Design Studio

견적을 내려면 프로젝트의 형태와 클라이언트가 원하는 스타일이 무엇인지 파악해서 디자인의 방향성을 어느 정도 예상해야 한다. 예를 들어, 사진 촬영이 포함되어 있다면 어느 정도 수준의 촬영을 요구하는지, 원하는 스타일이 있는지 미리 파악해야 한다. 이러한 부분을 사전에 협의하지 않으면 프로젝트를 시작함과 동시에 클라이언트와 마찰을 빚을 수 있다. 또한 프로젝트 계약이 성사된 후에 내부에서 할 수 없는 과업을 요구한다면 상호 간 의견 차이를 좁히기 힘들어진다. 클라이언트는 사전 협의가 없다면 본인들의 요구가 추후 수렴될 것으로 생각할 수 있기 때문에 이러한 협의는 디자인 스튜디오에서 적극적으로 진행하고 확실히 해 두어야 한다.

견적을 내는 과정에서 과업 범위의 협의가 끝났더라도 프로젝트 자체가 창작 과정이기 때문에 서류상에 표기된 숫자처럼 딱 맞아 떨어지기 힘든 부분이 있다. 가령, 디자인 방향성에 대한 정보가 없는 상태에서 '알아서 해달라'라고 말하는 클라이언트가 있다면 조심해야 한다. 디자인이 완성된 시점에서 뒤집힐 가능성이 높기 때문이다. 극히 소수지만 물건을 만드는 것과 비교했을 때 제작 비용이 들지 않기 때문에 디자인을 다시 만들거나 수정하는 것을 매우 가볍게 여기는 클라이언트가 있다. 이에 대해서 잘못된 생각임을 알리고 설득하는 것 역시 디자인 스튜디오의 몫이므로 사전에 과업 범위에 대한 구체적인 협의가 필요하다.

인력을 중심으로 운영되는 디자인 스튜디오에서 시간은 곧 돈이다. 프로젝트는 제조업이나 출판물처럼 저작권 수익 모델이 아니고 일정 내에 프로젝트를 끝내야 다음 프로젝트를 진행할 수 있기 때문에 시간에 민감한 분야이다. 만약 초기에 이러한 사항들을 구체적으로 협의하지 않거나, 협의하지 않는 클라이언트라면 프로젝트의 진행 여부를 더욱 신중하게 결정해야 한다.

그렇다면, 프로젝트에 대한 협의가 원만하게 이루어졌고 과업 범위도 구체적으로 정했지만 프로젝트 진행 중 무산되는 경우가 있다면 어떻게 해야 할까? 앞에서 부당 행위로부터 스튜디오를 보호할 방법으로 계약서를 언급했지만 계약서는 법적 소송이 진행될 경우 필요한 것으로, 사실 클라이언트와 법적 소송까지 간다는 것은 속된 말로 '막장'에 다다른 것이나 다름없다. 법적 분쟁이라는 것은 양쪽 모두 피해를 볼 수밖에 없으므로 원만하게 합의하는 것이 좋지만 다양한 가능성을 염두에 두고 계약서 조항을 명확하게 정리해두는 것이 최선이다.

"어떻게 하면 클라이언트의 수정 요구를 멈출 수 있을까요?"

디자인 초년생들에게 가장 많이 받는 질문 중 하나이다. 안타깝지만 정답은 없다. 물론 작업에 흠이 있거나, 요구 사항을 잘못 이해했거나, 볼품없이 디자인했다면 당연히 수정 작업이 필요하다. 그러나 작업에 문제가 없다고 가정했을 때, 클라이언트가 디자인과 디자이너의 자존감에 손상을 입히는 것을 막는 유일한 방법은 처음부터 적당한 견적을 확립하는 것이다.

디자인 창업노트

디자인 용역 표준 계약서 (예시)

디자인 용역 표준 계약서

○○○(이하 "갑"이라 한다)와 ○○○(이하 "을"이라 한다)는 아래와 같이 "00 디자인 용역(개발) 업무(이하 "본 계약"이라 한다)"를 수행하기 위하여, 아래 사항을 합의하고 계약을 체결한다.

제1조 (목적) 이 계약은 갑이 발주한 "00 디자인 용역(개발)업무"를 을에게 위탁하고, 을은 계약 업무를 이행하여 갑에게 공급함에 있어 신의 성실의 원칙하에 계약 당사자 상호간의 권리와 의무 등 필요한 제반 사항을 규정하는데, 그 목적이 있다.

제2조(사용 언어)

① 디자인 용역 계약에 사용하는 언어는 한글을 우선하여 사용하되, 계약 이행과 관련하여 한글과 병행하여 외국어를 표시할 수 있다.

② 외국어와 병행하여 표시된 부문이 한글과 해석상 상이한 경우에는 한글로 기재한 사항이 우선하여 적용키로 한다.

제3조 (용어의 정의) 이 계약에서 관련된 용어의 정의는 아래 관련법을 따른다.

① 디자인 관련 용어 : 「산업디자인진흥법」에서 규정하는 용어를 우선 적용하고, 그 외에는 「디자인보호법」, 「저작권법」, 「상표법」 등을 적용한다.

② 계약 관련용어: 국가(지방자치단체)를 당사자로 하는 계약에 관한 법률, 동법 시행령, 시행 규칙, 당사자 간 계약서, 회계 규정의 용어 정의에 따른다.

③ 기타 용어 : 상법 및 민법 등 관련 법률 용어 정의에 따른다.

제4조 (디자인 개발 용역의 과업 범위)

① 갑과 을은 계약하는 디자인의 내용, 업무 범위에 따른 계약 금액, 투입 인력, 납품 기한 및 장소, 검사 방법 및 시기, 위탁 내용의 이행 등과 관련된 과업 내용 및 범위는 아래와 같다.

1. 기본 디자인 용역(예시)
2. 상세 디자인 용역(예시)
3. 응용 디자인 용역(예시)
4. 최종 디자인(메뉴얼)용역 보고서 등 관련 서류(예시)

② 갑과 을은 "00 디자인 개발 용역"을 계약함에 있어 제1항의 각 호를 상세하고 명확하게 하기 위하여 "디자인 개발 용역 특수 조건"을 따로 정할 수 있다.

③ "특수 조건"에 따로 정하지 아니한 사항은 이 "계약서"에 의하되, 만일 이 "표준 계약"과 "특수 조건"의 내용 간에 차이가 있을 경우 그 상충하는 부분에 한하여 "특수 조건"에 정하는 사항이 우선하여 적용한다.

디자인 용역 표준계약서		계약번호 제　　　호
		공고번호 제　　　호

계약자	발주처		
	계약상대자	•상 호: •주 소: •대표자:	법인등록번호: 사업자등록번호: 전화번호:
계약내용	계약건명		
	계약금액	일금　　　　원정 (₩　　　　): VAT 포함	
	계약보증금	일금　　　　원정 (₩　　　　) : 계약금액의　　%	
	지체상금율	1일 0.25% (국가계약법 지체상금율 적용)	
	계약기간	20 . . . ~ 20 . . (계약일로부터　　일간)	
	착수기간	20 . . . ~ 20 . . (착수일로부터　　일간)	
	기타사항		

발주처와 계약상대자는 상호 대등한 입장에서 위 디자인 용역에 대한 용역수행계약을 체결하고, 신의에 따라 성실히 계약상의 의무를 이행할 것을 확약하며, 이 계약의 증거로서 계약서를 작성하여 당사자가 기명날인 후 각각 1통씩 보관한다.

붙임서류 :

20　.　.　.

"갑" 발주처(계약자)

상 호 :

대표자 :

"을" 계약상대자

상 호 :

대표자 :　　　　(인)

디자인 견적을 낼 때 고려해야 할 요소는 크게 거시적인 요소와 미시적인 요소로 나눌 수 있다. 거시적 요소로는 인건비와 해당 인력이 2주에서 4주간 투입되었을 때의 기회 비용, 투자한 개발 시간 등을 말하며, 미시적 요소로는 디자이너의 스트레스, 자료 및 정보 수집 과정, 업무 난이도와 같이 쉽게 측정할 수 없는 요소들을 말한다. 또한 수정 횟수도 견적의 비용을 결정짓는 요소 중 하나이다.

디자인 용역 표준계약서는 한국디자인진흥원에서 만들었을 뿐, 예약 항목은 언제든지 수정이 가능하다. 계약서에서 디자인 수정에 관한 내용이나 몇몇 불리한 항목은 적절하게 수정하여 제공하는 디자인과 서비스에 대한 합당한 가치를 받을 수 있도록 대비하는 것이 필요하다.

디자인 공모전을 마케팅으로 활용하라

Design Studio

회사에 다니는 개인 디자이너나 이제 막 설립된 디자인 스튜디오의 디자이너나 홍보(Self-Promotion)는 매우 중요하다. 개인이나 스튜디오가 홍보의 중요성을 인지하고 얼마나 진지하게 진행하느냐가 특히 중요한데, 창업 후 영업할 때 사람들의 반응이 없거나 영업이 힘들어진다면 초기 홍보를 멀리했기 때문일 것이다. 필자 역시 회사 내 디자인 방법론이 노출되지 않도록 전전긍긍하는 바람에 꽁꽁 감추려고 했었고, 이는 지금 생각해도 안타깝고 어리석은 생각이었다.

공모전을 창업과 연관시키라고 말하면 대부분 아이디어나 새로운 인원을 모집하는 것을 생각한다. 대기업만이 공모전을 마케팅에 활용할 수 있다고 생각하는 것은 잘못된 생각이며, 창업을 시작하는 단계 또는 창업자 입장에서 공모전은 투자 대비 가장 유용한 마케팅 수단이 될 수 있다.

간혹 공모전에서 어렵게 수상했음에도 불구하고 적절한 시기에 알리지 못할 때가 있다. 인터뷰해 보면 수상만 하면 알아서 마케팅이 시작될 줄 알았으며 큰 비용을 지출했는데 예상외로 효과가 없어서 실망했다고 하소연하는 경우가 많다. 그러나 이것은 대단히 잘못된 접근이며 회사가 무엇 때문에 공모전 수상이 필요했는지 점검해볼 필요가 있다.

창업 초기에 브랜드 인지도가 없다면 국제 디자인 공모전 수상을 통해 오랜 역사와 전통을 자랑하는 공모전(레드닷, iF, IDEA, K-디자인 어워드 등) 단체의 브랜드를 빌려 효과를 볼 수 있으며, 다수의 수상 포트폴리오로 기존 고객에 대한 신뢰나 대외 인지도를 올릴 수도 있다.

최근에는 한두 개의 공모전 수상을 넘어 상당히 많은 양의 수상 포트폴리오를 장기적으로 준비하는 회사가 늘어나고 있다. 일반적으로 '신뢰'라는 가치가 수많은 디자인과 제품, 서비스 등을 효과적으로 알리기 위한 선택의 기준이 되기 때문이다. 특히 국제적인 인증은 제품을 개발한 회사나 창업자 기준으로 바라보는 가치 기준이 아니므로 많은 사람들의 선택 이유에 도움을 준다.

공모전에서 수상하면 수상 로고를 활용할 수 있으며, 이는 마케팅에 큰 역할을 한다. 오랫동안 유지된 국제 공모전은 로고에 수상 연도를 기재하고, 사용 규정을 까다롭게 적용한다. 유명한 공모전일수록 수상 후 비용이 발생할 수 있는데, 작품집을 구매하거나 상장 추가 인쇄와 같은 선택 사항 중에 로고 사용에 대한 비용이 기재되기도 한다.

최근에서야 대기업의 공모전 수상 로고를 활용한 마케팅으로 인해 사람들이 디자인 공모전 로고를 인식하기 시작했으며, 이후 잘 만들어진 제품일 경우 디자인 공모전 출품을 통해 업체의 신뢰를 크게 향상시키기 시작했다. 창업을 시작한 사람들 역시 공모전 수상 로고를 회사 홈페이지나 브로슈어 등에 사용하여 자사 디자인의 우수성을 알리고 고객의 신뢰를 얻는데 활용할 수 있으며, 만약 기존 고객이 없거나 사업 경력이 짧은 신생 업체라면 단 한 개의 수상도 큰 도움이 될 수 있다.

▲ 대만 J.C. Architecture, K-디자인 어워드 수상 로고 사용 사례

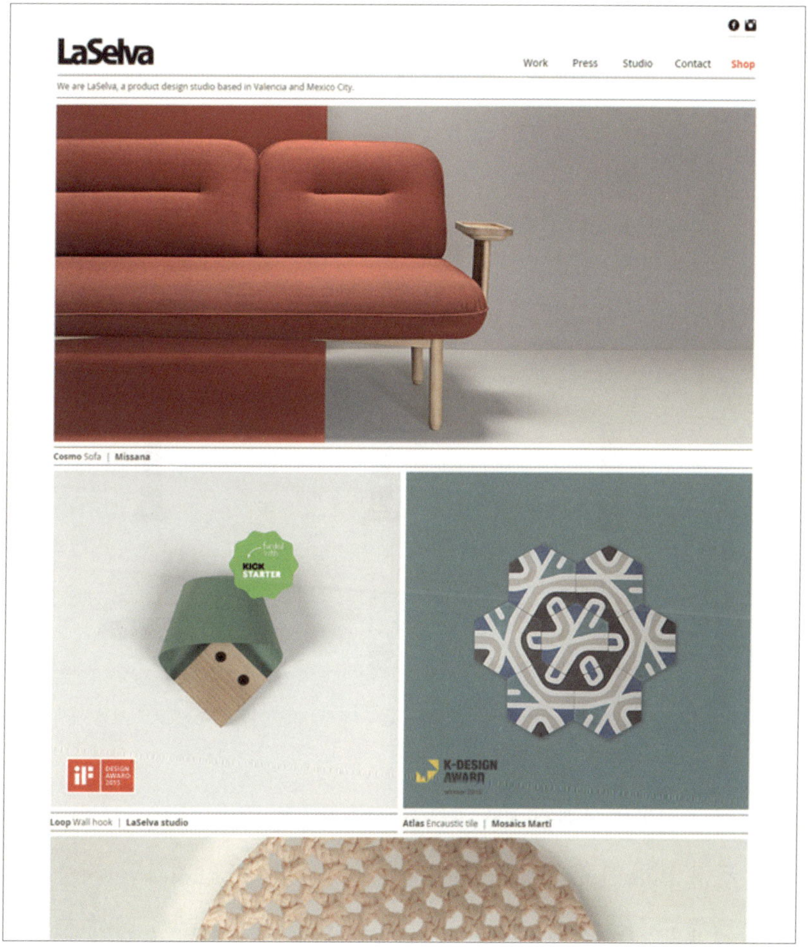

▲ 스페인 LaSelva Studio, iF K-디자인 어워드 수상 로고 사용 사례

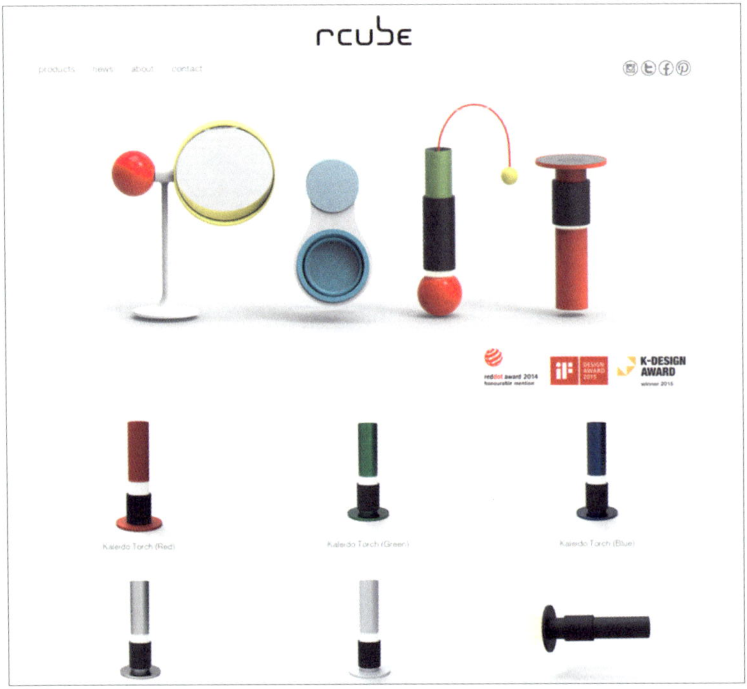

▲ 홍콩 Rcube Design Studio Limited, 레드닷, iF, K-디자인 어워드 수상 로고 사용 사례

세계 3대 공모전인 IF, Red Dot, IDEA의 경우 출품료나 위너 패키지 비용이 많이 드는데, 창업을 시작하는 단계라면 처음부터 투자 비용을 늘릴 필요는 없다. 단, 스스로 발전하기 위한 도전의식 고취와 마케팅, 신뢰를 기초로 한 대중의 선호를 이용하고자 한다면 반드시 공모전을 활용하길 바란다. 국제 디자인 공모전 중, 미국의 스파크 디자인 어워드나 한국의 K-디자인 어워드처럼 참가 비용이 저렴한 신생 공모전에 도전하는 것도 좋은 전략이다.

▲ KT, 세계 유수의 국제디자인공모전에서 수상한 내용을 전용 페이지로 만든 사례

공모전 수상 경력과 포트폴리오가 어느 정도 쌓이면 홈페이지 내부에 전용 페이지를 만들어 경쟁자를 압도하는 객관적인 근거로 활용하는 동시에 클라이언트의 신뢰를 얻을 수 있다. 물론 비용이 다소 많이 들지만 대기업의 경우 마케팅 효과가 훨씬 크기 때문에 수상 포트폴리오 구축에 많은 준비를 하는 추세이다.

지속적으로 공모전에서 수상해야 하는 이유는 인증마크를 사용할 때 반드시 수상 연도를 정확하게 표기해야 하기 때문인데, 수상 연도를 표기하는 이유는 국제 공모전이 가진 규칙에 의한 부분도 있지만 정확하게는 스튜디오의 위치를 규정하는 사신감이 되기 때문이다. 공모전에서 지속적으로 수상한다는 것은 현재 회사가 성장하고 있으며, 새로운 것을 추구하고 변화하는 역동적인 기업이라는 것을 간접적으로 알릴 수 있기 때문이다.

국제 디자인 공모전에 수상한 소식은 언론에 노출되기 쉬운 단골 소재이다. 특히 한 해에 세계 3대 디자인 공모전을 모두 석권하거나 세계 최다 수상처럼 희소가치가 있는 수상 내용은 많은 언론에 노출되어 블로그나 SNS의 공유로 마케팅 효과를 톡톡히 볼 수 있다.

창업 초기에는 사람들에게 어필하기 쉬운 마케팅 수단을 찾기 어려운 경우가 많다. 비록 현재에 이르러 SNS와 같은 생활 밀착형 서비스가 생기면서 광고 신기원을 이루었지만, 지금까지 이어져 오던 광고 방식으로는 SNS에서 살아남기란 쉽지 않다. 광고라는 인식이 드는 순간 바로 다음 소식으로 넘어갈 정도로 현재의 소식 전달 방식은 휘발성이 매우 높다.

마케팅은 한정된 소식 공간과 제한된 전달 방식 속에서 합리적이고 효과적인 키워드를 활용해야 한다. 다양한 마케팅 키워드가 존재하지만 그중에서도 공모전은 창업 시장 발달과 창업자 경험, 창업 아이템까지 총 세 가지 창업 요소를 한꺼번에 보여줄 수 있는 유용한 수단이다. 즉, 국제 디자인 공모전에 참가하는 이유는

'생산성 있는 마케팅'을 위해서라고 할 수 있다.

▲ 삼성 / 수상 소식이 언론에 노출된 사례

디자인 스튜디오의 영업,
포토폴리오를 통해 프로젝트를 의뢰받는 것.

5

디자인 스튜디오 창업,
효과적인 포트폴리오 만들기

디자인 스튜디오의 가장 큰 경쟁력은 디자인 능력이다. 디자인 능력을 효율적으로 성장시키기 위해서는 프로젝트를 잘 골라야 하는 것도 있지만 사람과의 소통 능력이 중요하다. 창업자 입장에서 효과적인 포트폴리오를 만들기 위해서는 세 가지가 필요한데, 바로 좋은 프로젝트를 의뢰하는 클라이언트와 그 프로젝트를 완성도 있게 진행할 수 있는 인력 그리고 창업자의 상황별 대처 능력이다.

심준우

디자인 스튜디오는 영업이 필요할까?

Design Studio

디자인 스튜디오를 운영하는 선배와 영업에 대해 대화를 나눈 적이 있었다. 선배는 포트폴리오를 들고 발로 뛰어다니며 영업하는 것을 의아해했다. 작업물이 좋으면 자연스럽게 프로젝트 의뢰가 들어온다는 선배의 말이 틀리지 않다는 것을 알면서도 많은 생각을 하게 되었다.

'디자인 스튜디오에 디자인 외에 다른 것이 더 필요할까?'

창업 초기에 얼마 되지 않는 작업물을 바탕으로 만든 회사 소개서와 포트폴리오, 브로슈어를 만들어 가방에 잔뜩 넣고 관공서나 공연 단체, 회사를 방문하며 그야말로 아날로그 영업을 하고 있었다. 30대 초반이었지만 SNS에 큰 관심이 없었고, 영업은 직접 만나서 하는 일이라고 스스로를 다그치던 시절이었다.

인터넷으로 클라이언트가 될 만한 회사에 연락처를 남기면 운 좋게 미팅을 할 수 있었고, 그렇게 만난 회사 주변에 다시 연락처를 남겨 미팅을 잡거나 직접 방문을 하면서 영업했다.

물론 이렇게 발로만 뛰는 영업만 하지는 않았다. 메일이나 우편물을 보내고 지인을 통해 소개도 받으면서 할 수 있는 모든 일을 시도했다. 그런데 먼저 적극적으로 클라이언트를 찾아 나선 경우에는 한 수 접고 들어간다는 느낌을 지울 수 없었다. 디자인 프로젝트를 의뢰받고 진행하는 것은 컨설팅 과정을 통해 전문가로서 결과물을 제안하는 것인데, 아날로그 영업 방식은 전문가로서 접근하기가 쉽지 않았다.

영업 담당자, 프로젝트 매니저, 디자이너와 같이 분야가 확실하게 나뉜 인력을 가지고 있었다면 좋았겠지만 초기에는 2명으로 구성된 작은 스튜디오였다. 시작부터 구성원이 10명 이상인 디자인 전문 회사는 찾아보기 어렵다.

'디자인 스튜디오는 포트폴리오를 통해 프로젝트 의뢰를 받는 것이 이상적이다.'

디자인 스튜디오의 본질은 디자인이며 이는 디자인 스튜디오 영업 전략의 가장 큰 핵심이다. 디자인이 훌륭하고 차별화된 강점이 있다면 모든 일은 수월하게 진행된다.

언젠가는 기회가 오겠지만, 창업 초기부터 뛰어난 포트폴리오와 든든한 클라이언트를 만드는 것은 힘들다. 그렇다면 우리는 그러한 기회가 올 때까지, 그 기회를 잡을 수 있도록 철저하게 계산된 영업 전략과 포트폴리오를 구성해야 한다. 무작정 발로 뛰는 영업은 추천하지 않는다.

01 디자인 스튜디오의 방향성을 잡자

디자인 스튜디오의 방향성이란 스튜디오의 미래를 그려보는 것을 말한다. 디자이너라면 각자 수행하고 싶은 프로젝트가 있을 것이다. 가깝게는 국내 대기업, 멀게는 세계적 기업의 디자인 프로젝트를 수행하는 미래를 그릴 수 있다. 이러한 미래를 다양하고 구체적으로 그려보면 좋다.

분야마다 다르지만 편집 디자인이라면 대기업 애뉴얼 리포트를 제작한다거나 영상 디자인이라면 좋아하는 브랜드의 광고 영상을 제작하는 등, 반드시 한 가지 분야를 고집할 필요는 없지만 나아가고자 하는 분야에서 최상위 프로젝트가 무엇인지 파악해야 한다. 먼저 최상위 단계를 잡고, 하위 단계로 가며 단계별로 방향을 잡다 보면 자신만의 프로젝트 레벨이 구성될 것이다.

02 한 단계 성장할 수 있는 레벨업 프로젝트를 구성하자

대학생이거나 직장에 다니면서 여유 시간에 하고 싶은 디자인을 할 때는 웬만한 건 다 할 수 있을 것 같은 자신감이 생긴다. 그러나 창업을 하고 나면 일과 이외의 시간을 만들기가 무척 어렵다. 직원이 많든 적든 간에 자금에 쫓기는 운영은 하지 말라고 말은 쉽게 하지만, 안 쫓길 수가 없다. 잘하는 디자인과 하고 싶은 디자인을 선택해야 하듯이 나아갈 방향을 잃고 당장 돈이 되는 일만 한다면 디자인 스튜디오의 발전은 점점 더딜 것이다.

따라서 디자인 스튜디오는 레벨업할 수 있는 프로젝트를 주기적으로 진행해야 한다. 이때 진행할 프로젝트는 평소 포트폴리오보다 훨씬 뛰어난 능력을 보여줄 수 있어야 한다. 디자인 스튜디오를 평가하는 것은 매출액도, 직원 수도 아닌 디자인 작업물이기 때문이다.

03 서비스 마인드를 갖자

같은 사람이면 더 친절한 스튜디오가 좋고, 같은 가격이라면 보기 좋은 스튜디오가 좋듯이 내면의 따스함과 외면의 깔끔함을 유지하는 것은 디자인 스튜디오 대표로서 갖추어야 할 기본이다.

디자인 스튜디오를 하면서 가장 많이 고민하는 부분은 의뢰받은 프로젝트를 해야 할지, 말아야 할지 선택하는 것이다. 철저하게 인력을 바탕으로 운영되는 디자인 스튜디오는 소화할 수 있는 일의 양이 한정적이며 일정이나 금액의 영향을 많이 받는다.

만약 일정이나 금액이 적당하더라도 제품이나 공예부터, 컨설팅 성격의 서비스 디자인까지 디자인 분야는 다양하고 세분화되어 있기 때문에 과연 우리 회사가 잘 할 수 있는 디자인인지 따져보아야 한다.

대부분의 디자인 스튜디오는 웹사이트나 회사 소개서를 통해 어떤 형태의 결과물을 만들었는지 클라이언트에게 소개할 것이다. 프로젝트를 의뢰하는 클라이언트가 회사 소개서의 포트폴리오를 보고 어느 정도 가능한 선의 디자인 프로젝트를 의뢰한다면 해낼 수 있지만, 간혹 그렇지 않은 경우가 있다. 예를 들어, 스튜디오에서 보유한 포트폴리오가 아닌 다른 회사의 결과물을 사례로 들며 프로젝트를 의뢰하는 경우가 있는데, 한 번도 수행해보지 않았던 스타일이나 형태라면 당연히 고민할 수밖에 없다. 창업자 입장에서는 프로젝트를 의뢰받는다는 점에 감사하면서도, 다양한 포트폴리오를 만들 기회일 수 있다. 포트폴리오가 부족한 스튜디오 입장에서는 일정과 금액, 예상되는 완성도를 생각한다면 당연히 진행해야 하는 부분이지만 신중하게 생각해야 한다.

프로젝트를 의뢰받으면 진행하고 완성하기까지 여러 과정이 필요한데, 일반적으로 다음과 같은 과정을 거친다. 직접 영업을 뛰면서 현장에서 프로젝트를 의뢰받는 경우나 입찰 이외에는 대부분 연락처나 메일을 통해 프로젝트를 의뢰받는 것으로 시작한다.

디자인 창업노트

프로젝트 의뢰 과정

1 연락처나 메일을 통해 프로젝트를 의뢰받는다.

2 클라이언트가 회사 소개서 또는 포트폴리오를 요청한다.

3 포트폴리오를 보내면 클라이언트가 내부적으로 검토하고 회신한다.

4 클라이언트가 프로젝트에 대한 브리프나 과업에 대한 설명을 보내주며 견적을 요청한다.

5 메일 또는 미팅을 통해 상호 협의한다.

클라이언트가 프로젝트를 의뢰할 때는 브리프를 작성해서 보내주는데, 디자인 브리프를 보내주는 클라이언트는 디자인 회사나 스튜디오와 다양한 프로젝트를 수행한 경험이 있고, 프로세스를 갖추고 있으며, 담당자가 디자인에 대한 전문 지식을 가지고 있는 경우가 대부분이다. 받은 브리프를 잘 이해하고 문의 사항을 메일로 간단하게 주고받은 다음, 견적서를 보내면 클라이언트가 내부적으로 검토하고 연락을 준다.

창업 어드바이스

브리프?

브리프는 일종의 브리핑의 명사격으로 디자인 의뢰를 위한 기본적인 제안 사항이나 요구사항, 한계점을 간결하게 정리해 보내주는 제안 요약서와 같은 개념이다. 디자인 의뢰 경험이 많거나 상대적으로 제품 기획에 대한 프로세스 과정이 철저할수록 브리프의 내용이 간결하고 전달하고자 하는 내용이 명확하게 작성되는 경우가 많다.

클라이언트가 작업에 대한 간단한 설명과 함께 견적을 요청하면 상황에 맞게 잘 대처해야 한다. 기존에 거래하던 업체라면 담당자의 성향이나 프로젝트 성격이 어느 정도 예상되기 때문에 빠진 부분이나 궁금한 것은 문의하면 된다. 하지만 신규 클라이언트라면 더욱 꼼꼼하게 작업 범위나 세부 사항들을 체크해야 한다.

디자인 창업노트

디자인 프로젝트 견적을 내기 위해 알아야 할 작업 범위와 세부 사항

사례1 **공연 포스터와 홍보물**

- 프로젝트명 : 비공개일 수 있음
- 클라이언트 : 원청인지 하청인지 확인
- 작업 범위
- 포스터, 리플릿 크기
- 사용될 소스의 제공 범위 : 사진이나 일러스트, 콘텐츠(원고) 제공 여부
- 응용 범위 : 크기 변형, 다른 미디어에서의 사용 여부, 사진이나 일러스트 제작에 대한 저작권 협의
- 제작 일정 : 수정 범위 협의, 인쇄 제작 여부(사양 체크)
- 제작 금액 : 선금 정산 여부, 잔금 정산 일정

사례2 **인포그래픽을 포함한 편집물 제작**

- 크기와 페이지 수
- 사용될 소스의 제공 범위 : 사진이나 일러스트, 콘텐츠(원고) 제공 여부
- 응용 범위 : 크기 변형, 다른 미디어에서의 사용 여부, 사진이나 일러스트 제작에 대한 저작권 협의
- 제작 일정 : 수정 범위에 대한 협의, 인쇄 제작 여부(사양 체크)

디자인 창업노트

계약서 작성

클라이언트가 기업이나 관공서일 경우 계약서를 작성한다. 그러나 프로젝트가 간단하거나 소액이라면 견적서로 대체하는 경우도 있다. 이때 반드시 견적서에 구체적인 작업 범위를 명시하고 이러한 사항을 주고받은 메일을 저장해야 한다. 디자인 프로젝트는 대부분 창작물 제작 과정을 거쳐 최종 결과물을 납품한다. 창작이라는 것이 애초에 없는 것을 만들어내는 것이기 때문에 의뢰자와 제작자 사이에 생각의 차이가 생길 수밖에 없는데 브리핑과 견적을 협의하는 초기 단계에서 이러한 생각의 차이를 최대한 좁혀야 한다.

퍼스널 브랜딩과 자체 프로젝트 기획하기

Design Studio

디자인 스튜디오를 운영하면서 정기적으로 괴롭혔던 것은 프로젝트 수주에 대한 압박감이었다. 운영자 입장에서 진행하는 프로젝트가 끝나고 다음 프로젝트가 없으면 매우 불안했다. 팀원이 적을 때는 직접 영업하고 일을 받아서 디자인도 하고 제작이나 납품까지 혼자 맡았던 경우가 많았다. 아마도 모든 프리랜서가 프로젝트 수주에 대해 고민하고 있을 것이며, 팀원들에게 월급을 주는 대표들은 더할 나위 없이 걱정이 많을 것이다. 대표가 운영과 실무에 대해 걱정만 하면 과연 디자인 스튜디오가 제대로 운영될 수 있을까?

대학교 은사님과 이러한 고민에 관해 이야기를 나눈 적이 있는데, '찍새와 딱새'에 비유하여 얘기한 적이 있다(구두 닦는 사람들의 직업을 은어로 표현한 단어이며, 절대 직업적인 비하이거나 부정적인 생각이 아니라 운영과 실무에 대한 비유적 표현임을 밝힌다). 많은 사람들이 다니는 대기업 건물에서 구두를 수거하는 사람을 '찍새', 수거한 구두를 닦는 사람을 '딱새'라고 한다. 더 많은 구두를 수거하고 닦기 위해 분업화되어 있는 것이다. 이 두 사람 간의 가장 중요한 것은 서로에 대한 믿음이다. 마찬가지로, 디자인 스튜디오에서 프로젝트를 수주할 때, 내부 인력에 대한 믿음이 없으면 애매한 상황이 반복될 뿐이다. 내부에서 실무를 보는 인력이 다음 프로젝트에 대해 걱정하면 현재 진행 중인 프로젝트에 집중할 수 없게 된다.

제조업이나 판매업처럼 운영에 큰 위험이 없다고 생각할 수 있지만, 일이 없으면 쉬게 되고 이러한 상황이 반복되면 쉽게 문을 닫는 것이 대행사 생리이다. 일이 없다고 해서 직원을 줄이고, 일이 들어오면 직원을 채용하는 프로세스는 말처럼 쉽지 않다. 디자인 스튜디오는 디자이너 중개소가 아니라 그 자체가 차별화된 성격을 띠고 프로젝트를 진행하는 곳이고, 기본 구성을 유지해야 하기 때문이다. 또한, 인력이 정해져 있다 보니 많은 일이 들어와도 할 수 있는 일의 양은 정해져 있고, 일이 없다고 해서 직원을 내보낼 수도 없는 노릇이다.

창업 초기 디자인 스튜디오는 여유 시간이 생길 확률이 높다. 이때 자체 프로젝트를 진행하거나 포트폴리오를 정리하는 것을 추천한다. 자체 프로젝트도 프로젝트이기 때문에 시간과 비용이 소요되며 진행 중에 다른 프로젝트를 의뢰받는다면 상황이 모호해지기 때문에 상황에 맞게 철저히 준비해서 진행해야 하고, 가지고 있는 포트폴리오를 잘 정리해서 스튜디오의 내부를 정리함과 동시에 외부 영업에 주력해야 한다.

디자인 스튜디오를 운영하는데 있어, 고정 수익은 절실하기도 하다. 고정 수익이 없으면 앞에서 언급한 것과 같은 어려움을 겪기 때문이다. 그렇지만 디자인 스튜디오가 건바이건 프로젝트를 진행하면서 고정적인 이익을 얻는 몇 가지 방법이 있다.

창업 어드바이스 **건바이건?**

업계 용어로, 'Item by Item'의 준말이며 아이템이 발굴될 때마다 사업을 진행한다고 하여 일컬어진 은어이다.

01 자체 프로젝트 개발

고정적인 이득을 만드는 방법 중에서도 부담감이 크지만 성공과 실패를 떠나 팀 내부의 경험을 쌓을 수 있는 방법이다. 회사 내부에서 만들어지는 포트폴리오나 팀원들의 개인 작업, 개인 인맥을 통해 연결된 작가의 작품과 같이 다양한 영역에서 디자인 실험을 시도하고 회사의 아이덴티티를 만드는 방법이기도 하다.

제품 디자인 전문 회사의 관점에서 본다면 자체 상품 개발과 같은 맥락이다. 필자에게 있어 자체 프로젝트는 디자인 스튜디오의 가장 큰 설립 목적이었다. 디자인 스튜디오를 창업하고 5년 차에 접어들면서, 클라이언트 잡(디자인 용역)과 자체 프로젝트의 진행 비율은 7대3이다. 창업 초창기를 돌아보면, 클라이언트 잡은 현재를 버티게 해주는 부분이었다면, 자체 프로젝트는 미래를 준비하는 것이라 생각했다. 자체 프로젝트가 원활하게 진행되지 못한 이유 중 하나가 클라이언트 잡이 예상보다 많아지기 때문이었는데, 내부 인력과 할 수 있는 일의 양은 한정적이기 때문에 무엇을 선택하느냐에 따라 디자인 스튜디오의 방향성이 달라지므로 신중한 선택이 필요하다.

▲ 안전매거진 “오래 살고 볼 일이다.” 캠핑안전편

◀ 안전매뉴얼 "오래 살고 볼 일이다." 여름레저 편(좌측 상단), 겨울불조심 편(좌측 하단), 등교길 편(우측 상단)

오래 살고 볼 일이다
오래 살고 볼 일이다
오래 살고 볼 일이다
오래 살고 볼 일이다
오래 살고 볼 일이다.
오래 살고 볼 일이다
오래

안전 매거진, 오래 살고 볼 일이다

최근 안전 문제에 대한 걱정과 관심이 그 어느 때보다 높다. 안전이란 일상 속에서 항상 지켜야 할 명제인데, 안전에 대한 지속적인 관심과 이해를 돕기 위해 2014년부터 '안전 프로젝트 : 오래 살고 볼 일이다'를 진행하고 있다. 이 프로젝트는 안전사고와 관련된 상황들을 흥미롭게 읽어볼 수 있도록 재미있는 일러스트와 간략한 설명글로 구성되어 있으며, 이를 통해 안전에 대한 메시지를 친근하게 전달하고 있다.

안전사고의 가장 큰 원인은 '안전 불감증'인데, 안전 불감증이란 안전의 중요성은 알고 있지만 인식하지 못하는 것을 말한다. '안전 프로젝트 : 오래 살고 볼 일이다'는 시각적 커뮤니케이션 방법론을 통해 안전 인식의 변화를 끌어내며, 더욱 많은 사람들이 이를 공감하고 공유하길 바라고 있다.

오래살고 볼일이다
MAGAZINE
01
INDEX
02
03
04
05
06
오래살고 볼일이다
오래 살고 볼 일이다
오래 살고 볼 일이다
오래 살고 볼 일이다
오래살고 볼일이다

2년 넘게 〈안전 매뉴얼 - 오래 살고 볼일이다〉 프로젝트를 진행하면서, 많은 관심을 얻었고 다양한 기회를 접하게 되었다. 비용이나 내부 운영 면에서 프로젝트에 참여하는 모두가 어느 정도 힘든 부분이 있었지만, 안전이라는 키워드와 자체 프로젝트에 대한 발전 가능성을 확인할 수 있었다.

2016년도 3월부터 매거진 형태로 발간되는 〈안전 매거진 - 오래 살고 볼 일이다〉는 콘텐츠와 제작 프로세스를 확장하고 정리하는 의미를 갖는다. 안전 매거진은 기존의 형태를 유지하면서, 격월간으로 발행되는 콘셉트에 맞춰 인터뷰와 필요한 정보를 실을 수 있는 공간을 추가하였다.

안전 매뉴얼이 갖고 있는 공공장소에 부착 가능한 기능을 이어가기 위해 넓은 판형을 선택하고 종이의 재질을 고려하였다. 안전 매뉴얼에서 안전 매거진으로 넘어오면서 배포처의 확대와 관리, DM 발송 등이 좀 더 체계적으로 변한데 반해, 무가지(무료) 형식은 여전히 고수하고 있으며, 정기 구독을 원하는 소비자에 한해 운송비를 구독비로 대처하고 있다.

김치버스 프로젝트

2013년 4월, 스튜디오에서 처음 만난 류시형은 김치버스 시즌1을 진행하며 유럽을 다녀온 후였다. 김치버스로 일본과 국내 투어를 계획 중이었던 류시형은 우리에게 자신들의 프로젝트를 소개할 수 있는 리플렛을 제작해 달라고 요청했다.

단순히 작은 리플렛을 의뢰받았지만 이미 머릿속에는 〈김치버스 프로젝트 시즌2〉 브랜딩에 대한 맵이 그려지고 있었다. 김치버스가 가지고 있는 스토리와 김치를 알리는 행위가 갖는 가치를 시각적으로 좀 더 흥미롭게, 체계적으로 표현할 수 있다면 더 많은 사람들이 이 프로젝트에 관심을 두고 응원할 것이라 믿었다. 그래서 김치버스 이야기를 디자인으로 풀어보면 어떻겠냐는 제안을 했고, 그는 흔쾌히 수락했다.

〈김치버스 프로젝트 시즌2〉는 버스에 김치를 싣고 다니면서 외국인들에게 김치로 만든 음식을 선보인다는 것만으로도 가치 있는 프로젝트였으며, 이를 실행에 옮기기 위한 류시형, 김승민 두 청년의 노력은 대단했다. 버스를 개조하는 일부터, 버스를 멀리 유럽으로 보내는 것까지 성공했다. 그리고 〈김치버스 프로젝트 시즌2〉를 통해 유럽에서 이동한 거리는 무려 1,500km나 되었다. 당시 지금처럼 많은 사람들이 이 프로젝트를 알고 있거나 관심을 가진 것은 아니었지만 그들은 묵묵하게, 그리고 꾸준히 생각하는 것을 실천에 옮겼다.

〈김치버스 프로젝트 시즌2〉에서 가장 중요한 부분은 사람들의 관심과 더불어 김치버스 프로젝트가 단발성이 아닌, 지속 가능 프로젝트임을 알리는 것이었다. 김치버스가 달려온 이야기를 흥미롭게 풀기 위해 메인 디자인은 사진을 활용하지 않고 100% 일러스트 작업으로 진행하였다. 그들의 노력과 고생이 사람들의 공감을 얻을 수 있도록 포스터의 레이아웃을 설계했으며 국전 크기로 인쇄하고 제작하여 홍보하면서 결코 가벼운 프로젝트처럼 보이지 않도록 했다.

아이소 매트릭 기법을 변형하여 제작한 아이콘들은 포스터 디자인을 비롯해 엽서와 리플렛, 배너 등에 일관성 있게 적용했고, 프로젝트를 좀 더 체계적으로 정리하는 역할을 했다. 홍보 영상에도 프로젝트가 전달하려는 메시지와 흥미 유발 요소에 어울리는 모션 그래픽 기법들을 적용했으며, 〈김치버스 프로젝트 시즌2〉 이후에도 여전히 김치버스팀은 파트너십으로 연결되어 다양한 프로젝트를 진행하고 있다.

처음으로 함께 도전했다는 것 이외에도 많은 의미가 있는 소중한 프로젝트로, 당시 프로젝트에 가졌던 애착과 집착, 디자이너로서의 순수한 욕망으로 진행되었다.

▲ 김치버스 프로젝트 시즌2 메인포스터(2014)

〈김치버스 프로젝트〉는 한국의 김치 문화를 세계에 알리기 위해 세계 여행을 하는 젊은 청년들의 모임이다. 시즌2부터 김치버스 프로젝트의 비주얼 플랜과 각종 프로모션을 함께 하였고 현재까지 인연을 지속하고 있다. 김치버스라는 프로젝트는 꽤 흥미롭게 다가왔으며, 많은 사람들에게 이 프로젝트를 알리기 위해 시즌2의 홍보용 포스터를 시작으로 이후 각종 시각화 작업을 전담하여 진행하였다. 최근 4번째 시즌인 이탈리아 밀라노 프로젝트까지 다양한 디자인 방법론으로 김치버스만의 그래픽 작업을 진행했고, 시즌을 거듭할수록 김치버스만의 독창적인 아이덴티티로 자리매김하며 많은 사람들이 김치버스를 인지할 수 있는 시각적 통로 역할을 했다.

▲ 김치버스 푸드트럭 브랜딩 및 방문국가별 특징을 살린 병따개 디자인

김치버스 푸드 트럭 브랜딩

김치버스 프로젝트팀은 2015년 국내(커먼그라운드)에 새로운 둥지를 틀었다. 김치버스 푸드 트럭은 세계를 여행하던 김치버스 프로젝트팀의 서울 프로젝트로써, 전반적인 브랜딩과 비주얼 플랜을 '퓨전 한식을 기반으로 한 푸드 트럭 스토어'로 수립하였다.

'여행'과 '음식'이라는 브랜드 본질과 그동안 구축한 '김치버스'라는 브랜드 가치를 표현하는 것에 중점을 두어 아이덴티티를 개발하였는데, 김치버스 푸드 트럭의 핵심인 버스는 래핑 작업을 거쳐 새로운 브랜드 아이덴티티를 담았으며 세계 여행이라는 키워드를 바탕으로 세계 각지의 아이콘을 브랜드 모티브로 설정하여 다양한 방법론으로 사용자와 소통하고 있다.

김치버스 푸드 트럭은 현재 건대의 커먼그라운드에 자리를 잡고 있으며, 김치버스만의 독특한 컬러로 브랜드 경험을 제공하고 있다.

▲ 김치버스 프로모션, 꿈의 도시락 나눔 행사

02 정기 간행물

시각 디자인을 전문적으로 하다 보면 정기 간행물에 들어가는 자료를 정리하거나, 정기 간행물 전체 디자인을 맡을 때가 있는데, 다양한 관점에서 작업을 바라볼 수 있고 월간이나 주간으로 진행하기 때문에 창업자 입장에선 고마운 프로젝트이다. 그러나 2010년 사보 전문 에이전시에 재직할 때부터 이미 종이 사보에 대한 전망은 어두웠다. 사내에 배포되는 사보 구독률과 그 효율성에 대한 의문은 계속되었고, 웹진이나 블로그의 비중이 높아지고 있었다.

정부 발표에 따르면 영수증과 통장을 전자로 대체한다고 한다. 스마트폰을 비롯한 디지털기기 사용에 익숙하지 않은 소수의 권리는 어떻게 지킬 것인지 의문이지만, 종이라는 매체가 점차 설자리를 잃어가고 있는 것만은 확실하다. 또한, 국내 최초의 기업 사내보 '두산'도 인쇄 발행을 중단했다. 모바일 매거진 형태로 완전히 전환한 것이다. 얼마 전까지도 열심히 읽었던 삼성그룹의 사내외보 '삼성&유' 역시 온라인 웹진으로 전환하면서 종이 사보는 더는 발행되지 않는다.

종이 사보가 점차 사라지고 있는 가장 큰 이유는 디지털 미디어가 경제성과 접근성면에서 월등하기 때문이다. 그렇지만 종이가 갖는 아날로그적 감성과 희소성 그리고 아직 디지털기기에 익숙하지 않은 사용자 계층 때문이라도 지금 당장 종이 사보가 사라지는 일은 없지 않을까?

사보는 기업 내부 임직원이나 사외 특정 다수와 커뮤니케이션하기 위함이고, 여기에는 공동체 의식 형성과 기업이나 단체의 위상을 높이기 위한 목적이 있다. 사보를 제작하기 위한 노력과 경비는 결국 기업 문화 형성을 위한 것이며, 기업 가치를 상승시키기 위한 활동이다.

사보는 전통적으로 다양한 카테고리가 모여 월간이나 격월간과 같이 일정한 기간에 맞춰 발간된다. 이러한 프로세스를 구성할 수밖에 없었던 이유 중 하나가 바로 매체가 종이이기 때문인데, 낱장의 전단 형태로 만들어 불특정 기간에 임직원들에게 나눠주는 사보가 과연 기업 문화라는 높은 가치를 형성할 수 있었을까? 인쇄 매체라는 플랫폼 특성과 그 속에 들어가는 정보를 효율적으로 구성하기 위해 사보는 지금과 같은 형태를 갖추게 되었다.

그러나 사보가 점차 디지털 매체로 바뀌면 이러한 프로세스 또한 바뀌어야 한다. 바쁜 직장인들이 스마트폰을 통해 정보를 얻는 과정을 살펴보더라도 주로 짧은 시간에 요약된 정보를 접하고 그 중에서 필요한 정보를 선택적으로 취하는 형태가 대부분이기 때문에, 스마트폰을 통해 보이는 사보 역시 그 형태가 바뀌어야 할 것이다.

롯데 푸드 사내보, 하모니

2014년 롯데푸드 사내보 '하모니'의 가장 큰 목표는 사내 임직원들의 소통과 공감을 향상시키는 것이었다. 합병한 지 얼마 되지 않은 상황에서 임직원들은 본인 업무를 제외한 다른 부서의 상황 인지가 부족하다고 판단하였고, 사내보를 통해 이를 보완하려고 했다.

기본적인 콘텐츠 구성은 'Work – 업무 소개', 'Live – 업계 동향', 'Feel – 임직원 소식 공유'로, 공유하고자 하는 내용을 흥미롭게 구성하고 인포그래픽과 일러스트 표현 기법으로 열독률을 높이려 했으며, 사보를 발행하는 과정에서 '하모니'를 통해 자사 브랜드 이미지 향상은 물론 더 나은 사내 문화를 형성했다고 평가받았다.

푸드 사업을 주력으로 하는 기업 특성을 고려하여 전체적으로 식품 위주의 일러스트를 활용한 디자인을 제안했고, 사보의 특성을 고려해 짜임새 있는 레이아웃과 변형이 유용한 그리드 시스템을 도입하여 제작했으며, 가변적인 콘텐츠 요인이 많았기 때문에 이를 충분히 수용할 수 있는 디자인 방향성을 잡고 매월 특화된 레이아웃 변화를 꾀하여 진행했다. 롯데푸드라는 하나의 기업 문화를 형성하기 위해 '하모니'는 흡수 합병된 다양한 사업군 정보를 공유하는 플랫폼 역할을 해야 했으며, 회사 정보뿐만 아니라 종합 식품 회사의 사보다운 유익한 콘텐츠를 높은 품질의 디자인으로 표현하기 위해 노력했다.

롯데푸드 사내보 '하모니'의 디자인을 맡으면서 연간 제작이라는 프로세스를 경험하고 완성도 높은 포트폴리오를 만들 수 있는 중요한 계기가 되었으며, 이후 기아자동차, 비상교육 등 다양한 파트너와 함께 정기 간행물을 제작할 좋은 기회를 만들 수 있었다.

▲▼ 롯데 푸드 사내보 하모니(2014)

비상교육 정기 간행물

매월 비상교육 선생님을 대상으로 발행하는 비상교육 V매거진은 수업에 필요한 자료가 수록된 교육 매거진이다. 콘텐츠 특성상 지면보다 많은 콘텐츠를 레이아웃에 적절하게 정립하는 것에 중점을 두어 작업했으며, 지루할 수 있는 교육 자료를 디자인적으로 재미있게 표현했다.

▲ 비상교육 V매거진 정기 간행물(2015~2016)

기아자동차 뉴 기아인 웹진

기아자동차 비전 추진팀과 연간으로 진행 중인 뉴기아인 웹진은 홍보팀에서 진행하는 사보와는 다른 성격을 가진, 사내 커뮤니케이션 활성화 방안 전략 중 하나였기 때문에 기아자동차의 이전 디자인과는 차별성을 두어야 한다는 중점 과제가 있었다. 인트라넷을 통해 모니터로 보거나 PDF로 출력해서 보는 임직원들을 만족시켜야 하고, 웹진 특성인 가로 포맷의 플랫폼을 고려해 레이아웃과 타이포 사용에 좀 더 신중을 기했으며 흥미로우면서도 화려하지 않은 기아자동차 사내 문화를 반영하여 뉴기아인 웹진 역시 사용자 입장에서 제작되었다.

▲ 기아자동차 뉴 기아인 웹진(2015~2016)

03 연간 계약(고정 클라이언트)

연간 계약이란, 회사 내부나 신문사에서 사용하는 내부 간행물이나 통계 자료와 같이 매월 또는 정기적으로 발행되는 자료들, 또는 정기적인 프로모션을 비롯한 마케팅 활동을 위한 장기 계약을 체결하는 것을 말한다. 업무 연결성이 생기거나 비슷한 스타일을 사용하는 경우도 있어 여러모로 도움이 되며, 때로는 회사 내에서 전담팀을 운영하기도 한다. 클라이언트의 프로젝트가 주 수입원인 디자인 스튜디오는 안정적인 수익 구조를 찾기 위해 다양한 기회를 모색하게 된다. 기업 사보와 정기 간행물, 연간 행사, 업체 등록과 같이 연간 계약으로 진행되는 프로젝트는 수익 구조가 안정적이고 향후 디자인 방향성을 예상할 수 있다.

▲ 국립극단 작품 '겨울 이야기' 메인 포스터 디자인(2016)

겨울 이야기 공연 홍보물

국립극단의 2016년 첫 작품인 연극 '겨울 이야기'의 통합 비주얼 플랜을 진행했다. '겨울 이야기'는 원작인 셰익스피어의 'The Winter's Tale'을 현대적으로 해석해 유럽 연극의 세련된 감각을 보여주었다. 기획부터 콘셉트 촬영, 제작까지 공연의 전체적인 시각적 계획을 수립하고 이를 실행하였으며 모던하고 웅장한 현대 건축물 배경이 인물과 어우러지는 모습을 연출했고, '겨울 이야기'라는 제목에서 느껴지는 극의 전반적인 분위기를 고려해 청색의 차가운 감정을 전달하려 했다. 왕의 질투와 시기, 왕을 향한 왕비의 사랑 등 인물 사이에 오가는 섬세한 감정과 심리적 거리를 표현하는 데 중점을 두고 제작했다.

▲ 전통공연예술진흥재단 '고궁에서 우리음악 듣기' 브로슈어 디자인(2015)

고궁에서 우리 음악 듣기(2015)

일러스트의 가장 큰 강점 중 하나는 오브제에 대한 재해석이 가능하다는 것이다. 경복궁이나 창경궁은 현장 방문이나 미디어를 통해 이미 우리의 머릿속에 자리 잡고 있으며, 경이로운 궁전의 자태와 놀라운 형태의 기와나 문양은 자랑스러운 문화재이다. 고궁 음악회 프로젝트의 목적은 고궁에서 펼쳐지는 다채로운 음악회에 대한 디자인을 관객들에게 좀 더 새롭게 전달하는 것이었다. 고궁 음악회라면 왠지 전통 음악회를 떠올리기 마련이지만, 이번 음악회는 전통 공연뿐만 아니라 젊은 관객들을 겨냥한 다양한 카테고리의 공연들이 준비되어 있었다. 기존의 고궁 이미지를 탈피하고 새롭게 시도하는 공연의 이미지를 일러스트로 표현했고, 고궁이 가지고 있는 본래의 색과 어울리는 배경색을 고려하여 제작했다.

▲ 전통공연예술진흥재단 '고궁에서 우리음악 듣기' 브로슈어 디자인(2016)

고궁에서 우리 음악 듣기(2016)

기업이나 단체에서는 연중 중요한 프로젝트가 하나씩 있기 마련인데, 전통공연예술진흥재단에서 진행하는 〈고궁에서 우리음악 듣기〉는 매년 관객의 좋은 평가 속에 점점 더 중요한 프로젝트로 자리 잡아가고 있다. 2015년에 이어 2016년에도 이 프로젝트를 맡아서 진행할 수 있는 좋은 기회를 얻었고, 프로젝트를 같이 진행했었기 때문에 프로젝트에 대한 배경 지식이 충분했고 클라이언트와 디자이너 간 불필요한 감정의 소비를 줄일 수 있었다.

▲ 남해 두모마을 브랜딩 프로젝트(2016)

남해 두모마을 브랜딩

두모마을은 남해군에 위치해 농촌과 어촌의 특성을 모두 가지고 있다. 다양한 바다 체험이 가능한 관광상품으로 가능성이 있었고 브랜딩 작업이 진행되기 전에도 여러 경로를 통해 관광객들이 두모마을을 찾고 있었다. 마을 내부적으로 관광지로서 발전을 원하고 있었으며, 수익 모델을 창출하기 위해 많은 노력을 기울이고 있던 시기에 본격적인 브랜딩 작업에 착수하였다.

대부분의 브랜딩 초기 작업이 그러하듯이 마을 사람들과 많은 이야기를 나눴으며, 되도록 많은 시간을 현장 답사에 들였고 브랜딩에 참여하는 관계자와 정보와 가치를 공유했다. 이러한 작업들이 충분히 선행되었다고 판단했을 때, 비로소 프로젝트 목표를 선정한다. 프로젝트 목표를 선정한다는 것은 브랜딩의 방향성을 결정하는 것이기 때문에 가장 중요한 과정이며, 이 과정은 작업자와 마을 사람들 모두가 공감할 수 있어야 한다.

올바른 목표를 선정하고 나면 그 목표를 이루기 위해 우리가 가지고 있는 것은 무엇인지, 더 필요한 것은 없는지, 그동안 무엇이 잘 되었고, 잘 되지 않았는지 알 수 있으며, 이러한 과정을 정리하고 공유하는 것 또한 디자인이고 브랜딩된 결과물도 디자인이다.

브랜드가 소비자에게 남기는 첫인상을 결정하는 것은 디자인이다. 자신만의 아이템을 개발하고 창업하는 사람들이 쉽게 실수하는 것 중 하나가 오로지 아이템에만 집중하는 것인데, 사업이 성공하고 롱런하는 브랜드를 만들기 위해서는 디자인을 비롯한 다양한 구성 요소에 대한 이해가 필요하다.

04 스튜디오 강점을 살린 디자인

공연 홍보물은 정기적으로 공연이 진행되고 그에 따른 홍보물이 필요하기 때문에 소규모 디자인 스튜디오가 비교적 접근하기 쉽다. 다만, 그런 만큼 프로젝트 비용이나 작업 환경이 열악한 경우도 많다. 창업하기 전, 프리랜서 활동을 하면서 공연 관련 포트폴리오를 착실히 쌓아둔 덕분에 다양한 단체와 작업할 수 있었다. 창업 초기에는 접근조차 어려웠던 국립극단과 한국공연예술위원회, 전통공연예술진흥재단, 서울예술단 등 다양한 단체들과 프로젝트를 수행할 수 있었다.

▲ 〈가야금, 성가에 물들다〉 앨범커버 디자인 (2014)

▲ 〈가야금, 성가에 물들다〉 앨범커버 디자인 (2014)

▲ 〈극장은 내친구〉 공연 홍보물(2015)

극장은 내 친구 공연 홍보물

공연예술센터에서 진행한 공연인 '극장은 내 친구'의 홍보물 디자인을 진행했다. '극장은 내 친구'는 '극장은 내 친구', '내일 공연인데 어떡하지?', '영 바비레따'와 같이 3개의 공연으로 구성되었으며, 청소년을 대상으로 하는 창작 공연 페스티벌이다.

공연의 전체적인 시각화를 제안했고 비주얼 아이덴티티를 맡아 진행했다. 공연의 콘셉트에 맞는 일러스트로 공연의 주요 장소인 대학로를 표현하여 사용자의 참여를 유도했으며, 3개 공연에 일관되게 적용해 전체 공연의 아이덴티티를 유지했다.

▲ 〈그랬슈 콘서트〉 디자인(2015)

콘서트 공연 홍보물

충남문화재단에서 진행한 '그랬슈 콘서트'는 공연 제목부터 지역 특색을 익살스럽게 잘 살린 유쾌한 공연이다. 충청남도 사투리인 '그랬슈'를 영어 'Great to see you'로 표기하여 1차적으로 다른 의미를 나타내면서, 공연에서 추구하는 목적인 2차 의미에 교묘하게 부합하도록 했다. 충청남도 전통 예술 브랜드 공연으로써 전통과 대중성을 동시에 잡기 위해 비주얼 모티브에 대한 고민이 녹아들었으며, 시원한 레이아웃과 절제된 색상을 사용해 이전 전통 공연 홍보물과 차별성을 두었다.

어린이 공연 문화 축제 비주얼 플랜

아시아 문화원에서 주관하는 어린이 공연 문화 축제의 통합 비주얼 플랜을 진행했다. 공연 전체의 비주얼부터 프로그램 북, 리플렛과 같은 각종 홍보물을 전담하여 진행한 프로젝트이다. 새롭게 개관한 아시아 문화원에서 처음으로 진행하는 페스티벌로, 세계 각국의 어린이 관련 공연을 초청하여 일정 기간 동안 진행된 행사이다.

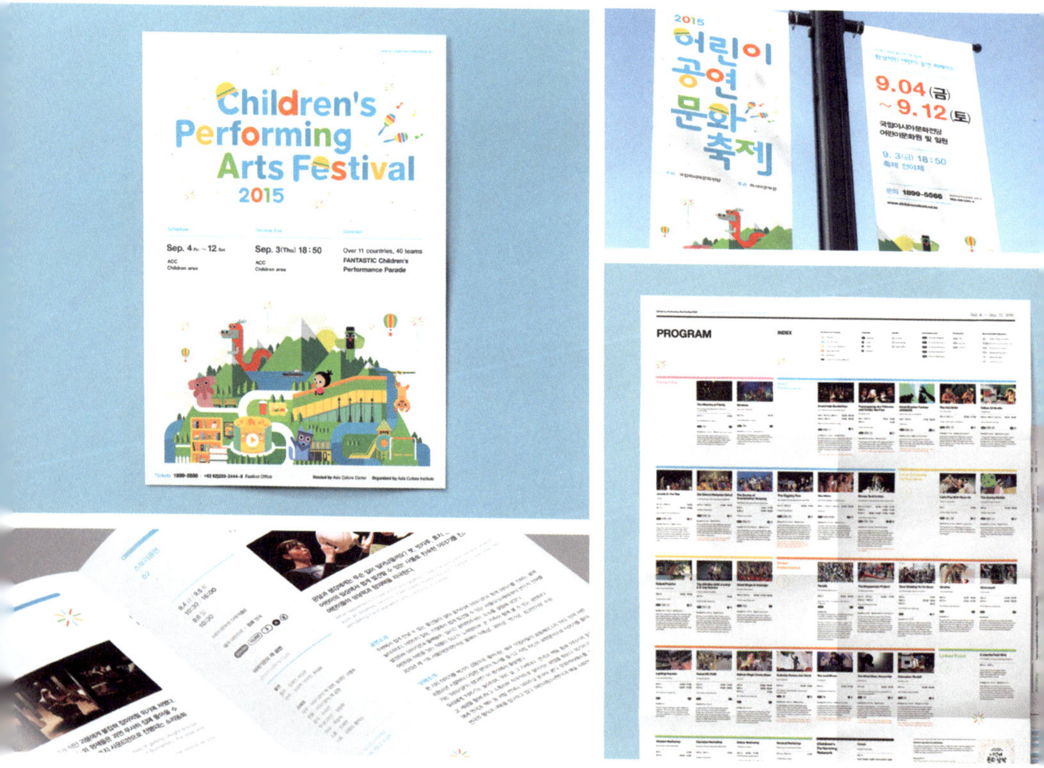

▲ 〈어린이 공연문화축제〉 디자인(2015)

포트폴리오를 준비하고 지속적으로 업데이트하라

Design Studio

'포트폴리오'는 디자이너와 디자인 스튜디오를 가장 잘 표현할 수 있는 수단이며, 포트폴리오를 빼면 디자이너나 디자인 스튜디오를 논할 수 없다.

포트폴리오는 디자이너가 되기 위해 준비하는 순간부터 그만둘 때까지 필요하다. 대학 입학 시험에 합격하거나 디자인 회사에 취직하기 위해 포트폴리오는 필수이며, 이직할 때는 신입 시절보다 포트폴리오의 비중이 더욱 크다. 이렇듯 취업이나 이직을 염두에 두고 있다면 평소에 포트폴리오를 미리 잘 준비해 두어야 한다.

마찬가지로, 디자인 스튜디오를 알리거나 일을 수주받기 위해서 포트폴리오는 필수이다. 스튜디오의 브랜드는 차근차근 쌓여가며 한번 굳어진 이미지는 쉽게 바뀌지 않기 때문에 디자인 스튜디오의 포트폴리오는 취업용 포트폴리오보다 더욱 세밀하고 장기적인 안목을 가져야 한다.

대학을 졸업하고 바로 창업하면 무엇보다 포트폴리오 준비에 어려움을 겪는다. 디자이너로서 직장생활을 한 경험이 있다면 상대적으로 참여한 프로젝트나 결과물이 있지만, 대학생 신분으로 다양한 프로젝트에 참여하기에는 한계가 있기 때문이다.

그렇다면 효율적으로 포트폴리오를 완성할 수 있는 방법은 없을까?

01 대학생 포트폴리오

학생인 경우 공모전은 전공을 살리는 동시에 경험과 포트폴리오를 쌓을 수 있는 가장 좋은 방법이다. 학교 수업과 개인 작업을 병행해야 하는 시간적 어려움이 있지만, 공모전을 잘 활용하면 검증된 포트폴리오를 만들 수 있다.

디자인 창업노트 공모전 관련 정보를 쉽게 알 수 있는 사이트

- 디자인소리(designsori.com)

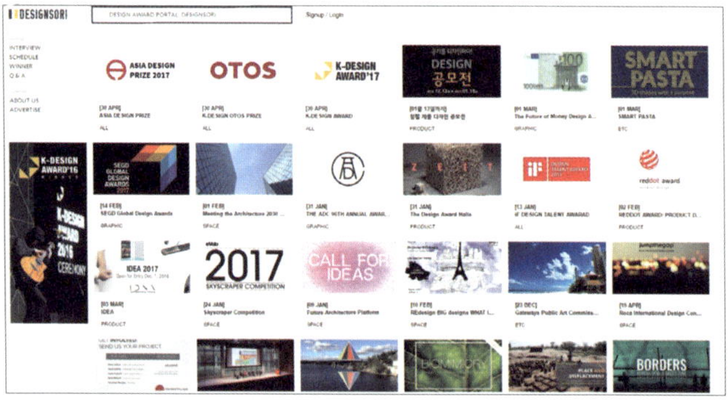

• 대티즌(www.detizen.com)

• 씽굿(www.thinkcontest.com)

• 스펙업(http://cafe.naver.com/specup)

02 직장인 포트폴리오

직장에 다니고 있는 디자이너의 경우에는 현재 하고 있는 일이 창업 이후 계속 이어질 가능성이 높으므로 직장 내에서 진행하는 프로젝트에 최선을 다하는 것이 좋다. 디자이너가 회사를 옮기거나 창업을 하는 것처럼 발주권을 가지고 있는 담당자들도 비슷한 분야에서 이직하기 때문에 현재 일하고 있는 분야가 무엇이든 간에 그 분야 바닥이 좁다는 것을 명심하자.

팀으로 진행하는 프로젝트는 기여도에 따라 경험치가 달라지므로 항상 촉을 세우고 비슷한 분야의 디자인 트렌드를 꿰뚫어야 하며, 프로젝트 실무뿐만 아니라 국내·외 디자인 관련 뉴스를 통해 성공적인 창업을 준비해야 한다.

디자인 창업노트

디자인 트렌드 관련 사이트

- 월간 디자인(mdesign.designhouse.co.kr)
- 한국디자인진흥원(www.kidp.or.kr/kmain)
- 서울디자인재단(www.seouldesign.or.kr/main/mainType3.jsp)
- 비핸스(www.behance.net) : 다양한 카테고리와 검색 기능으로 여러 작품을 접할 수 있는 사이트
- 그라폴리오(www.grafolio.com) : 일러스트레이션 작가들의 작품을 공유하는 포트폴리오 사이트
- 프리픽(www.freepik.com) : 벡터, PSD, 아이콘 등 다양한 디자인 자료를 검색할 수 있고 다운로드할 수 있는 사이트

포트폴리오는 디자인 스튜디오의 특성이 드러나면서 작품을 효율적으로 보여주어야 하며, 회사 소개서는 업체의 성격을 한눈에 알 수 있어야 하는 중요한 요소이다. 회사 소개서의 구성은 회사에 따라 다르지만, 보는 사람을 고려하여 상황에 맞는 기본 정보를 넣는 것을 추천한다.

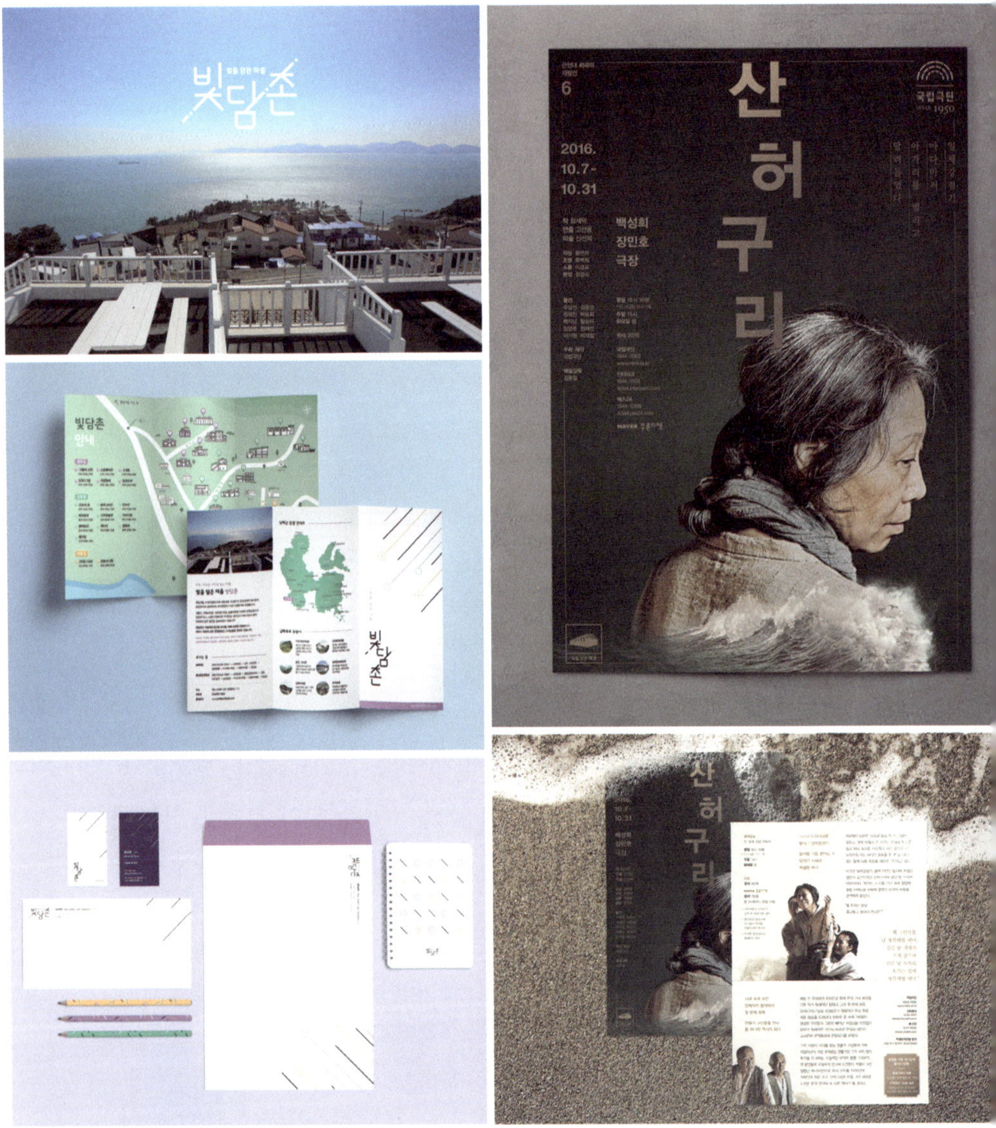

▲ 디자인 스튜디오 써니아일랜드 포트폴리오 모음

TRAVEL FOOD TRUCK
THAILAND
KIMCHI BUS

BUS ONLY

CHOOSE
YOUR
TASTY ROUTE

KIMCHI BUS
KIMCHI
BUS

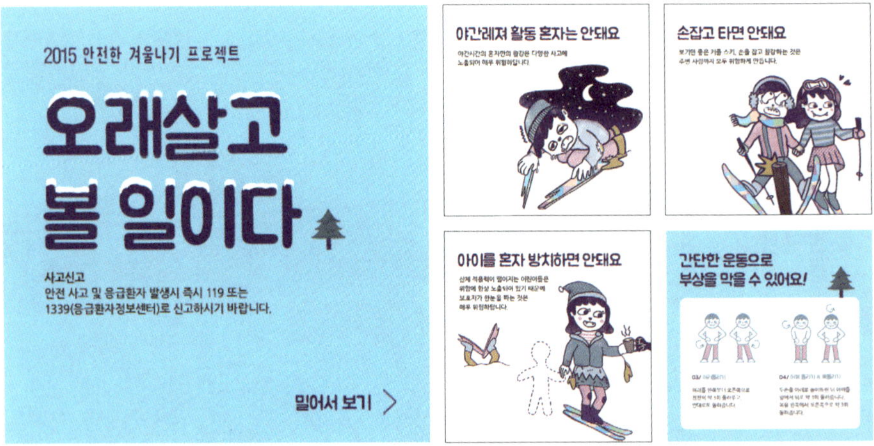

03 온라인에서 활용 가능한 마케팅 채널

SNS를 비롯한 온라인에서 만나는 사람들 중에는 함께 프로젝트를 진행할 수 있는 사람도 있고, 잠재 광고주도 있기 때문에 디자인 스튜디오 입장에서는 반드시 적당한 노출이 필요하며, 이는 창업 초기에 클라이언트 유치를 위한 좋은 방법이다.

마케팅에 채널을 활용하면 타깃 분석이 쉽고 오프라인 마케팅이나 영업 활동보다 재원이 덜 들며, 상대적으로 운영이 편리하다는 장점이 있다. 여러 가지 채널이 있지만, 필자는 사용자 수가 가장 많고 활발한 페이스북을 추천한다. 페이스북은 디자인 스튜디오에 대한 활동을 자연스럽게 보일 수 있으며, 개인 계정과 그룹을 나눠서 효과적으로 운영할 수 있다.

채널과 같은 플랫폼뿐만 아니라 콘텐츠 역시 중요한데, 디자인 스튜디오의 본질적인 가치를 잘 만들고 전달해야 한다.

포트폴리오를 관리하고 효과적으로 영업하라

Design Studio

디자인 전문 회사의 가장 효과적인 영업 수단은 바로 포트폴리오이다. 디자인 전문 회사의 웹사이트를 통하거나 결과물을 보고 클라이언트 측에서 먼저 프로젝트를 문의하거나 의뢰하는 형식이 가장 효율적이기 때문이다.

디자인 전문 회사마다 차별화되는 강점과 지향하는 디자인이 있듯이 클라이언트 또한 프로젝트마다 잘 맞는 업체나 디자이너를 찾길 원한다. 요즈음 같이 온라인이 활성화되어 있는 상황에서 클라이언트는 자기 입맛에 맞는 업체를 찾기 위해 더욱 적극적인 모습을 보이고 있는데, 다양한 프로젝트를 관리하는, 소위 잘 나가는 관리자들은 자신만의 업체 풀(Pool)을 탄탄하게 갖추고 있다. 이러한 업체 풀에 들어갈 수 있다면 디자인 전문 회사 입장에서는 영업 라인을 원활하게 구축할 수 있을 것이다.

똑똑한 클라이언트를 만나는 것도 능력이다

Design Studio

프로젝트를 진행하다보면 비슷하게 반복되는 일이 생기면서 프로젝트에 대한 전체적인 프로세스와 단가표가 생기기 시작한다. 창업 초기에 단가에 관련된 문제를 자주 겪을 수 있는데 예를 들어, 클라이언트가 무슨 이유에서인지 필요 이상으로 단가를 높게 잡는다거나 프로젝트에 들어가는 공수를 낮게 잡을 수 있기 때문에 구체적으로 협의해야 할 필요가 있다. 심지어 협의가 끝난 항목에 대해서도 더 구체적이고 반복적으로 확인해야 하는 경우가 있는데, 그렇지 않으면 프로젝트를 진행하는 중간에 어려움을 겪을 수 있기 때문이다.

클라이언트 측에서 계약에 없는 사항을 요구하면서 '당연히 이렇게 해줘야 하는 것 아닌가요.'라던가 '예전 거래처는 말 안 해줘도 이렇게 해주던데요.'라고 말할 때는 참 난감하다. 피차 안 좋은 상황을 피하기 위해 계약서를 작성하는 것이지만, 이런 요구를 할 때는 거절하기도 애매한 부분이 있다. 처음부터 구체적인 항목을 확실하게 협의하는 것이 최선이고, 그렇지 못한 상황이라면 최대한 설득하고 배려하여 어떻게든 상황을 잘 마무리 짓는 수밖에 없다. 물론 너무 무리한 요구를 할 때는 당당하게 계약서를 내밀어야 한다.

만약 '우리 팀장님이 다시 해오래요.' 또는 '우리 사장님이 이건 아니래요.'와 같이 프로젝트 담당자가 단순히 윗사람의 말을 옮겨주는 처지라면, 디자이너 입장에서는 무슨 일이 일어날지 예측할 수가 없기 때문에 앞 상황보다 더 난감하다. 결재를 받는 단계가 많은 프로젝트일수록 이런 상황이 자주 발생하는데 프로젝트를 협의할 때 클라이언트 측의 내부 구조를 파악하는 것도 하나의 방법이다.

프로젝트를 진행하던 중에 곤란한 상황에 처했다면, 되도록 빨리 결정권자와 미팅하여 의사 결정 단계를 최소화하기 위해 노력해야 한다. 그렇지 않으면 프로젝트가 끝날 때까지 클라이언트 측에 질질 끌려다니며 힘만 빼고 좋은 결과물을 얻기 힘든 상황에 놓이게 된다.

프로젝트 담당자를 잘 만나는 것도 중요하지만, 클라이언트와 원활하게 소통하여 상호 간 오해가 없도록 하고, 구체적인 협의를 통해 프로젝트가 목표를 향해 나아갈 수 있도록 항상 노력해야 한다.

항상 컨설턴트 입장에서 생각하라

Design Studio

창업자로서 자기 함정에 빠지지 않도록 항상 주의해야 하는데, 자기 함정은 크게 두 가지로 나눌 수 있다.

01 비용 우선

스튜디오를 운영하고 유지하기 위해 프로젝트를 수행할 때, 완성도나 철학보다 비용을 우선하면서 디자인적 가치를 뒤로 하게 되는 것이다. 이런 일들이 반복되다보면 어느새 이렇게 하지 않으면 스튜디오를 운영할 수조차 없는 상황으로 변할 수 있다는 것을 염두에 두어야 한다.

02 자기 발전의 끝

창업을 자기 발전의 끝이라고 생각하는 것이다. 대부분의 사람들은 창업하기 위해 많은 노력을 한다. 추구하는 분야의 전문가가 되기 위해 교육을 받고, 경험을 쌓으며 때로는 전공과 무관한 일을 하면서 자본금을 축적하기도 한다. 이렇게 어렵게 창업을 하게 되면 목표가 이루어졌다고 착각할 수 있으며, 스스로 자기 발전을 멈추는 과오를 저지르는 것이다.

그러나 창업은 자기 발전의 시작이다. 창업하여 주 종목을 개발하고 운영하면서 안정화하는 것도 중요하지만, 주 종목을 중심으로 확장할 수 있는 방법을 찾고 그 방법을 수행하면서 경험을 쌓아야 롱런하는 디자인 스튜디오가 될 수 있다.

필자는 디자인 스튜디오 써니아일랜드를 창업하고 초기에는 그래픽 디자인과 편집 디자인에 집중했는데, 브랜딩과 디자인 이론에 대한 정보를 꾸준히 공유하면서 기회가 되면 패키지와 인테리어 디자인과 관련된 작업도 수행했다. 이를 통해 인프라를 넓히며 포트폴리오를 쌓아 나갔고, 창업 성장기 때는 인프라를 구축하고 여러 프로젝트를 수행한 덕분에 브랜딩 프로젝트와 제작, 인테리어와 같이 규모가 큰 프로젝트를 수행할 수 있었다.

▲ 서울시 복지 플래너 브랜딩 프로젝트(2016)

할 수 있는 일과 할 수 없는 일을 구분하라

Design Studio

디자인 스튜디오 창업 초기에는 창업자가 직접 디자인 실무를 진행하지만, 시간이 지나면 점점 실무보다 경영에 집중하게 된다. 직원이 늘거나 사무실을 더 넓은 곳으로 이전하게 되면 기본 운영비가 늘어나고, 그에 따른 정부 지원 사업이나 세무 관련 문제와 같이 새로운 영역을 경험하게 된다. 창업 초기에는 이러한 일을 수행해본 경험도 없거니와 새로운 일에 도전할 수 있는 여유가 많지 않다.

그럼에도 불구하고 보다 효과적인 성장을 위해 다양한 프로젝트를 수행하면서 경험을 쌓아야 하며, 만약 실무가 창업자보다 내부 인력에 더 치중되어있는 구조라면 더 신중하게 할 수 있는 일과 할 수 없는 일을 구분해야 한다.

창업자라면 본인이 운영하고 있는 회사의 컨디션에 대해 냉철하게 진단할 줄 알아야 하며, 프로젝트를 의뢰받았을 때 잘할 수 있을지 이성적으로 판단하는 자세를 가져야 한다.

상황을 멀리 보고 신중하게 판단하라

Design Studio

창업 초기는 여러모로 힘든 시기이다. 이렇다 할 포트폴리오도 없고 내부적으로 정비가 덜 상태이기 때문에 제대로 된 프로젝트를 수주하기도, 수행하기도 어려운 상황이 대부분이다. 이 시기에는 소위 말하는 대행사의 대행, 즉 큰 프로젝트를 맡은 대행사가 다시 일을 쪼개어 작은 회사에게 나누어 주는 일을 맡아서 진행하기도 하고, 지인의 추천으로 일을 얻기도 하지만 창업자가 생각하는 합리적인 금액보다 더 낮은 금액을 받는 경우가 많다.

창업 초기의 어려운 시절을 잘 보내면, 프로젝트를 단독으로 수주하거나 프로젝트 비용을 조금 더 높게 받을 수 있는 시기가 온다. 창업자로서 굉장히 기쁜 일이지만, 회사 운영에 더욱 신중해져야 할 때이기도 하다. 디자인 스튜디오의 클라이언트 잡은 기본적으로 내부에서 해낼 수 있는 일의 양이 정해져있기 때문에 내부 일정을 효율적이고 가치 있는 프로젝트로 구성하는 능력은 창업자에게 필요한 중요한 능력 중 하나다. 이때 어떤 판단을 하는지에 따라 창업자의 행보가 결정된다.

수행하는 프로젝트가 없다는 것만큼 디자인 스튜디오에게 비극적인 상황은 없다. 창업 초기에 수차례 그런 위기감을 느껴온 필자에게 의뢰가 들어온 프로젝트를 거절하는 것은 너무나 어려운 일이었기 때문에 내부의 상황을 무시하고, 또는 경영의 안정화를 핑계로 무리하게 일을 진행한 적이 여러 번 있었다. 어떻게든 마무리되긴 했지만, 프로젝트를 무리하게 진행하는 것은 아예 하지 않는 것보다 못할 때가 많다.

무리하게 프로젝트를 수주하거나, 무분별한 외주는 어렵게 쌓은 스튜디오의 가치를 떨어뜨리고 관계를 망칠 수 있다. 항상 모든 일을 다 할 수는 없다. 상황을 멀리 보며 신중하게 판단하고 철저히 준비하는 자세가 필요하다.

아이디어는 어디서, 어떻게 얻나?

창업은 머릿속 아이디어를 실제화하는 과정이라 할 수 있는데, 실체화하는 것이 중요한 만큼 아이디어 역시 매우 중요하다. 창업 아이디어는 어디서, 어떻게 얻을 수 있을까? 시각 디자인은 대부분 수작업이나 디지털 작업으로 이루어지는데 어떤 형식이든 내부 공간에서 진행되며 인테리어나 건축, 설치 디자인처럼 외부 현장에 할애하는 시간은 거의 없다. 게다가 관련 정보가 가득한 웹사이트도 많아서 웬만한 자료들은 온라인에서 얻을 수 있다.

대부분의 디자이너들이 그렇듯, 필자는 창업을 준비하는 기간 동안 대부분의 시간을 컴퓨터 앞에서 보냈다. 창업 멘토들이 창업에 대한 아이디어는 길에서 찾으라고 조언하였지만 속으로 '디자인 스튜디오는 다르다.'라고 생각했고 이내 이 생각은 틀렸다는 것을 깨달았다. 창업 직전부터 창업하고 난 다음까지, 눈에 띄는 대부분의 아이디어나 성과를 길에서 얻었기 때문이다.

'왜 눈에 띄는 아이디어는 대부분 길에서 얻는 걸까?'

아이디어 발상에 대한 강의나 책을 살펴보면, 결정적인 생각이나 단서는 의도하지 않은 상황에서 많이 얻을 수 있다고 한다. 창업 이전에 관련 강의나 교재를 통해 이러한 내용을 많이 접했는데, 구체적인 비율을 생각해보면 인터넷이나 책과 같이 정리된 정보를 통해 얻는 아이디어와 새로운 공간이나 경험을 통해 얻는 아이디어의 비율은 약 7:3이다.

'아는 만큼 보인다.'라는 말이 있다. 어떤 문제를 해결하기 위한 아이디어를 얻기 위해서는 그 문제에 대한 기본적인 배경 지식을 명확하게 알고 있어야 한다. 관련 지식에 대해서 무지하거나 잘못된 정보를 가지고 있다면 문제를 해결할 수 없기 때문이다. 이러한 기본 지식은 인터넷을 활용하거나 관련 문서를 통해 얻을 수 있는데, 쉽게 구할 수 있는 정보들은 누구나 사용할 수 있는 오픈 소스이다. 누구나 접할 수 있고, 가질 수 있는 정보의 경쟁력은 과연 얼마나 될까?

예를 들어, A사에서 진행하는 연간 사보 계약을 위한 경쟁 프레젠테이션에 참여한다고 가정해 보자. 가장 먼저 A사가 제공하는 브리프를 분석할 것이다. 브리프에는 기본적으로 사보를 진행하기 위한 작업 범위가 있기 마련인데 이 정보는 프로젝트에 참여한 업체 모두가 아는 정보이다. A사 웹사이트나 검색 엔진을 통해 이전에 진행했던 사보 자료나 A사의 일반 현황을 알 수 있지만, 이것 역시 모두에게 제공되는 자료이다. 그러나 이전에 A사와 함께 사보를 진행해본 경험이 있는 업체라면 프로젝트를 진행하면서 느꼈던 내부 상황이나 담당자를 통해 얻어낸 특별한 팁과 같은 고급 정보가 있을 수 있고, 이 정보는 경쟁 프레젠테이션 결과에 큰 영향을 미칠 수 있다.

미디어가 다양해지면서 정보에 접근하는 방법이 점차 쉬워지고 있지만 정보에 대한 중요도는 여전히 높다. 좋은 아이디어를 얻기 위해 가장 먼저 해야 할 일은 관련 정보들을 최대한 수집하고 분석하는 것이다. 만약 이 과정에서 문제에 대한 아이디어가 떠오르지 않는다면 주저 없이 밖으로 나가길 바란다. 기분 전환, 현장 답사, 휴식시간 등 제각기 떠오르는 단어는 달라도 아이디어 발상에는 좋은 방법임이 틀림없다. 문제 해결에 도움이 될 만한 정보가 있는 곳에 가보는 것도 좋지만, 가끔은 한 번도 가보지 않았던 새로운 곳에 가보는 것도 좋다.

답답한 사무실에서 벗어난 아이디어 발상지(서울, 경기)

1 국립 현대미술관(www.mmca.go.kr)

2 파주 헤이리 마을(heyri.net)

3 황학동 벼룩시장(korean.visitkorea.or.kr/kor/bz15/where/where_tour.jsp?cid=273746)

4 네이버 라이브러리(www.naverventures.com/ko/blog/22)

5 현대카드 디자인 라이브러리(library.hyundaicard.com/index.hdc)

디자인 창업노트

창의적인 에너지를 얻을 수 있는 웹사이트 5

1 핀터레스트(kr.pinterest.com)

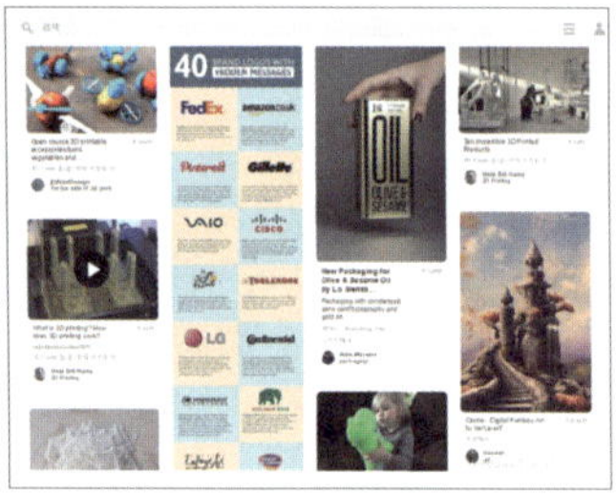

2 타이포그라피 서울(www.typographyseoul.com/#!/category/all)

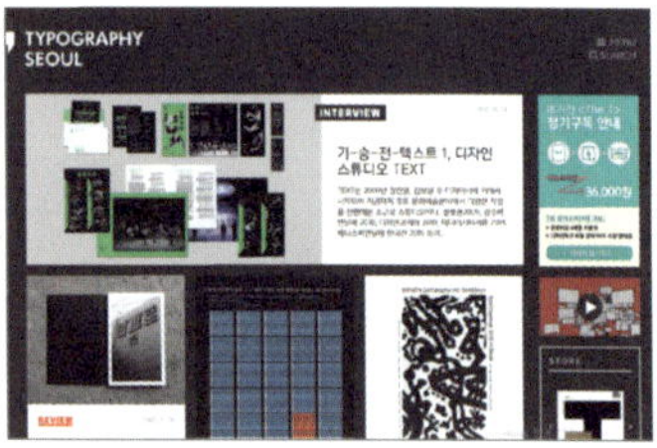

3 비핸스(www.behance.net)

4 월간디자인(mdesign.designhouse.co.kr)

5 한국디자인진흥원(디자이너 마을 포함)(www.kidp.or.kr)

이 사이트 외에도 앞으로 많은 콘텐츠의 사이트가 등장할 것이며, 더 많은 아이디어의 발상을 위해 사람들은 저마다의 이야기를 하고 정보를 모아 전달할 것이다.

'강제' 아이디어 노트를 만들어라

문득 떠오른 아이디어는 휘발성이 강하기 때문에 메모하지 않으면 잊어버리기 쉽다. 디자이너라면 아마도 아이디어 노트 한 권쯤은 가지고 있을텐데 필자는 항상 두 권의 아이디어 노트를 가지고 다닌다. 하나는 생각나면 바로 메모하는 용도이고, 다른 하나는 매월 정해진 양만큼 강제적으로 채워나가는 노트이다.

아이디어를 강제적으로 채운다는 개념이 생소하게 느껴질 수도 있다. 이름 그대로 '강제' 아이디어 노트의 사용법을 소개하겠다.

디자인 창업노트

'강제' 아이디어 노트 사용법

1 마음에 드는 노트를 구입한다.

2 노트의 이름을 지어준다.

3 매주 채워야 할 노트의 양을 정한다.
(예) 이번 주 일요일부터 다음 주 일요일까지 5장의 노트를 채울 것.

4 매주 다른 주제로 노트를 채워나간다. 이때, 노트를 빼곡하게 채워야 한다.

5 떠오르는 아이디어가 없다면 주제와 관련된 책이나 웹사이트를 참고해서라도 노트를 채운다. 조금이라도 자신의 생각을 기록하기 위해 노력해야 한다.

6 매월 채워야 할 노트의 양을 늘린다.

7 계획대로 진행되지 않더라도 실망하지 않는다.

사용법만 보면 아이디어 노트라기보다 과제 노트 같지만 놓치지 말아야 할 핵심 키워드는 바로 '아이디어'이다. 어쨌거나 좋은 아이디어를 얻기 위한 노트임을 잊지 말아야 한다.

의무적으로 취미를 가져라

필자는 20대 후반에 다양한 취미를 가지고 있었다. 독서, 당구, 등산, 특히 낚시에 심취해 있었다. 창업을 준비하면서 바쁜 날들을 보냈고, 그러다 문득 머릿속에 '창업'이라는 단어밖에 없다는 것을 깨달았다. 무언가에 집착하고 몰입하는 것은 대단히 좋은 일이지만, 자칫 잘못된 판단을 할 수도 있기 때문에, 창업 준비에 지친 심신을 환기하는 목적으로 취미를 이용하기로 했다.

창업을 준비하다 보면 심리적으로 힘들 때가 많다. 막상 시작하려고 보니 모아둔 돈은 없는데 써야 할 곳은 많고, 도와줄 것만 같던 사람들에게 받는 실망감과 허탈함은 말 그대로 '멘붕(정신적 혼란)'을 초래한다. 이렇게 심리적으로 위축되었을 때 좋은 아이디어를 얻는 것은 아마도 더 힘들 것이다.

밤에 잠을 자서 지친 몸과 마음을 재충전하듯, 의무적으로 취미생활을 해서 마음을 재충전하는 것은 어떨까? '의무'라는 단어가 부담스러울 수도 있지만 창업에 지친 마음에 위안으로 삼으면서 창업에 대한 다른 관점들을 가질 수 있는 취미생활은 결국 창업 활동에 더 큰 도움이 될 것이다.

취미생활을 시간이 남을 때 할 수 있는 고급스러운 행위라 생각하는 사람들이 있다. 그러나 즐거운 취미생활은 일종의 터닝포인트이자 삶의 목적에 영감을 주는 행위이며, 시간이 남을 때 하는 행위가 아니라 일부러 시간을 내서 해야 한다고 생각한다. 이렇게라도 치열한 경쟁 속에서 하루하루를 버텨낼 수 있는 돌파구를 마련했으면 하는 바람이다.

스트레스를 해소할 수단을 만들어라

디자이너는 감정 노동자일까? '감정 노동'이란 서비스를 수행할 때, 조직에서 바람직하다고 여기는 감정을 자신의 감정과는 무관하게 행하는 노동을 말한다(See, For Instance, H.M.Weiss). 주로 판매나 유통, 외식, 관광과 같이 사람을 직접적 또는 간접적으로 내하는 대인 서비스 노동에서 발생하며, 주변에서 어렵지 않게 발견할 수 있다.

감정 노동이라는 것이 기본적으로 당사자의 감정에 충실하기보다 특정 목표를 위해 만들어진 프로세스를 따르다 보니, 조직에서 바라는 감정과 자신의 감정 사이의 괴리가 크면 스트레스가 쌓여 정신 질환이나 자살로 이어질 수도 있다고 한다.

필자는 디자이너 역시 감정 노동자라고 생각한다. 디자이너라는 직업이 기본적으로 창의성에 기반을 둔 동시에 클라이언트와 함께 하는 일(Job)이기 때문이다. 특히 매번 다양한 프로젝트를 수행하는 디자인 스튜디오라면 두말할 나위 없이 몸보다 마음이 힘들어진다. 다행히 프로젝트를 의뢰하는 사람들은 특정 소수이고 욕설하거나 무턱대고 감정을 상하게 하지는 않지만 무리한 일정이나 업무의 혼선과 같이 예상하지 못하거나 굳이 겪지 않아도 될 감정 노동을 할 때가 있으며, 무엇보다 결과물에 대한 애착과 집착이 디자이너 자신을 가장 힘들게 한다.

스트레스를 주는 부정적인 요소들은 마치 납처럼 우리 몸에 쌓이기 마련이다. 스트레스를 받지 않는 것이 가장 좋은 방법이지만, 현실적으로 불가능하기 때문에 스트레스를 잘 해소하는 방법을 찾는 것이 시급하다.

▲ 여행은 정신을 다시 젊어지게 하는 샘이다.
안데르센(Hans Christian Andersen, 1805~1875, 덴마크 작가)

필자는 스트레스를 해소하는 수단으로 여행이 으뜸이라고 생각한다. 여행의 가장 좋은 점은 특정한 형태가 없다는 것인데, 목적이나 상황에 따라 얼마든지 다양한 여행이 가능하기 때문이다.

디자이너는 감정 노동자다. 어떤 이유에서든지 작업 과정에서 스트레스를 받았다면 그것을 쌓아두어서는 안 된다. 좋은 디자이너가 되기 위해서, 그리고 즐거운 디자인을 위해서라도 본인만의 감정 찌꺼기들을 청소하는 주기와 방법을 알아야 한다. 필자는 여행을 추천하지만, 상황이 여의치 않을 수 있다. 어떤 것이든지 자신이 즐거움을 느끼는 것을 찾아 스트레스를 해소하는 수단으로 활용하길 바란다.

리스크 관리,
디자인 스튜디오 운영의 위기와 성장 과정.

6

디자인 스튜디오의

위기는 곧 기회이다

창업의 세상은 호락호락하지 않다. 실패를 대비하는 것은 너무 이른 판단이라고 하지만 그렇지 않다. 위기 관리는 작은 것에서부터 조금씩 경험을 만들어 가는 것이다.

박영우

나아가지 못하는 순간이 온다면?

Design Studio

창업 후 가장 위험한 순간은 언제일까? 뒷걸음치는 순간은 오히려 괜찮다. 빠른 선택을 내릴 계기가 되거나 현재를 고민하게 만드는 요소가 되기 때문이다. 그렇다면 현재 상태를 유지하는 경우라면? 상태 유지는 상황을 버티는 것뿐, 사업을 연장하거나 확장하기에는 무리가 있다. 시간이 지날수록 투자 비용이나 손해에 의한 창업 자금의 손실뿐만 아니라 물가 상승률, 금리, 정책 등과 같이 창업자 본인이 제어할 수 없는 환경에 의해 기본으로 소비되는 비용은 계속해서 늘어나기 때문이다. 그런 순간에 정체가 오래된다면 사업을 진행하는 입장에서 그리 좋은 일은 아니다.

경계해야 하는 순간은 바로 위기를 파악하지 못하는 상태이다. 이는 판단이 굳거나 주변 상황에 만족하여 정체되고 있음을 눈치채지 못하는 상태이며, 그것을 깨닫지 못하는 것만으로도 폐업과 파산의 경계에서 아슬아슬한 줄타기를 하고 있을 수도 있다. 그렇다면 위기는 언제, 어떤 방식으로 찾아오는 것일까?

01 초창기 위기 파악하기

대부분의 창업자들은 기본적인 자금 계획이 필요하다고 조언한다. 특히 최소한 1년을 버틸 만한 자금 계획이 있지 않다면 위험을 초래할 가능성이 크다. 디자인 창업의 경우 제품, 상품이 판매되어 현금화되기까지는 최소 2~6개월이 걸린다. 그에 비해 디자인 서비스는 빠른 자금 유입이 가능하지만 초기에 지정된 비용에서 차이가 생기거나 미수금, 여러 번의 수정 사항과 같은 변수가 있다. 그렇다고 겁을 먹기보다는 계약서와 증빙 서류와 같은 해결책을 준비하여 이러한 문제에 대해 충분히 대비를 한 후, 창업을 하는 것이 도움이 될 것이다.

자금 계획 없이 무리한 투자를 시작하면 창업 초기에 예상보다 많은 비용이 나가고 적정 매출이 발생하지 않아 조급한 마음이 들며, 이는 생각보다 경영 상황에 많은 영향을 준다. 돈에 의한 문제가 아니라 경영의 조급함이 문제가 된다고 하니 의아하게 들리겠지만 자금의 흐름을 결정하는 창업자 입장에서는 그 조급함이 최악의 투자로 이어질 수 있다.

예를 들어, 어느 디자인 스튜디오 대표는 첫 시제품을 기점으로 양산 제품을 만들기 위해 금형을 만들어야 했는데 실리콘 금형과 우레탄 사출 금형 중에서 선택을 해야만 했다.

▲ 실리콘 금형은 제작 비용이 저렴하고 탄성이 있어 잘 떼어지지만, 내구성이 약해 쉽게 파손되고 사출 금형에 비해 생산량이 떨어지는 단점이 있다.

▲ 우레탄 사출 금형은 제작 비용이 매우 비싸고 관리가 어렵지만, 내구성이 뛰어나고 실리콘 금형에 비해 생산량이 월등하게 높으며 정밀도 또한 높은 편이다.

실리콘 금형은 찍어낼 수 있는 횟수와 수량이 상대적으로 적지만 일반 우레탄 금형보다 제작 비용이 훨씬 저렴했기 때문에 자금 융통에 대한 조급함에 밀린 대표는 실리콘 금형을 선택하였다. 이후에 손해를 감수하고 우레탄 금형을 다시 만드는 수고를 들이게 되었다. 그에게 실리콘 금형은 앞으로 나가지 못하게 만든 순간을 제공한 것이다.

왜 금형을 다시 만들어야 했을까? 첫 번째로 실리콘 금형이 제품 품질에 영향을 주었기 때문이다. 제작 제품의 형태가 실리콘 금형에 비해 다소 복잡했기 때문에 보다 높은 품질의 제품을 만들기 위해 많은 실패를 해야 했으며, 이를 통해 적은 비용을 지속적으로 소비하게 되어 기반 자금에 영향을 주었다. 문제는 적은 비용이다 보니 이를 인식하기까지 시간이 걸렸고, 마침내 인식했을 때는 이미 위험한 상황이었던 것이다.

두 번째는 사업이 확장되었음에도 불구하고 실리콘 금형의 수를 늘릴 수 없었기 때문이다. 실리콘 금형으로 제품을 만들어 낼 수 있게 되었을 때 생산량은 유통 과정에 최소로 납품하는 수량에 맞춰져 있었다. 사업이 확장되면서 납품해야 할 유통사는 늘어났고, 실리콘 금형의 감가상각비가 충당되기도 전에 많은 수량을 제작해야 하는 일이 생겼지만 금형의 수를 더 늘릴 수 없었다. 또한 제품 성형에 오류가 생기는 경우가 많았던 것도 실리콘 금형을 버릴 결심을 하게 된 원인 중 하나였다.

만약 제품을 만들어 판매할 생각이라면 제작 단가와 제품 품질을 결정하는 최소 시작점인 제작 비용을 아껴서는 안 된다.

경영자의 선택은 전체 창업 방향을 결정한다. 비용이 부족하거나 중요한 기반에 투자를 아끼는 등 자금에 의해 움츠러들면 사업에 대한 신뢰가 흔들리는 계기가 될 것이다.

창업 어드바이스 **감가상각비**

기물, 설비가 제품이나 서비스 등을 생산하면서 노후한 만큼의 가치를 제품 생산 원가에 포함시킬 목적으로 계산한 비용

02 중반기에 불어오는 위기

시간이 지나면 작업 흐름을 자연스럽게 파악할 수 있게 된다. 매출액이 서서히 증가하면서 대표 혼자서 맡기에는 다소 과도한 업무량이 발생하기 시작하고, 인력의 필요성을 느끼거나 생산 비용에 대한 투자를 시도하게 된다. 해야 할 일이 많기 때문에 인력을 고용하는 시점뿐만 아니라 업무의 종류를 나누어 올바른 인력을 선택해야 한다.

디자인 관련 업무를 처음 맡거나 입사할 때 가장 많이 듣는 이야기가 바로 '수습 기간'이다. 사실 수습 기간은 업무를 익히거나 회사 분위기를 파악하기 위해 소비되는 시간이 아니다. 인력이 투입되고 3개월 동안 인력을 충원함으로 인해 회사의 재원에 손해가 발생하는지 확인하기 위한 기간이다. 그 기간 동안 신입 사원

은 회사 영역을 파악하고 스스로의 위치를 인식해야 하며, 창업자는 기본 인력비의 60~80%를 제공하면서 이후에 발생할 비용의 산정과 흐름을 통해 인력 수급을 고민해야 한다.

만약 창업자 본인이 해결 가능한 사업이라면 인건비를 유입시키는 것보다 최대한 자금을 모으고 사업 생태를 지속적으로 경험하는 것이 좋다. 시장의 생리를 모르면 창업 생태계를 자연스럽게 흘러가도록 만들 수 없으므로 시장 유입을 통해 창업 아이템을 유지하는 방법을 알아야 하며, 자금 및 가치 산정을 통해 지속적으로 자금의 흐름을 파악하고 있어야 한다.

창업 어드바이스

자금 운영의 실패 요소

1. 자금 흐름에 대한 현황 파악 미흡
2. 자금 유입을 위한 매출액의 과도한 소요로 수익성 감소
3. 생산 및 서비스 물량을 위한 과도한 인력 투입으로 인한 인건비 부담
4. 자금 부족 해소를 위한 과도한 대출, 이로 인한 이자와 원금 연체 비용
5. 금융 기관 자금 및 보증 중단

03 안정을 위한 마지막 위기

인력 보충의 필요성을 깨닫게 되면 사업의 유지를 위해 스케줄 관리를 철저하게 해야 한다. 업무가 많이 들어와서 행복한 고민에 빠졌다고 생각한다면 오산이다. 모든 업무를 성공적으로 수행한다면 이보다 좋은 일이 없겠지만, 디자인 업무의 경우 해답이 명

확하게 정해진 것이 아니기 때문에 가치 산출이 어렵고, 시간이 투입될수록 품질이 높아지는 정직한 사업임을 잊지 말아야 한다. 따라서 자금 유입의 원활화를 위해 스스로의 가치를 떨어뜨리는 '박리다매' 구조는 디자인 업무 특성상 상대적으로 맞지 않다.

디자인 스튜디오 사업은 대부분의 업무가 인건비 중심으로 이루어지며 서비스 위주로 움직이므로, 가격을 낮추면 원래의 가격으로 정상화하기 매우 어렵다. 가격을 다시 올리기 위해 필요 없는 서비스를 추가하거나 마케팅 요소를 포함해야 하는데 이에 소요되는 인건비를 줄일 경우, 상승한 가격에 비해 만족스러운 결과물이 나올 수 없다.

결국 운영 자금을 위한 행동이 오히려 운영 자금을 서서히 갉아먹게 되는 것이다. 최악의 상황이 오더라도 서비스의 질과 가치를 하향 조정하는 일은 없어야 한다.

새로운 아이템이나 사업을 진행하는 등 어떤 것이든지 자금이 필요한 문제이기 때문에 다음을 위한 자금은 항상 비축하고 있어야 한다. 다만, 현재 융통 자금이 줄어들거나 인력을 해고하는 일은 사업의 위험성을 간접적으로 보여주는 신호가 아니다. 가장 위험한 신호는 이번 연도 매출액과 다음 연도 매출액이 점점 줄어들고 있는 순간이다. 기본 자금이 줄어들거나 인력, 사업 등 투자 금액이 커지는 것은 다음에 대한 원동력으로써 더 많은 매출을 가져올 수 있는 가능성이 있지만, 매출액이 서서히 줄어드는 것은 시장 자체에 문제가 있거나 사업 아이템의 품질이나 사업 방향성이 잘못되었다는 것을 보여주는 척도이다. 사업 자금의 유지를 위해 줄어든 매출액만큼 창업자나 직원들의 비용을 낮추는 등 긴축 정책을 실행하면 투자를 통해서라도 리스크를 최대한 분산할 수밖에 없다.

나만의 사업 방식을 찾아라

Design Studio

통계청 자료를 확인하면 2013부터 약 1년 동안 창업 업체가 폭발적으로 늘어난 것을 볼 수 있으며, 이러한 증가 추세는 현재까지 이어지고 있다. 이렇게 창업자가 큰 폭으로 증가한 이유는 무엇일까? 모든 창업자들이 갑자기 아이디어가 떠올라 함께 손잡고 창업에 뛰어든 것일까? 2013년 정권과 정치계의 방향이 창업 지원에 집중되면서 지원 사업의 예산 흐름이 원활해졌다. 이렇듯 창업의 시작에는 창업자 본인의 선택뿐만 아니라 주변 환경의 변화도 큰 영향을 준다.

구분	2013	2014	2015
업체 수	5,314	10,475	16,034
신규 신고	376	728	1,171
휴폐업	135	670	746
순증 가수	249	96	494

▲ 신규 신고 및 휴폐업 현황(출처: 대한민국 통계청)

통계청 자료의 결과는 창업 지원을 받기 위해 제출한 서류의 반례 수보다 사업체 수가 더 늘어난 것이라 판단하며, 서류 통과의 기준을 낮추고 창업을 쉽게 할 수 있도록 진입 난이도의 조절이 이루어진 것이라 추측한다. 그 증거로 2014년 신규 신고 수에 맞먹을 만큼 폐업 수가 증가한 것을 확인할 수 있다.

수월한 진입에 비해 유지가 되지 않는다는 것은 순간의 아이디어로 사업에 뛰어든 성향이 크다는 것을 의미한다. 앞서 언급했듯이 준비되지 않은 창업은 오랫동안 유지하기 어렵다. 창업자 본인이 사업 안에 속해 있지 않기 때문이다. 실패는 당신의 몫이다. 주변에서 부추겼더라도 선택을 한 것은 당신이고 사업의 유지를 위해 움직이지 않은 것 또한 당신이다. 사회는 창업이 쉽다고 말하며 다양한 지원 사업과 각종 창업 멘토링 서비스를 통해 도움을 준다고 하지만, 창업 멘토링 사업의 경우 해당 멘토와 비슷한 사업을 진행하는 것이 아니라면 그다지 통용되지 않는다. 또한 창업자와 비슷한 성향이 아니라면 적용할 수 있는 팁도 아니다.

본인의 사업이라면 스스로의 사업 방식을 명확하게 규정해야 하며 성공한 사람의 노하우라도 나와 맞지 않는 경우를 생각하고 이를 적절하게 응용하고 활용할 수 있는 발상이 필요하다. 창업자가 자신의 인생을 걸고 이룬 사업에 다른 사람들의 이야기를 집어넣는다고, 해서 그 사람의 사업이 되는 것은 아니다. 결국 모든 책임과 결과에 대한 원인은 창업자 본인일 수밖에 없다. 사업계획과 계약서에 새겨지는 것은 다른 사람의 서명이 아니라 본인의 서명임을 잊지 말자.

01 도움의 선별력을 가져라

나쁜 마음으로 접근하지 않는 이상, 소개 받은 일이나 아는 사람들의 이야기, 멘토의 조언은 모두 창업자가 잘 되길 바라는 마음에서 만들어진다. 다만 많은 도움 중 어떤 것을 선택하느냐는 창업자의 역량에 달렸다.

어떤 상황에서든지 배울 것은 넘쳐난다. 당장 인터넷만 확인하더라도 얻을 수 있는 정보가 많지만 이 모든 것을 흡수하거나 확인할 수는 없다. 다양한 분야에 퍼져 있는 필요 정보는 의미 없이 날아다니는 전기 분자와 같다. 평소에 신문이나 경제 서적에서 발견하는 정보들은 사업 사정에 연관되기 전까지는 일반 정보에 불과하다. 이러한 정보들은 사람들을 만나고 서로의 정보를 나누고 융합하는 과정에서 재조합되며, 사업의 방향성을 조정하는 포인트가 된다. 따라서 항상 경제적인 상황이나 문제에 관심이 있어야 하고, 본인의 아이디어와 연관해 합리적인 방향으로 재조합하는 습관을 들여야 한다. 이 과정을 마친 다음에는 어떻게든 본인의 마음이나 머릿속에서 꺼내어 기록하거나 외부에 알림으로 기억해야 한다.

창업자는 창업을 시작하는 순간부터 모든 관심이 창업 아이템에 쏠리기 마련이다. 이런 집중이 나쁜 것은 아니지만 사업의 새로운 방향성을 만들려면 융합 또는 복합이 필수적이다. 순수함은 이미 장인 정신의 영역이 되었고, 신기술은 기초적인 투자 비용이 너무 크다. 기존의 것은 포화 상태이고, 새로운 것은 너무 빨리 식상해진다. 이런 시대에는 아이템 하나만으로는 시장 접근이나 진입이 어려우며, 보다 빠른 변화를 위해 다양한 정보를 융합할 필요가 있다.

창업 어드바이스

사소한 기억의 거시화

1 서로 관계없는 생각이라도 최대한 융합하라.

2 엉뚱한 생각을 합리적으로 바꿔라.

3 스스로 질문하고 또 질문하라.

4 일기, SNS 등 여러 수단을 통해 본인만의 기록물을 만들어라.

02 리스크를 관리하라

법인 사업체는 자금 유입, 업무 분담 등 다양한 제반 활동을 하나의 목표를 위해 나누지만 개인 사업체는 스스로의 가치와 철학, 역량을 파악해야 한다. 외압은 언제나 존재하며 문제는 그것을 어떻게 받아들이고 소화하느냐이다. 그렇다면 창업자가 외압에 의한 것이 아닌 다른 이유로 인해 폐업한다면 그 이유는 무엇일까?

창업자 본인은 열심히 일을 했고 결과물을 제출했지만 그것을 받아줄 기업이 갑자기 사라진다면 어떻게 해야 할까? 미수금으로 법적 조치를 취할 수는 있지만 사실상 상대 기업이 파산하거나 도산했다면 방법이 없다. 이렇게 정치적, 국제적, 경제적 상황처럼 본인이 어찌할 도리가 없는 것을 '외압'이라고 표현한다. 이외의 모든 일은 외압이 아니라고 생각하면 된다.

다음의 폐업자 현황이 담긴 표를 살펴보면 다양한 항목 중 '사업부진'에 의한 폐업 수가 압도적으로 높은 것을 확인할 수 있다. 디자인 관련 사업은 제조업보다 서비스업으로 등록되는 경우가 많은데, 제조업의 경우 전체 폐업의 1/3이 사업 부진으로 인해 폐업했고, 서비스업은 1/2에 육박한다.

폐업자 현황(폐업 사유, 지역, 업태)

구분	총계	사업 부진	행정 처분	계절 사업	법인 전환	면세 포기 · 적용	양도 · 양수	해산 · 합병	기타
2010년	860,335	432,104	3,485	647	4,721	105	**	1,975	417,298
2011년	897,168	410,233	4,337	518	5,105	144	24,712	2,072	450,047
2012년	889,500	375,397	4,586	518	5,806	200	21,008	2,165	479,820
2013년	863,195	371,242	3,870	460	4,932	148	21,453	2,393	458,697
2014년	815,624	350,730	1,966	495	5,097	183	23,401	2,886	430,866
법인 사업자	54,296	21,233	545	11	–	–	995	1,796	29,716
업태별	54,296	21,233	545	11	–	–	995	1,796	29,716
농 · 임 · 어업	744	314	2	–	–	–	1	17	410
광업	76	18	2	–	–	–	–	–	56
제조업	9,669	3,918	102	1	–	–	89	312	5,247
전기 · 가스 · 수도업	119	31	1	–	–	–	2	5	80
도매업	10,880	4,851	115	4	–	–	234	153	5,523
소매업	4,959	1,467	26	–	–	–	238	150	3,078
부동산 매매업	1,131	464	19	1	–	–	4	15	628
건설업	4,619	1,868	97	1	–	–	5	103	2,545
음식업	2,651	919	7	1	–	–	152	97	1,475
숙박업	112	19	2	–	–	–	9	–	82
운수 · 창고 · 통신업	1,748	813	18	–	–	–	9	38	870
부동산임대업	2,334	237	7	1	–	–	126	73	1,890
대리 · 중개 · 도급업	532	204	4	–	–	–	5	5	314
서비스업	14,722	6,110	143	2	–	–	121	828	7,518

생산자: 부가가치세과(지임구 044-204-3222), 법인세과(김광칠 044-204-3312), 소득세과(문준검 044-204-3257)

사업 부진은 여러 이유가 포함된 함축적인 항목이지만 판매, 영업, 개발, 투자 등 어떤 이유라도 그 안에 창업자 본인이 있다는 것을 알아야 한다. 직원의 실수로 매장이 위험해졌다거나 제품에 문제가 있어서 회사가 망했다는 것은 그러한 실수와 문제를 해결할 만큼의 순발력이 창업자에게 없었다는 것과 같다. 계약서를 대충 보고 사인을 했거나 투자 영역에 대한 판단이 틀렸거나 누군가의 추천을 의심 없이 받아들이는 경우 등 다양한 문제들의 공통점은 선택을 한 주체가 창업자 본인이며, 결국 본인의 사업이 타격을 받는다는 것이다.

창업 어드바이스

발전을 저해하는 예고 현상

1 영업 비용과 사업 계약의 비율이 점심 어긋날 때

사업 아이템의 전반적인 점검이 필요하다. 영업 사원들은 자신이 노력하는 만큼 이득이 늘어난다는 것을 잘 알고 있다. 사업 아이템의 구성에 영업 인원을 포함하는 것도 좋은 방법이다.

2 시장 전략에 사용할 판매 상품이나 디자인 서비스의 종류가 늘어나지 않을 때

첫 상품은 대부분 특이성이나 호기심으로 인해 판매가 쉽게 이루어진다. 문제는 그 이후이다. 최소 6개월 안에 신제품이나 다른 서비스를 개발하지 않는다면 시장에 첫 진입 후 만들어진 구매 프로세스가 유지될 수 없다. 디자인 관련 서비스일 경우, 새로운 포트폴리오를 제작하거나 자체 프로젝트를 개발하는 것이 좋다.

3 리스크를 감추려 할 때

스스로의 문제점이나 실수를 덮어두고 싶은 마음은 누구나 가지고 있다. 서비스상의 실수나 제품의 AS와 같은 문제가 발생했을 때 직접 해결하지 않으면 문제가 될 소지가 있다.

사업이 위험하게 되는 이유 중 하나로 '과도한 가치 절하'가 있는데, 이는 시장에서 서비스 가치에 손쉽게 접근할 수 있도록 주변 상권보다 낮은 가격으로 접근하는 방법을 말한다. 물론 좋은 품질에 낮은 가격이면 누구나 좋아하는 최고의 제품 마케팅이겠지만 이제 막 시장 진입을 준비하는 창업자에게 그런 제품을 만드는 것은 쉽지 않다. 어느 정도의 비즈니스 신뢰도가 쌓여서 저렴한 가격으로 만들어줄 수 있는 사업체를 알고 있어야 하고, 재고를 쌓아둘 장소를 소유하고 있어야 하며, 대량으로 보낼 수 있는 물류 라인과 최소한의 판매 지분을 받는 판매처가 있다면 가능한 부분일 수도 있다. 그러나 인건비와 영업비, 제작비, 재료비 등 제품을 구성하는 비용을 감안한다면 손해가 날 만큼 저렴한 가격에 제품을 제공하기는 어렵다.

창업 어드바이스 협력업체 활용하기

1 협동조합을 제안하라.

다섯 개의 비슷한 규모의 사업체나 사업 아이템이 모이면 국가에 협동조합을 신청할 수 있다. 협동조합 신청이 통과되면 최소 5천만 원에서 1억 이상의 국가 지원 사업을 신청할 수 있으며, 회사 신용 등급에도 영향을 준다. 이후 법인화할 수도 있고 다양한 영역에서 국가 지원을 받을 수 있다.

2 명확한 계약 체계를 정하라.

협력 관련 계약을 체결하는 것도 좋다. 이때 계약서는 공증인이나 업무 협력 양식을 통해 작성하여 보관하는 것이 좋고, 비용이나 협력 간 지분과 같이 분쟁의 소지가 있는 부분은 명확하게 명시해야 이후 혼란을 줄일 수 있다.

3 어떠한 연락이라도 흔적을 남겨라.

협력업체 간 문제가 발생하지 않는 것이 가장 좋은 방법이지만, 세상 일이 그렇게 쉽게 돌아가진 않는다. 이메일이나 문자 등 내용증명의 증거로 활용 가능한 연락 수단을 사용하는 것을 권장한다.

흔적이나 기록이 남는 연락 수단을 사용하면 이행하기로 한 조건에 대한 사양이나 수정 사항 등을 요구하거나 요구받을 때 활용할 수 있으며, 서로의 커뮤니케이션이 원활하지 않아 일어날 수 있는 문제의 소지를 줄이고, 책임의 소재를 파악하는데 도움이 될 수 있다.

03 박리다매 마케팅의 위험성

원활한 서비스를 제공하기 위해 창업자 고유의 가치를 절하하는 마케팅은 최후의 수단으로 남겨두길 바란다. 쉽게 시장에 진입하기 위해 선택한 방법이었겠지만 이는 살을 주고 뼈를 취하는 것과 다름없다. 일반적인 전쟁과 달리 비즈니스는 시장에서 신뢰를 얻어 사람의 마음을 움직이는 싸움이며, 기존 시장에 끼어든다는 것은 동일한 아이템을 이용하여 돈을 벌고 있는 사람들의 기회비용 즉, 수익을 나눠 가지는 것과 같다.

시장에서 우위를 차지하기 위해 다양한 전략을 사용하지만 경쟁 관계인 상대방이 감소할수록 시장 자체에 문제가 생기는 경우가 허다하다. 초창기 사업의 경우 가장 쉽게 시장에 이름을 알리는 방법은 주변보다 비용을 절하하고 마케팅에 집중하는 것이다. 이러한 방식으로 신규 업체가 시장에 진입하면, 주변의 경쟁 업체는 고객이 빠져나가는 것을 방지하기 위해 비슷한 가격으로 설정하거나 불필요한 서비스를 포함하는 경우가 많다. 소비자 입장에서는 당장의 가격이 내려가면서 긍정적인 소비가 이루어진다고 판단하기 쉽지만 가격 인하 현상이 끝없는 경쟁으로 지속될 경우, 사업체는 수입을 벌어들이는 족족 유지 비용에 들이게 되고 다음을 준비하기 위한 투자 비용으로 사용하지 못해 점차 시장에 나올 수 있는 제품군이나 서비스의 질적 수준이 낮아지고 만다.

처음에는 순수하게 나의 가치를 이해하고 재미있는 일, 평생 할 수 있는 나만의 일을 찾아 시작했을 것이다. 그렇지만 순수한 마음만으로는 안 된다. 창업을 시작했다면 자신의 창업 아이템을, 적어도 자신만은 제대로된 가치를 인정하자.

창업 어드바이스

흐름을 타고 걷는 방법

1 **기술에 대한 공부는 기본이다.**

시대는 변하기 마련이고 기술은 더욱 빨리 변한다. 물론 모든 것을 미리 준비하기는 어렵고 무리해서 신기술을 받아들이라는 것은 아니다. 기술에 대한 공부는 해당 기술을 바로 도입할 수 있는지, 이를 통해 어떤 서비스와 제품을 제작하고 구현할 수 있는지 확인하기 위해서이다. 전문적인 기술을 배울 수 있다면 좋지만 그럴 수 없다면 뉴스나 구글 등 다양한 매체를 통해 신기술에 대한 정보를 지속적으로 확인하는 것이 필요하다.

2 **변화의 여지를 만들어라.**

처음부터 1:1:1과 같은 식으로 투자 금액을 나눌 수도 있지만 이러한 투자 방식은 의미가 없다. 초창기 위기를 예상하지 못한 곳에서 맞이하게 되는 원인이 될 수도 있기 때문이다. 다음을 위해 또는 사업 초창기에 집중하기 위해 투자 규모의 비율을 조절할 필요가 있다. 디자인 관련 서비스를 제공할 때는 인건비나 시설 부분에, 제조 관련이라면 금형 설비나 유통, 영업 부분에 더 투자하여 창업 초기에 가장 필요한 부분을 충족해야 한다. 위험이 올 방향성을 만들어 놓으면 앞을 준비하기 위한 계획을 수립하기가 용이하다.

디자인 창업노트

업종에 따른 투자 비율 예시

- 서비스업 1 – 인건비, 시설 〉 포트폴리오 〉 홍보 = 디자인 제작 중시
- 서비스업 2 - 포트폴리오, 홍보 〉 인건비, 시설 = 영업 중시
- 제조업 1 - 제작, 금형 〉 사무 시설, 인건비 〉 영업, 홍보 = 품질 중시
- 제조업 2 - 사무 시설, 영업 〉 제작, 금형 〉 영업, 홍보 = 제작 중시

대기업이 아닌 이상 모든 사업 아이템을 준비하고 창업할 수는 없다. 차분하게 사업과 아이템의 스펙트럼을 넓히고 조금씩 영역을 확장해야 한다. 모든 것을 준비했다 하더라도 감당할 수 없는 외압의 영향을 받는다면 대처가 늦어질 수 있다. 사업 확장 속도와 이윤 사이의 탄력 있는 조절과 균형이 사업 유지의 관건이다. 준비한 만큼의 이윤을 얻으려면 그보다 더 많은 마케팅 비용과 시간, 에너지를 투자해야 한다.

국가 지원 사업 다루기

Design Studio

창업 초창기에는 자금의 도움이 있다면 사업 규모를 쉽게 늘릴 수 있고 시설이나 품질에 큰 도움을 줄 수 있으며, 국가에서는 창업 생태계를 넓히기 위해 다양한 지원 사업을 제공하고 있다. 자격 요건과 서류만 통과된다면 많은 비용을 투자받을 수 있고 유용하게 활용할 수 있기 때문에 창업을 시작한 사람이라면 국가에서 진행하는 사업에 반드시 도전해야 한다. 물론 처음으로 지원 사업을 신청하는 사람이라면 막연함을 가지고 있을 것이다. 그러나 지원 사업은 창업의 필수 코스이며, 이를 토대로 사업화를 준비하고 올바른 계획을 세운다면 미래를 위한 훌륭한 기반이 될 것이다.

지원 사업의 단계 파악하기

공동 창업이 아닌 이상 대부분의 경우 1인 창조 기업으로 시작하며, 거의 필수적으로 국가 지원 사업을 찾아보게 된다. 국가 지원 사업에는 몇 가지 단계가 존재하는데 크게 검증, 수행, 평가, 유지 단계로 나뉜다.

'검증'은 초기 부분으로 서류 준비에 속한다. 사업자 등록 및 사업자등록증 교부, 사업 계획서 작성, 지원 사업 관련 증빙 서류 및 양식 서류 작성 등 사업성과 아이템에 대한 문서상 검증 단계에 해당하며, 이 단계를 통과하면 사업 발표 또는 경쟁 PT를 통해 선발이 이루어진다. 검증 단계는 1인 창업인 경우에도 충분히 감당할 수 있다. 사업 계획서는 대표가 통계나 자료를 통해 구체적으로 제시하는 부분으로 본인의 아이템에 대한 애정과 열정이 필요하며, 지원 사업 관련 기관이나 다양한 정부 기관에서 도움을 받을 수 있다. 그러나 '수행' 단계로 들어가면 조금 복잡해진다.

'수행'은 사업 계획서에 맞춰 자금을 소비하는 단계이며 지원 받을 금액을 정하고 그에 맞춰 인건비, 자재 구입비, 재료비, 사무실 운영비, 기타 비용 등으로 나누어 세부적으로 기록한 레이팅표를 만드는 과정이라고 말할 수 있다. 문제는 지원 받은 금액이 아무리 많더라도 특정 영역에 소비할 수 있는 비율이 정해져 있다는 것이다. 예를 들어, 일반적인 창업 지원 비용의 경우, 기자재 구입비는 전체 비용의 30%로 정해져 있다. 기자재는 개인 재산으로 분류되어 자재를 구입하고 중고로 판매하여 현금화하는 문제가 있기 때문에 투자 비용에서 너무 많은 비용을 사용하지 못하도록 정해둔 것이다. 만약 기자재에 많은 비중을 차지해야 하는 아이템이라면 그에 맞는 지원 사업을 찾아보는 것이 좋으며, 사업자등록증 상에서 업무 형태가 '서비스'로 등록되어 있을 경우에는 기자재 구입에 제약이 있을 수 있으니 사업자 등록을 위한 항목을 작성할 때 어떤 방향으로 창업을 이어갈지 잘 생각해서 등록해야 한다.

'자금 사용 비율'로 필요한 기자재를 구입할 경우, 외국 제품을 구매하려면 국내 제품을 구매하지 못하는 이유와 그에 따른 사유서를 제출해야 하고 이를 증명하기 위해 국내 판매 상품 군을 조사하여 기능적 차이를 비교한 다음 외국 제품을 구매해야 하는 합리적 이유를 설명해야 한다. 추가로 양식에 맞춰서 증명 서류를 작성해야 하고, 구매 증빙을 위한 영수증 또는 증거 사진을 제출할 수도 있다.

지원 사업은 하나의 중심 기관이 다양한 자금원을 통합하고 각 기관별로 일정한 금액 또는 인원을 나눠서 관리한다. 예를 들면, 중소기업청이 각 지방의 대학교와 연결된 상태에서 대구 지방의 신청자가 지원 사업을 받게 되면 대구 지방의 몇몇 대학교의 리스트를 보내고 관리 기관을 선택하게 하는 것이다.

선택된 대학은 신청자에게 지원금을 전달하고 신청 서류 관리 및 지원 사업별 연수와 같은 관리 역할을 하게 된다. 이때 대학 또는 기관에 따라 중요하게 생각하는 서류 포인트와 자금 사용 방식이 다른데, 가령 폴리텍 대학과 같이 국가 기관에서 운영하는 기술 관련 대학은 산학 연계나 기자재 사용에 편의를 제공하는 경우가 많다. 또한 창업 유지를 위한 강연과 교육 등 커리큘럼도 서로 다르기 때문에 관리 기관의 특성과 교육 연수 등을 잘 파악하고 창업에 필요한 기술과 교육, 지원 제도를 가진 기관을 선택하는 것이 중요하다. 이후 서류 작업도 해당 기관의 특성에 맞게 조율한다면 자금 사용에 편의를 보장 받을 가능성이 높다.

어떤 지원 사업이든지 일단 지원을 받으면 결과물이 있어야 하며 모든 결과물의 책임은 창업자 본인에게 있다. 만약 결과물이 지원 사업 관리자들의 입장에 부합되지 못한다면 어떻게 될까? 최악의 경우는 모든 지원 비용의 환수이다. 물론 이런 일이 자주 일어나는 편은 아니다. 그러나 서류에서 문제나 부정이 발견될 경우 이에 대한 해명이 없다면 환수될 수 있다. 따라서 지원 비용 사용에 대한 증빙 서류는 계속해서 보완해야 하며, 상황에 따라 지원 기관에 보고하거나 의논할 필요가 있다. 이 모든 것은 '평가' 단계에서 이루어진다.

'평가'에서 유의할 점은 지원 사업에 따라 결과물의 형태가 달라진다는 것이다. 어떤 지원 사업은 신제품 개발에서 끝나는 반면, 시제품 제작이나 판매가 가능한 제품까지 만들어야 하는 경우도 있다. 지원 금액이 커질수록 그만큼의 완성도를 고려하며 해외에 상품을 수출하면 더 높은 점수를 주기도 한다. 지원을 받은 비용을 문제없이 소진하고 서류상 문제도 없다면 모든 판단의 근거는 결과물에 집중된다. 때로는 결과 서류나 보고서만으로 통과되기도 하지만, 대부분 평가 발표를 하게 되며 결과 발표 후에는 지원 사업의 단계가 종결된다.

Index

ㄱ

ㄴ

ㅇ